| 光明社科文库 |

数字加密货币
交易平台监管研究

张运峰　曾艳　肖文昊◎著

光明日报出版社

图书在版编目（CIP）数据

数字加密货币交易平台监管研究 / 张运峰，曾艳，
肖文昊著 . -- 北京：光明日报出版社，2019.9（2022.4 重印）

ISBN 978 - 7 - 5194 - 5497 - 5

Ⅰ.①数… Ⅱ.①张…②曾…③肖… Ⅲ.①电子货
币—金融监管—研究—中国 Ⅳ.①F832.46②F832.1

中国版本图书馆 CIP 数据核字（2019）第 197548 号

数字加密货币交易平台监管研究
SHUZI JIAMI HUOBI JIAOYI PINGTAI JIANGUAN YANJIU

著　者：张运峰　曾　艳　肖文昊

特约编辑：田　军　　　　　　　　　　责任编辑：郭思齐
责任校对：赵鸣鸣　　　　　　　　　　封面设计：中联学林
责任印制：曹　净

出版发行：光明日报出版社
地　　址：北京市西城区永安路 106 号，100050
电　　话：010-63131930（邮购）
传　　真：010 - 67078227，67078255
网　　址：http：// book. gmw. cn
E - mail：gmrbcbs@ gmw. cn
法律顾问：北京市兰台律师事务所龚柳方律师

印　　刷：三河市华东印刷有限公司
装　　订：三河市华东印刷有限公司
本书如有破损、缺页、装订错误，请与本社联系调换，电话：010-67019571

开　　本：170mm×240mm
字　　数：209 千字　　　　　　　　　印　　张：17
版　　次：2019 年 9 月第 1 版　　　　印　　次：2022 年 4 月第 2 次印刷
书　　号：ISBN 978 - 7 - 5194 - 5497 - 5
定　　价：89.00 元

内容摘要

2013 年 12 月，中国人民银行等五部委联合发文，要求国内银行、保险公司等金融机构不得为比特币交易提供服务。2017 年 9 月 4 日，中国人民银行等七部委联合发文，要求国内代币发行融资（ICO）平台和代币融资交易平台限期关闭，停止一切经营业务。同年 9 月 29 日，日本金融厅则发布通知，日本境内首批 11 家交易平台获得批准，可以在其境内合法开展业务。什么是代币？什么是代币发行融资？为什么同样是交易平台，中日两国采取了截然相反的政策？美国又是如何监管这些平台的？这些问题都需要进行深入研究。

关于代币概念，目前尚无统一的认识，一个代表性观点把其归为虚拟货币。而虚拟货币本身也存在争论。我们认为，以法定货币为基准，在一定范围内发挥法定货币作用的是虚拟货币。按照发行特点，早期的虚拟货币都有相应的发行主体，属于中心化虚拟货币。2009 年 2 月诞生的比特币标志着新一代虚拟货币的出现。这种虚拟货币以网络为基础，采用数字加密技术，因而称之为"数字加密货币（cryptocurrency）"。这种虚拟货币本质上属于点对点网络支付系统，没有对应的发行机构，是非中心化虚拟货币。2012 年出现的代币发行融资（ICO）改变了数字加密货币的初衷，使其变异为代币（Token），成为网络群体，特别是分布式网络自治组织（DAO）的凭证。目前代币有上千种，但仅有少数代币，如比特币（BTC）、莱特币（LTC）、以太币（ETH）等能够发挥支付作用，在一定范围内起到法定货币职能，被视为金融资产持有。而绝大多数仅仅是某些网络群体的权利凭证，虽然有时候短期内被人当作金融资产炒作获利，但长期看都没有生存价值，也难以视为金融资产。

对于绝大多数代币，不管其长期命运如何，一方面持有人想把其换成法定货币，另一方面又有人试图买入炒作，那么就产生了代币与法定货币，以及代币之间的兑换交易。随着交易规模的扩大，催生了相应服务要求，于是代币交易平台应运而生。它不仅提供交易价格、交易量等咨询服务，而且提供交易撮合、融资等金融性服务，其作用日趋成熟，发挥着与证券交易所、外汇交易所等金融机构相同的作用。现实中这些交易平台都有对应的实体机构，该机构位于交易的中心，属于中心化交易平台。虽然已经出现去中心化交易平台，但这些平台采用的技术不够成熟，对交易影响力有限，中心化交易平台仍是主流。不过，中性化交易平台屡次出现的黑客攻击、虚假交易、内幕交易等恶性事件也说明政府监管是必不可少的。

当前我国金融体系不够完善，数字货币交易不仅助长了代币炒作行为，加剧宝贵资金的"脱实向虚"，而且代币发行融资（ICO）的泛滥也埋下了金融诈骗隐患，极易诱发系统性金融风险。因此，政府果断采取了全面禁止代币发行融资，限期关闭交易平台等措施。这些措施适合我国国情。对其他发展中国家有借鉴意义。而日本境内，零售交易中电子支付使用不广，引入数字加密货币有可能提高支付效率。因此，日本政府采取交易平台注册审批制度，运营主体必须向政府提出申请，获得批准后方可经营。美国联邦政府在现有法律框架内采取以反洗钱、反诈骗为重点的监管措施，各州地方政府因地制宜，监管力度参差不齐，还需要进一步观察。

通过分析 2016 年日本政府通过《资金结算法（修正案）》、2017 年 9 月我国政府发布"代币发行融资禁令"、2018 年 3 月美国国会举行听证会讨论比特币交易状况，我们发现日本政府行动造成世界范围内比特币价格上升、交易量增加，我国政府行动造成世界范围内价格下降、交易量下降，美国政府行动影响不明显。这一方面表明比特币本身的跨国境性质，同时中国、日本两国政府的行动不仅影响本国比特币交易，而且影响其他国家的交易，具有溢出效应。这暗示着对数字加密货币交易平台监管需要国际社会的协作。

目　录
CONTENTS

第一章

导论

第一节　研究背景与意义

一、研究背景

2017年9月4日，中国人民银行、工信部等九部门联合发布《关于防范代币发行融资风险的公告》。要求国内所有的代币首发融资（ICO）平台以及数字加密货币交易平台限期关闭，并妥善处理相关债务。公告发布后，数字加密货币价格出现大幅度下降。为什么我国政府要求这些交易平台限期关闭，国外政府又如何对待这些交易平台呢？

就在我国要求交易平台限期关闭的同时，俄罗斯和日本也采取行动，但二者截然不同。

与我国一样，俄罗斯银行（俄罗斯联邦的中央银行）发布对虚拟货币的警告。该行表示，"鉴于加密货币流通和使用的高风险，认可加密货币的时机尚不成熟，此外还包括以加密货币计价或与之关联的任何金融工具，都不可以在俄罗斯联邦进入流通或者有组织交易和清算结算基础设施，不可以与加密货币及其衍生金融工具进行交易"。并声明于 10 月关闭境内交易平台。

而日本金融厅则于 2017 年 9 月 29 日为其境内的 11 家交易平台颁布营业许可。其实，日本国会早在 2016 年 5 月 25 日就通过了《资金结算法（修正案）》，允许以比特币为代表的部分数字加密货币用于资金结算，法律于 2017 年 4 月 1 日生效。按照法律，所有数字加密货币交易平台都需要进行注册，没有注册或注册申请没有得到批准的机构不能开展运营业务。事实上，2018 年日本金融厅先后对没有在其境内注册的两家交易平台提出警告，要求其停止在日本境内开展业务。

虽然同一时期，美国政府并没有明显行动，但美国从 2013 年起就开始关注数字加密货币交易。2013 年 10 月，美国联邦调查局在旧金山抓捕了涉嫌犯罪的罗斯·乌布里希（Ross Ulbricht），关闭了其运营的"丝绸之路（Silk Road）"网站。虽然该网站并不属于数字加密货币交易平台，但网站大量使用比特币作为支付手段。随后，美国金融犯罪执法网络（FinCEN）发布指引，要求交易平台执行反洗钱、反恐怖融资等要求。2015 年，美国纽约州金融服务管理局在该州内实施"比特币牌照"制度。从 2013 年 11 月到 2019 年 2 月，美国国会先后举行了一系列听证会，包括政府机构、交易平台所有者、从业者等相关各方都表示了各自观点。但由于美国司法制度特点，全美境内仍然没有统一的针对性的法律。各州依然自行其是，有的施行监管，有的则基本放任自流。

事实上，世界范围内，各国对数字加密货币交易所的态度差别很大。以我国为代表的"严格禁止"为一极，把其视为"非法的金融机构"，国内全面禁止公开交易。以马耳他为代表的"放任自流"为一极,把其视为普通企业,仅采取形式上的登记。更多国家,如日本将其视为金融机构,采取针对性的监管措施。据 2018 年的一项调查表明,[①] 全球受统计的 246 个国家中,共有 99 个国家(占比约 40%)对比特币的交易和使用不施加限制。7 个国家(占比约 3%)是受限市场,10 个国家(占比约 4%)将比特币定义为非法,130 个国家(占比约 53%)还没有更多的对待数字货币信息。当然,各国的态度并非一成不变。以俄罗斯为例,2014 年,俄罗斯总检察院明确禁止在俄罗斯境内使用比特币;2015 年上半年态度转变,开始谈论比特币的流通和监管;2016 年 8 月份,俄罗斯财政部副部长公开表示,将不再坚持全面禁止比特币;2017 年 9 月又全面禁止。

综上所述,目前各国对数字加密货币交易平台的态度差异很大。这说明不仅需要及时了解主要大国的监管政策,而且需要深刻理解采取这些措施的原因。

二、研究意义与价值

理论价值。作为一种新型的支付方式,以比特币为代表的数字加密货币对目前的法定货币起到一定的替代作用。其"去中心化"特征与国家垄断货币发行截然相反。这对目前主流货币观点提出了挑战。本项研究有利于深化这方面认识,丰富金融市场监管相关理论。

现实价值。比特币自诞生之初就具有跨越国境特性,交易平台监管不仅仅局限于一国或几国,而是国际经济治理范围。事实上,就加密货币监

---

① 搜狐财经. 一篇文章梳理主要国家对虚拟货币的态度 [EB/OL]. (2018 - 1 - 19) [2019 - 3 - 1] . http://www.sohu.com/a/ 217614581_ 463878.

管而言，早在 2011 年的 G20 法国峰会，多国政府表示应当达成国际共识。2018 年 3 月 20 日的 G20 发布的联合公报承认"加密货币在提高金融效率有积极作用，而逃税、洗钱、恐怖融资方面的不利影响不容忽视"，并计划在 2018 年 7 月完成为制定政策所需要的各项研究。

2018 年 3 月 28 日，习近平主持的中央全面深化改革委员会第一次会议通过了《关于形成参与国际宏观经济政策协调机制推动国际经济治理结构完善的意见》，提出"要把积极参与国际宏观经济政策协调作为以开放促发展促改革的重要抓手"。数字加密货币治理属于国际金融风险防范之列，本项研究，可以为我国政府参与比特币交易治理提供参考。

第二节　相关概念的界定

对于数字加密货币（cryptocurrency），目前有很多相似术语，如虚拟货币（virtual money）、电子货币（electric money）、数字货币（digital money）等。关于这些术语的确切含义人们仍然存在争论，故而在此有必要对这些术语做初步说明。我们认为，电子货币、数字货币仅仅是从物理形态而言，与其对应的则是金属铸币、纸币。从经济理论角度，需要从市场供需角度进行分析，一个合理的起点是法定货币，与法定货币对应的则是虚拟货币，只有在理解二者的对立关系基础上，才能把握数字加密货币的本质。

一、法定货币与虚拟货币

法定货币（fait money）指一国以法律形式规定的用于结算的资产。从货币体制看，它属于不可兑换的信用货币，其信用主体是该国的政府，除少数国家外，一个国家通常只有一种法定货币，而且只在该国地理范围内流通。对于美国、日本以及我国等对世界经济有较大影响的国家，其法定货币被广泛用于国家结算或外汇储备，流通范围则不局限于本国地理范围。以下讨论在没有单独说明情况下，都是就法定货币的法律流通范围而言。

虚拟货币（virtual money）指某国境内的企业、机构或个人为了支付方便，所发行的用于自身所提供商品或服务结算的资产。典型代表是QQ币、比特币等。早期虚拟货币有特定发行者，属于中心化虚拟货币。

如何理解法定货币与虚拟货币的对立关系呢？

从货币的供需角度能够更好地认识二者的对立。首先，看二者的差异，法定货币的供给方（即货币发行者）是政府机构，而且是政府垄断了货币发行。任何个人或机构发行法定货币都是违法行为。而虚拟货币的供给方通常是企业，不同企业发行的虚拟货币都有特定用途和不同形式，可以说是属于不同种类虚拟货币。通常，一家企业可以在法律范围内发行属于自己专用的虚拟货币。从这个意义上，虚拟货币的供给是竞争性的。同时就需求方而言，法定货币是任何个人或企业在结算中无条件接受的，不能拒绝的。而虚拟货币方个人或企业可以选择使用，也可以选择不使用。其次，是二者的转换关系。通常法定货币可以很容易转化为虚拟货币，但虚拟货币除了发行者回购，都不能转换为法定货币。只有在少数国家，特别是随着数字加密货币的发展，其法律允许部分虚拟货币兑换为法定货币。

此外，对于虚拟货币本身，按照供给特点，可进一步分为数字加密货币和非数字加密货币。

二、数字加密货币

数字加密货币（cryptocurrency）指以互联网为基础，采用分布式数据库和数字加密技术，依靠竞争性记账所建立的点对点支付系统。它是虚拟货币的一类，典型代表是比特币。其供给特点是任何个人或单位都可以自由加入或退出相应网络系统，通过从事某些活动（通常是利用自身计算机的计算功能解答网络自动设定的数学难题），获得一定数量的"源头货币"，从而成为数字加密货币的供给方。这里所说的"源头货币"意思指这是数字加密货币的最初来源。在区块链行业中，这一过程习惯上称之为"挖矿"。因为任何人都可以自由加入数字加密货币网络，所以即使是同一个数字加密货币，供给方是竞争性的。

与此相对，非数字加密货币（non-cryptocurrency）指某个企业独家发行的虚拟货币。虽然任何企业都可以按照法律程序发行虚拟货币。但通常企业不允许其他个人或单位发行相同的虚拟货币。所以就同一种虚拟货币而言，供给方仍然是垄断的。

三、数字货币加密交易及交易平台

数字加密货币交易指数字加密货币与某种法定货币的兑换。从持有目的看，如果数字加密货币仅仅作为支付手段，是商品或服务交易的媒介，理论上不存在所谓的"数字货币交易"。但在目前的货币制度下，人们可以选择法定货币，也可以选择数字加密货币，这取决于交易双方意愿。当有一方拒绝数字加密货币时，另一方就必须把它兑换为法定货币。当数字加密货币作为价值储存工具，即把数字加密货币看作一项资产，就出现了大规模的法定货币与数字加密货币的相互兑换。

数字加密货币交易平台指为法定货币与数字加密货币相互兑换提供服务的网站，这些网站可能由营利性的企业运营，有可能是非营利性的个人或组织运营。鉴于2013年以前交易平台以非营利性的为主，而目前营利性企业运营网站占据了交易平台的主体，所以本书中提及的"交易平台"没有特别说明情况下，指营利性的交易平台。

从货币形态上，法定货币既有物理形式的纸币，也有电子形式的借记卡，以及数字形式。非数字加密的虚拟货币通常采用充值卡形式。而数字加密货币则采用数字形式。

第三节　国外研究状况

数字加密货币的诞生是2009年，其创始人"中本聪"身份目前仍然难以确定。由于其采用数字加密货币技术，在计算机科学领域就其相关技术问题有不少研究，但在其他学科很少有人关注。一直到2013年才引起经济学、社会学、法律等领域学者的注意。

一、比特币属性及其价格

比特币属性方面，Yermack（2013）从货币职能角度，认为比特币的交易媒介作业微乎其微，其价格波动很大，也难以作为记账单位，价值储存方面缺乏相应的衍生品对冲价格风险。Florian（2014）大多数参与者都把其作为资产，而非交易媒介。Demir et. al（2018）利用分位数回归的研究表明，比特币可以作为保值工具，预防发达国家和新兴市场国家股票市场牛市和美元波动。

比特币价格方面，David Garcia 等人（2014）认为网络和社交媒体活动的重大变化会导致比特币价格出现大幅波动，具体表现为，比特币不断提高的知名度导致需求增加，刺激了社交媒体上的活动，从而增加了比特币的使用人数。而使用人数越多价格就越高。

Hayes（2017）构建了生产成本模型，利用 2014 年 9 月 18 日 66 种流行数字货币相关数据进行了估计，发现设备计算能力增长 1%，价格上升 0.67%，而系统设定单位时间产量、货币加密方法也会影响数字货币价格。利用模型参数以及 2016 年 4 月比特币系统算力、网络难度、电费数据，测算比特币价格为 414.62 美元。该价格非常接近 420 美元的实际价格。

Xin Li、Chong Alex Wang（2017）认为从市场均衡角度看，需求和供给二者缺一不可，应该把二者综合起来分析价格。研究表明，从长期看，比特币成本具有"价格锚定"作用，投机性需求仅在短期内影响价格。

二、数字加密货币交易所研究

Moore T.，Christin N.（2013）① 利用 Bitcoinchart.com 提供的 2010 年 3 月到 2013 年 1 月 16 日交易数据，分析了比特币交易风险。发现 40 家交易平台中已经有 18 家平台关闭。另外，进一步的计量分析表明，交易量越大，平台受到黑客攻击的可能性越大；经营期限越长，受到攻击可能性越小。不过只有前者是统计显著的。但考虑到受到黑客攻击的平台只有 9 个，这一结论需要慎重对待。

---

① MooreT.，Christin N. Beware the Middleman：Empirical Analysis of Bitcoin – Exchange Risk [Z]．In：Sadeghi AR.（eds）Financial Cryptography and Data Security. FC 2013. Springer, Berlin，Heidelberg.

2017 年 Hileman 和 Rauchs 利用全球 27 个国家（大部分是欧洲以及亚太地区的国家）的 51 家交易所数据进行的研究①显示，小型交易所中有 52% 持有正式的政府许可证，而大型交易所中只有 35% 有。亚太地区所有交易所中，85% 没有许可证，北美 78% 的交易所都持有政府许可证或授权证书。73% 的交易所都控制着客户的私人密钥，另外，27% 的交易所并没有掌控客户们的私人密钥，所以他们无法获得客户的资金。安全考虑，92% 的交易所都使用冷储存系统，平均有 87% 的资金以冷储存的方式保存。另外，86% 的大型交易所和 76% 的小型交易所还采用了多重签名地址。

三、数字加密货币交易所虚假交易

Gandal etal（2018）② 利用从 2011 年 4 月到 2013 年 11 月数据，对交易平台 MT. Gox 的交易行为进行研究。发现，可疑的交易者 Markus 和 Willy，二者通过只买不卖且固定的交易操作来提升交易量。这些交易很可能是虚假的。其目的不仅提升了其所属交易平台的比特币价格，营造了虚假繁荣的交易状况，还推动了包括其他主要比特币交易所在内的整体比特币价格的上扬。

2018 年 3 月，Sylvian 在 Medium③ 上发布文章，他通过公开数据分析得出结论，他认为目前全球交易量第一的 X 交易所存在交易量造假的行为，"93% 的交易额为虚假交易"。除了 X 交易所之外，文章还通过数据

---

① Dr Garrick Hileman & Michel Rauchs. global – cryptocurrency – benchmarking – study.
② Gandal, Neil & Hamrick, JT & Moore, Tyler & Oberman, Tali . Price Manipulation in the Bitcoin Ecosystem［J］. Journal of Monetary, 2018（95）：86 – 96.
③ Medium 是一个轻量级内容发行的平台，允许单一用户或多人协作，将自己创作的内容以主题的形式续集为专辑（Collection），分享给用户进行消费和阅读。

分析指出 H 币、币 A、L 交易所等都存在成交量造假行为，假交易额的数量占比 70% ~90%。Feng, Wenjun 等人（2018）的研究表明，比特币交易市场存在内幕交易。

第四节　国内研究状况

国内最早讨论比特币的是上海交通大学魏武挥于 2011 年 8 月在《科技创业》发表的《比特币的乌托邦》。同年 10 月，中国人民银行南京分行的洪蜀宁在《中国信用卡》发表了《比特币：一种新型货币对金融体系的挑战》。这些对比特币进行了介绍，引起了学者的进一步探索。

一、数字加密货币的属性

娄耀雄、武君（2013）认为比特币理论上具备了货币的一切特点，只要法律认可，就能成为真正合法流通的货币。现实中使用比特币，面临着法律地位和信用缺失、取证和补救困难、管辖冲突等法律问题。只有加快立法、建立统一纠纷解决机制、加速建立信用体系、加强监管，才能从根本上解决上述问题。盛松成、张璇（2014）从货币本质特征及其发展历史来看，以比特币为代表的虚拟货币本质上不是货币，也难以成为货币。祝福云、周颖、陈媛（2018）从马克思货币理论的视角对比特币的货币性质、货币职能进行分析，认为比特币可能具备世界货币的职能。

2013 年年初，比特币出现价格暴涨暴跌，从 3 月中旬的 47 美元疯涨至 4 月 10 日 266 美元。对此，程雅璐（2013）进行的调查发现，比特币除了在部分领域发挥支付功能，更多地被用于交易平台，成为投资工具。

周飙（2013）则认为其属于收藏品，当前的热潮无非是从一种小众收藏变成更大众化的收藏。张光炜、薛京晶（2013）比较了比特币与金本位的相似性，按照金本位崩塌的逻辑，以及比特币固有的缺陷，认为比特币难以持久生存。吴洪、方引青、张莹（2013）认为这种关注和热捧带来了投机严重、网络犯罪、价格巨幅波动、社会资源浪费等问题和风险。比特币的出现有其技术、经济、社会的原因，因而应当从研究、教育、治理各个角度关注比特币现象。

郑书雯、范磊（2011）从信用角度进行了讨论，他们认为比特币引入信用机制，能够使得节点建立自己的信用，帮助优化整个货币金融环境。为此提出一种协议，允许有富余资金的节点给需要资金的节点提供信用额度，从而为其提供资金，也提高了本身的信用评级。

二、数字加密货币价格泡沫

邓伟（2017）结合正态分布检验和 sup－ADF 检验等多种方法，从价格背离性和爆炸性的角度对比特币价格泡沫进行检验，投机因素是比特币价格泡沫产生的直接因素，监管缺失则促使价格泡沫不断膨胀，加强对互联网金融产品的关注，及时制定和完善相关政策，合理引导投资者进行理性投资，促进交易机制的完善并防止市场操控。

王任、贺雅琴（2018）运用 GSADF 方法对以太坊价格进行了实证检验。结果表明，在 2015—2017 年期间，以太坊价格多次出现了周期性泡沫，其中持续时间最长且最为严重的价格泡沫发生在 2017 年 4—7 月，历时 72 天。投资者应认识到数字货币高波动的特性并理性投资，政策当局也应制定相应的监管措施以引导市场健康发展。

郭文伟、刘英迪、袁媛、张思敏（2018）构建 CAViaR－EVT 模型，测度了比特币价格波动的极端风险及其风险演化模式。认为：比特币市场存在结构性突变点，不同子区间的市场风险演化存在显著差异；AS－EVT模型是价格波动极端风险的最优测度模型；比特币市场风险呈现出明显的自我增强特征，对外部消息的响应呈现非对称性。

三、关于数字加密货币交易所及其监管

对于早期的比特币交易所"门头沟（MT. GOX）"破产事件，任文启（2014）认为这揭示了比特币金融体系的弊端和风险。彻底的金融自由化将破坏"信用""安全"等金融基本原则，产生大量洗钱、资助犯罪和非法活动的金融工具，最终将陷入困境。

王信、任哲（2016）在参考国际组织以及代表性中央银行相关报告基础上，对虚拟货币的概念、潜在风险及各国监管对策进行了分析。傅晓骏、王瑞（2018）梳理了相关国际组织对加密资产概念、潜在益处和风险的分析，汇总了各国监管实践。展凯莉（2018）建议借鉴国外的"监管沙盒"机制，对比特币施行以观察为主，以有效平衡金融风险与创新，兼顾金融科技与监管，为比特币的发展提供良好的发展平台和规范化的发展环境。

2018年4月16日，时戳资本分析师陈涛《数字货币交易所研究报告》①。从数字货币交易所的定义和分类、监管政策、发展现状、盈利模式和要素资源进行了分析。

郭建峰、傅一玮、靳洋（2019）通过去趋势比率检验了比特币价格指数、道琼斯工业平均指数和沪深300指数的相对波动性，发现相对中美两

①　陈涛. 数字货币交易所研究报告［EB/OL］.（2018－6－2）［2019－6－18］. http：// www. lianmenhu. com/blockchain-3051-1.

国的股票市场，比特币表现出高风险和高投机性。进一步构建向量自回归模型对比 2017 年 9 月 4 日比特币价格和交易量之间的动态互动关系，发现这些关系会因政策的干预而变化。

四、关于代币发行融资（ICO）

罗惠娜（2017）认为虚拟货币因其特性容易被不法分子利用从事非法活动，故而要加强对虚拟货币的监管。代币发行融资实质上是非法集资行为并涉嫌合同诈骗，严重扰乱了经济金融秩序，给投资者带来极大的投资风险，应该被禁止。

孙国锋、陈实（2018）认为代币发行融资涉嫌诸多违法犯罪活动，严重扰乱了经济金融秩序，国内不仅全面禁止了代币发行融资，同时还禁止了虚拟代币的交易，以及虚拟代币交易所的运营。这些措施是正确的。

王冠（2019）认为，数字货币不是刑法上的货币或证券，代币首发行为可界定为以数字货币为对象的"准众筹"，不构成非法集资类犯罪，亦不能上升为证券类犯罪行为。实然层面上，"拉人头"和"收取入门费"式的代币首发骗取财物行为可构成组织、领导传销罪。在区分投资者错误认识类型和程度基础上，也可以构成诈骗罪。应然层面上，可以通过司法解释方式将其纳入非法经营罪兜底条款中予以规制。

从上述内容可以看出，自 2013 年以来，国内对数字加密货币的研究日益高涨，并取得了丰硕成果。而自我国 2017 年全面禁止交易平台后，研究热度有所下降。2019 年 5 月 3 日利用"比特币"一词按照主题检索，知网期刊数据库中，2015—2018 年发表的论文依次为 142、342、569、903 篇，2019 年前 4 月仅仅有 150 篇。知网报纸数据库中，2015—2018 年的文献分别为 18、59、184、119 篇，而 2019 前 4 个月仅为 9 篇。不过，鉴于国际上数字加密货币的发展趋势，有必要及时掌握主要国家的监管态度及趋势。

第五节　研究内容、方法与框架

一、研究思路与研究内容

本研究遵循从现实到理论，再从理论到现实的研究思路。具体为，首先，考察数字加密货币交易平台的发展及其经营活动特点；其次，分析交易平台的性质、积极作用及不利影响，并按照金融监管和平台监管原理，构建平台监管的内在逻辑；再次，梳理世界各国政府监管的实践，说明监管的共性与差异；最后，分析各国监管对比特币价格及交易平台的影响。

本研究内容包括四方面。

1. 数字加密货币交易平台的发展历史。伴随着比特币的诞生，比特币的交易一开始是自发的。为了方便人们了解比特币，一些个人在网络上提供咨询服务。这可以说是最早的交易平台萌芽。但这些平台不以营利为目的，也没有注册为法律意义上的实体。而部分人从此看到商机，把其作为营利性公司经营。才有了法律意义上的交易平台。并且，提供的服务范围越来越广，从单纯的咨询服务，到借贷服务，再到金融衍生品即比特币期货交易。通过考察交易平台的发展历史，才能厘清交易平台的经营活动特点，为下一步界定交易平台的属性进而探索监管的原则奠定基础。

2. 数字加密货币交易平台属性及其监管逻辑。按照经济理论，信息对交易双方至关重要，信息不对称条件下，市场难以有效发挥作用。尤其是金融品交易中，更为如此。数字加密货币目前被视为投资工具，交易平台不是单纯的提供交易信息，而且从事融资活动。通过对交易平台经营活动分析，明确其行业属性，提出监管原则和方法，才能客观认识各国的行动。

3. 中美日三国对数字加密货币交易平台监管的实践。目前全球范围内存在众多的数字货币交易平台。对于交易平台的设立和运营，各国政府都进行了监管，且监管方式存在很大差异。在我国，2017年9月中国人民银行等七部委联合下发《关于防范首次代币发现融资风险的公告》，明确要求关闭中国境内的比特币交易平台。但美国政府、日本政府又是如何监管的？

4. 中美日监管对数字货币交易的影响。初步看来，中美日监管措施有效地降低了各国内金融风险。那这些政策出台背景是什么，目的为何？实施后效果如何，通过哪些渠道发挥作用？对宏观审慎管理又有什么启示？

二、研究方法

文献研究法。通过收集图书、期刊、网络等资料，分析数字加密货币以及交易平台的发展历史，归纳数字加密货币的属性。

事件分析法。对数据的统计描述表明，每次监管行动都会引起数字加密货币价格的变化。但这种变化是偶然的还是必然的，仅仅靠统计描述是不够的。利用事件分析，能够辨明价格变化与监管行动的因果关系。

研究框架：

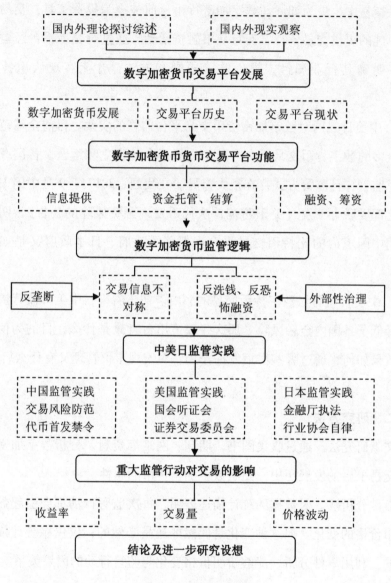

图1.1　研究框架图

三、结构安排

第一章，导论。说明研究背景、研究内容和主要结论。

第二章，数字加密货币交易平台的发展。首先讨论了数字加密货币本身发展历史，其次是国外数字加密货币交易平台的发展过程，再次是我国数字加密货币交易平台的发展过程，最后是主要国家或地区当前的数字加密货币交易平台。

第三章，数字加密货币交易平台运营模式。首先讨论数字加密货币本身属性，然后分析数字加密货币交易平台提供的服务，包括仔细、融资等，再者分析去中心化交易平台特点，最后讨论代币发行融资。

第四章，数字加密货币交易平台监管逻辑。首先讨论数字加密货币交易平台的技术风险、违法风险，然后说明现行金融监管框架，最后说明数字加密货币交易平台监管措施。

第五章，我国政府监管实践。在回顾了我国对数字加密货币交易平台的监管历程基础上，然后依次分析了三次重大监管行动，即 2013 年 12 月的"交易风险防范"、2017 年 1 月的"平台现场检查"以及 2017 年 9 月的"代币融资禁令"。

第六章，美国政府监管实践。在回顾美国对数字加密货币交易平台监管历程基础上，依次讨论了联邦政府机关，包括美国国会、美国证券交易委员会、金融犯罪执法网络等，以及美国若干地方政府，包括纽约州、加利福尼亚州等监管行动。

第七章，日本政府监管实践。在回顾日本对数字加密货币交易平台监管历程基础上，依次讨论了日本立法、日本金融厅、日本虚拟货币交易所协会的监管活动。

第八章，中美日三国重大监管行动对比特币交易的影响。以比特币为例，讨论了虚拟货币供需均衡模型，以此定性说明中美日三国重大监管行动对比特币交易的影响，然后利用事件分析法进行定量分析。

第九章，结论与进一步研究方向。

第六节　可能的创新与主要结论

一、创新尝试

本书试图从以下三方面做出探索。

首先，从货币视角讨论了数字加密货币的内在逻辑及其对现有法定货币制度的挑战，梳理了数字加密货币交易平台的发展，按照交易平台提供的服务界定了其行业属性。

其次，从微观经济理论角度归纳出数字加密货币监管的两大原则。首先是反垄断原则，数字加密货币交易中，交易平台具有信息优势，没有恰当的监管，很难保证交易平台不会利用这种信息优势欺骗对方。监管首要目的是协调平台所有者与平台使用者利益，重点是保护平台使用者利益。同时保护平台免受黑客攻击。其次是外部治理原则。保护交易者的活动不会影响第三方，重点是反洗钱、反恐怖融资。

最后，提出评价监管行动对数字加密货币交易影响的框架，即从收益率、交易增长率和价格比三个维度认识监管行动的影响。

二、主要结论

通过对数字加密货币相关信息进行探讨分析，本书得出一些结论。

1. 数字加密货币出现的直接原因是少数互联网技术人员对西方主流社会现行金融体制，包括政府垄断货币发行和大型金融机构垄断信贷活动的不满，其初衷是利用互联网技术和数字加密技术建立点对点支付系统。从货币演化角度，本质是属于重新构建一种社会信任机制，在保护交易双方隐私条件下，节约双方交易成本，提高交易效率。

2. 代币发行融资初始目的是互联网社区的合作经济工具，但在数字加密货币交易所的推动下逐步演变成融资工具，部分数字加密货币本身具有股票属性，少数甚至演变为欺骗投资者的道具，并使绝大多数数字加密货币变异为网络群体的权利符号，即网络代币。

3. 数字加密货币交易所的出现促进了数字加密货币的使用，但交易所的逐利行为改变了数字加密货币的属性，把原本作为支付手段的工具逐步变为价值储存，乃至金融投机的工具，并催生了相关的金融衍生品交易，即数字加密货币期货交易。数字加密货币交易平台发展历史表明，监管是非常必要的。

4. 我国作为发展中国家，金融体系和欧美国家存在很大差异，数字加密货币交易投机氛围过浓，交易平台难以承担促进结算效率功能，更多是平台经营者不当获利的工具，而对社会造成巨大风险。因此，政府目前的全面禁止是合理的。对其他的发展中国家有很多借鉴价值。

5. 美国作为发达国家，对交易平台采取"重内容、轻形式"监管方式，不同机构根据自身职责对交易平台的特定功能进行监管，并把涉嫌违法的国外个人或机构纳入监管对象。这种做法能够有力保护美国居民的投资者，具有一定借鉴价值。但其国内不同地方政府监管态度不一，会产生负面作用，需要引起注意。

6. 日本交易平台合法化目的是促进比特币、莱特币等少数几种类数字加密货币作为支付工具使用，但现实是人们更多当作投机工具，数字加密货币的资产属性。虽然金融厅注意到这一点，并从术语上采用"虚拟资产"代替"虚拟货币"一词，但监管制度仍然存在缺陷，法律本身还需要从《金融商品交易法》重新考虑，而不是《资金结算法》。

三、进一步研究方向

由于作者能力和时间限制，本书无论是研究内容还是研究方法，都存在不足，仍需要进一步深入分析。

研究对象方面，国际上就比特币交易市场效率进行了大量研究，提出了很多新型检验方法。本书讨论了政府监管效果，但监管是否提升了市场效率没有涉及。值得进一步分析。

研究内容方面，本书只是收集了中美日三国相关资料，讨论了这三个国家对数字加密货币交易平台的监管行动。事实上，其他国家，诸如欧盟成员国、新加坡、韩国等国家或也采取了相应的监管行动。事实上，即使是美国，我们也只讨论了少数州政府的监管。对以上国家以及美国其他州监管行动的分析将是下一步研究的另一个方向。

研究方法方面，本书仅仅利用事件分析法初步讨论了监管行动的影响，而一些研究表明，GARCH 模型能够更好地说明比特币收益率特征，如何利用这类模型了评价政策影响，应是下一步研究的又一个方向。

参考文献

[1] 程雅璐. 疯狂的比特币 [J]. 中国经济周刊，2013（15）：50 -52.

[2] 崔屹东，郑晓彤. 对新型货币比特币的经济学分析 [J]. 现代经济信息，2012（16）：8.

[3] 傅晓骏，王瑞. 加密资产概念、现状及各国（地区）监管实践

[J]．金融会计，2018（5）：45－53.

[4] 郭建峰，傅一玮，靳洋．监管视角下比特币市场动态变化的实证研究——基于政策事件的对比分析 [J]．金融与经济，2019（2）：16－22.

[5] 郭文伟，刘英迪，袁媛，张思敏．比特币价格波动极端风险、演化模式与监管政策响应——基于结构突变点 CAViaR－EVT 模型的实证研究 [J]．南方金融，2018（10）：41－48.

[6] 洪蜀宁．比特币：一种新型货币对金融体系的挑战 [J]．中国信用卡，2011（10）：61－63. [7] 罗惠娜．由"叫停代币发行融资"引发的关于虚拟货币的思考 [J]．法制与社会，2017（36）：91－92.

[8] 娄耀雄，武君．比特币法律问题分析 [J]．北京邮电大学学报（社会科学版），2013（4）：25－31.

[9] 任文启．从世界最大比特币交易所的破产看金融自由化的困境 [J]．求实，2014（11）：46－49.

[10] 苏立志．由新型数字化货币比特币引发的思考 [J]．才智，2013（8）：3.

[11] 盛松成，张璇．虚拟货币本质上不是货币 [J]．中国金融，2014（1）：35－37.

[12] 孙国锋，陈实．新型 ICO 的法律规制——对 SAFT 模式下虚拟代币 ICO 监管的思考 [J]．中国金融，2018（19）：47－48.

[13] 张光炜，薛京晶．比特币：金本位复辟式的一厢情愿 [J]．现代经济信息，2013（10）：285.

[14] 郑书雯，范磊．基于 P2P 网络 Bitcoin 虚拟货币的信用模型 [J]．信息安全与通讯保密，2012（3）：72－75.

［15］展凯莉. 基于"监管沙盒"机制对我国比特币监管的思考 ［J］. 武汉金融, 2018 (7): 49 - 53.

［16］祝福云, 周颖, 陈媛. 马克思货币理论视角下的比特币浅析 ［J］. 时代金融, 2018 (32): 19 - 20.

［17］周飙. 比特币更像收藏品 ［J］. 21 世纪商业评论, 2013 (8): 33 - 34.

［18］王任, 贺雅琴. 数字货币以太坊价格存在泡沫吗? ——基于 GSADF 方法的实证研究 ［J］. 金融与经济, 2018 (10): 9 - 16.

［19］王信, 任哲. 虚拟货币及其监管应对 ［J］. 中国金融, 2016 (17): 22 - 23.

［20］魏武挥. 比特币乌托邦 ［J］. 科技创业, 2011 (8): 94 - 95.

［21］吴洪, 方引青, 张莹. 疯狂的数字化货币——比特币的性质与启示 ［J］. 北京邮电大学学报 (社会科学版), 2013 (3): 46 - 50.

［22］王冠. 基于区块链技术 ICO 行为之刑法规制 ［J］. 东方法学, 2019 (3): 137 - 148.

［23］Hayes, A S., Cryptocurrency value formation: an empirical study leading to a cost of production model for valuing bitcoin ［J］. Telematics and Inforamtion, 2017 (34): 1308 - 1321.

［24］Demir Ender, Giray Gozgor, et. Does economic ploicy uncertainty predit the Bitcoin returns? an empirical investigation ［J］. Finance Research letters, 2018, 9 (26).

［25］David Garcia & Claudio Juan Tessone & Pavlin Mavrodiev & Nicolas Perony. The digital traces of bubbles: feedback cycles between socio - economic signals in the Bitcoin economy ［J］. J. R. Soc. Interface, 2014

（11）：1408 – 1494.

［26］Podhorsky, Andrea. Bursting the Bitcoin Bubble：Assessing the Fundamental Value and Social Costs of Bitcoin ［R］. ADBI Working Papers Series – Asian Development Bank, 2019.

［27］Hio Loi. The Liquidity of Bitcoin ［J］. International Journal of Economics and Finance, Canadian Center of Science and Education 208, 2（10）：13 – 22.

［28］Feng Wenjun, Wang Yiming, Zhang Zhengjun. Informed trading in the Bitcoin market ［J］. Finance Research Letters 2018（26）：63 – 70.

［29］Cofnas, A. B. E. Bitcoin：currency or commodity? Futures：news. Anal. Strat ［J］. Futures Options Deriv, 2014（43）：10 – 12.

第二章

数字加密货币交易平台的发展

2009 年比特币的诞生标志着新一代基于分布式账户的支付系统诞生，由于这一系统在保密方面的独特优势，比特币与法定货币之间的交易扩大，交易平台应运而生。由于交易平台本身技术脆弱性，以及各国政府对比特币的监管态度，交易平台运营风险巨大。代币首发融资更是加剧了这一风险，为此我国于 2017 年要求国内交易平台停止运营。而世界范围内，仍然有数量巨大的交易平台，其中绝大多数为中性化，少数为去中性化。

第一节 数字加密货币的发展

一、比特币的艰难探索

2008 年 11 月 1 日，一个化名"中本聪"的人在网络上发表《比特币：一种点对点的电子现金系统》（Bitcoin：A Peer - to - Peer Electronic Cash System ）一文，提出了比特币系统的基本原理和关键技术，即区块链技术。这种技术基于去中心化的对等网络，用开源软件把密码学原理、时序数据和共识机制相结合，来保障分布式数据库中各节点的连贯和持续，使信息能即时验证、可追溯、但难以篡改和无法屏蔽，从而创造了一套隐私、高效、安全的共享价值体系。

2009 年 1 月 9 日 2 时 54 分 25 秒，"中本聪"在位于芬兰赫尔辛基的一个小型服务器上挖出了第一个区块，并获得了 50 个比特币的报酬。这标志着数字加密货币的诞生。1 月 11 日，中本聪发布了比特币客户端 0.1。这是比特币历史上的第一个客户端，它意味着更多人可以挖掘和使用比特币了。1 月 12 日，中本聪将 10 枚比特币发送给开发者、密码学活动分子哈尔·芬尼。这是比特币历史上的第一笔交易。10 月 5 日，一位名为"新自由标准"用户发布了比特币的价格。计算方法如下：由高 CPU（中央处理器）利用率的计算机运行一年所需要的平均电量 1 331.5 千瓦时，乘以上年度美国居民平均用电成本 0.113 6 美元，除以 12 个月，再除以过去 30 天里生产的比特币数量，结果是 1 美元 = 1 309.03 比特币。

2010 年 5 月 22 日，佛罗里达的一位程序员用一万个比特币购买了价值二十五美元的比萨券。这是有记录的比特币第一笔交易，折合价格是 0.0025 美元。8 月 6—15 日，发生溢值事件，表明比特币客户端存在系统漏洞。中本聪修改代码，并消除相关"区块"。12 月 12 日，比特币创始人中本聪在 Bitcointalk 上发表了最后一篇稿子，之后此人再未出现过。从此"中本聪"身份成为一个谜。

2011 年 2 月 9 日，比特币价格达到 1 美元，引起了媒体关注。4 月 16 日，美国《时代周刊》发文介绍比特币，福布斯发文介绍比特币。2011 8 月 20 日，首次比特币大会在纽约召开，这标志着非中心化的新一代电子支付系统逐步成熟。同一时期，一些专门从事比特币与法定货币的交易平台设立，这引起了金融管理部门关注。

2012 年 10 月，欧洲央行发表评论"如果使用范围扩大化，比特币将对央行的声誉产生负面影响。在评估央行总体风险时应该考虑这种风险"。

2013 年 3 月 11 日，比特币出现"分叉"。比特币客户端版本号为 0.8 的新版本和旧版本造成冲突，引起了比特币网络在高度为 225430 处数据块的硬分叉，使用比特币客户端版本号为 0.7 等旧版本的矿工和比特币商家拒绝接受新计算出来的块链。在强迫大型矿池返回 0.7 旧版本后，分叉重新合并，问题得到解决。4 月，塞浦路斯出现债务危机，政府提出的解决方案是扣减存款人的存款，储户人人自危，比特币作为去中心化和超主权的网络货币得到了避险资金的青睐，短短几天从 30 多美元飙涨到 265 美元。

塞浦路斯事件①

2013 年 3 月 16 日，欧元集团主席戴塞尔布卢姆宣布，欧元集团同意对塞浦路斯实施救助，救助计划规模约为 100 亿欧元。不过，根据救助计划，塞浦路斯所有银行储户要根据存款数额支付一次性税收，10 万欧元以上存款的税率为 9.9%，10 万欧元以下存款为 6.75%，从 19 日开始执行。预计对银行储户进行一次性征税可获得大约 58 亿欧元的收入。目的是降低塞浦路斯所申请救助数额，使塞浦路斯债务具有可持续性。这也是国际货币基金组织同意参与对塞浦路斯进行救助的条件。

同日，塞浦路斯总统尼科斯·阿纳斯塔夏季斯就救助协议发表书面声

---

① 刘先云．人民财评：塞浦路斯债务危机给我们什么警示［EB/OL］．（2013 - 3 - 28）
　［2019 - 2 - 19］．http：//finance. people. com. cn/n/ 2013/0328/c1004 - 20942840. html.

明，解释接受这一救助协议的原因。阿纳斯塔夏季斯在声明中说，如果不接受这一协议，将导致塞浦路斯主要银行破产。这意味着整个服务业的崩溃以及塞浦路斯有退出欧元区的可能性，一旦退出欧元区，将迫使塞浦路斯货币贬值40%。相反，目前的解决方案会挽救银行和储户存款以及8000个工作岗位，将极大降低公共债务数额。

塞浦路斯首都尼科西亚的大量银行储户在得知这一消息后表现出了恐慌和愤怒。当日，他们纷纷赶到开门营业的合作银行提取现金，但被告知银行账户已被临时冻结。16日晚，数百名民众在总统府外举行示威，反对政府与欧元集团达成的救助协议。警察驱散了示威者，但示威者表示17日仍将上街游行，并到议会外抗议。

3月19日，塞浦路斯议会迫于民众压力否决了救助协议。这令欧盟大为不满。

3月21日，欧洲央行向塞浦路斯发出"最后通牒"，要求其务必3月25日前按照救助协议要求筹集资金，否则将切断"紧急流动性援助"。

3月22日，塞浦路斯政府只好修改方案，一方面把征税方案修改为只对部分存款征税，同时采取资本管制措施。如限制每日提款数额，不得提前支取短期存款；限制现金交易，活期存款强制转为短期存款；限制使用信用卡、借记卡等。

3月25日，救助方案获欧元区以及国际三方一致通过。

3月30日，塞浦路斯政府发表公报，称塞浦路斯银行超过10万欧元的存款中，有37.5%将被减记并以银行股权置换，此外，22.5%的存款将被冻结90天，并视情况部分转为该银行的股权。另外40%的存款将不会被减记，但需要等到欧洲央行对塞浦路斯银行注资完毕方可被动用。不过储户欠银行的债务可以抵扣存款从而减少存款被减记的比例。

3月31日，总统公布了经济复兴及吸引外资一揽子计划。

2013年3月，位于纽约的比特币交易平台 bitfloor 和位于加拿大渥太华的交易机构 Canadian bitcoins 的银行账户被关闭。5月，美国国土安全部下禁令，责令移动支付服务 Dwolla 关闭对比特币交易网站 Mt. Gox 的转账支持，Mt. Gox 被迫要求用户提供完整的个人信息。纽约州金融服务部（Department of Financial Services，DFS）已经向 Coinbase Inc、BitInstant、Coinsetter 等大约20家从事与比特币相关业务的公司发出了传票，问询内容与反洗钱计划、消费者保护以及投资策略相关内容。10月2日，美国联邦调调局（FBI）关闭丝绸之路，并抓获海盗罗伯茨。11月18日，美国参议院举行主题为"超越丝绸之路——潜在的威胁、风险和虚拟货币的承诺"听证会，美国联邦储备系统（Fed）前主席伯南克表示了对比特币的谨慎看好与祝愿。

之后，伴随着亚洲以比特币为首的数字加密货币交易平台纷纷设立，世界范围内的比特币交易逐渐盛行。

二、其他币种的追随及变异

比特币的初步成功，吸引了人们开发类似系统。

2011年10月7日，李启威（Charlie Lee）发布了莱特币程序。与比特币相比，莱特币具有三方面差异。第一，莱特币网络每2.5分钟（而不是10分钟）就可以处理一个块，因此可以提供更快的交易确认。第二，莱特币网络预期产出8400万个莱特币，是比特币网络发行货币量的四倍之多。第三，莱特币在其工作量证明算法中使用了由 Colin Percival 首次提出的 scrypt 加密算法，这使得相比于比特币，在普通计算机上进行莱特币挖掘更为容易。

2013 年 11 月维塔利克（Vitalik Buterin）公布以太坊白皮书。

2014 年 6 月，举行代币首发融资（即 ICO），42 天募集了 3 万多个比特币，相当于 1800 多万美元。

2015 年 7 月 30 日，以太坊成功地发布了 Frontier（前沿），也就是以太坊的第一个阶段。以太坊智能合约易用且完备的功能让发行数字货币变成了一件轻而易举的事情，ERC20 代币标准的统一、DAO 众筹的巨大影响力，吸引了越来越多的项目方。这种技术被称之为"区块链 2.0"。

与比特币不同的是以太坊系统中智能合约的执行需要花费代价。这种代价习惯叫"燃料费"，同时也是以太坊系统的数字加密货币，即以太币（ETH）。不过这种货币直接用途是执行以太坊系统操作，比如，基本的加减运算需要 1 单位，而计算 SHA – 3 哈希值需要 20 单位，每笔交易需要支付 21000 单位。注意，与比特币不同，以太坊成为该网络系统的一种权利符号。目前人们称之为"网络代币（network token）"。这表明代币发行融资改变了数字加密货币最初的性质。

事实上，后来很多互联网项目研究人员都采用代币发行融资方式获取资金，发行相应的数字加密货币，该数字加密货币自然都成为该网络系统的权利符号。ICODATA. IO 数据显示，2016 年 ICO 项目仅为 29 件，融资金额为 9 万多美元，等到 2017 年，这两个数据已经分别增长至 876 件和 62 亿美元，代币的数量也从数十个上升到数百个。

第二节　国外交易平台发展历史

一、首家交易平台的短暂探索

2010 年 1 月 15 日，一位化名"dwdollar"的人在 Bitcointalk 论坛上提出留言"我正在努力创造一个将比特币视为商品的市场。人们可以相互买卖比特币，人们将能够用美元交易比特币并推测其价值"。3 月 17 日，"Bitcoinmarket. com"在美国正式上线，这是全球第一家交易平台。网站最初接受 Paypal 作为交换 BTC 的手段。不久，7 月 Mt. Gox 在日本，9 月 Btcex 在俄罗斯相继上线。

一开始，Bitcoinmarket 交易平台运行不太稳定的，并经常根据 Bitcointalk 论坛成员的反馈修补漏洞。工作一段时间后，随着比特币的增长，诈骗者的数量也在增加。在一系列欺诈交易之后，2011 年 6 月 4 日，Paypal 停止了对交易所的结算服务。该交易所交易量迅速下降，之后随之关闭。

二、门头沟交易所平台的兴衰

2007 年，杰德·麦卡勒布（Jed. McCaleb）创建了一个个人主页状态网站，并起名为 Mt. Gox，国内交易者音译为"门头沟交易所（以下简称'门头沟'）"，名字来自卡牌游戏"Magic：The Gathering Online eXchange"，目的是为各种游戏卡交换提供平台。2010 年 6 月，麦卡勒布注意到比特币的使用，他认为虽然当时很多人是通过挖矿获得比特币，但可能有些人想直接用货币购买比特币，于是他开发了一个交易应用程序，并与 7 月 17 日放在原网站上供人们使用。当天交易量为 20 个比特币。到 10 月 10 日，在交易平台的注册会员达到 286 个，累计交易量超过 18.7 万个比特币。后来，比特币买卖开始，但此时完全是自发的。

2010 年 9 月，在东京开展电子商务活动的法国人马克·卡尔普勒（Mark Karpeles）开始注意到 Mt. Gox。当时，卡尔普勒的一些客户希望用比特币支付相应的费用。他感觉到，比特币的交易或许会成为一门赚钱的生意，于是查询相关信息，获悉门头沟交易所能够提供比特币交易。于是他就开始接触麦卡勒布。经历了大概 4 个月的谈判，2011 年 3 月，卡尔普勒以 TIBANNE 公司名义买下了门头沟交易所。这样，TIBANNE 就成为门头沟的母公司。当时，门头沟注册会员有 1000 多个，月交易量有 36 万个比特币，价格 32.9 万美元。

为了让门头沟更像一个专业的交易平台，卡尔普勒接手后马上对其进行了改造。他重写系统的内核，将交易支持的货币范围从只接受美元变成了支持美元、欧元、加币、澳元等 10 种以上货币，并设计新的网站页面。经过一番改进后，交易人数大幅度增加，到 2011 年 6 月，注册会员高达 31247 名，日交易量近 3 万个比特币。

随后，黑客开始盯上了比特币交易平台，并进行攻击，门头沟自然也逃不过被攻击的命运。2011 年 6 月 13 日，一些用户发现账户上的比特币数量不明原因减少。很快人们意识到系统存在缺陷。事实上，此时黑客从感染木马的电脑上盗用了用户的门头沟证书，6 万个用户数据被泄漏，利用这些用户数据黑客在平台上生成了大量的兑换价为 0.01 美元的订单（当时的兑换价是 17 美元左右），"倾销"他人账户中的比特币，而后用自己的账户接单。黑客攻击确实让卡尔普勒吓了一跳。他发现后慌忙关闭了交易中心。幸运的是，最后只损失了 2000 个比特币。可另外几家交易平台则没这么幸运，MyBitcoin 也因为攻击损失了当时价值 200 万美元的比特币。另一家比较知名的平台 Bitcoinica 因为两次遭遇攻击最终关停了服务。Mark Karpeles 和团队重新升级了安全系统，在其中加入了动态口令（One - time Password），还支持智能手机与电脑绑定等。

2013 年 5 月，美国国土安全部查封了门头沟的 Dwolla 账户，是因为卡尔普勒未能以正确方式注册。

从 2013 年 5 月底起，门头沟要求验证用户身份。为了防止洗钱，规定非认证用户每天的交易额度为 1000 美元。在公证处登记信息可以将额度提升至 1 万美元，如果拥有公证处开具的公证证明，则可以再提升至 10 万美元。①

6 月 20 日，门头沟交易所在宣布，将在未来两周内暂停美元提款服务。因为目前正在接受美国国土安全部的调查。

2014 年 2 月 28 日，卡尔普勒在东京举行的新闻发布会上鞠躬致歉，称"比特币丢失是由支持比特币软件算法的一个系统缺陷和黑客攻击，以及公司系统存在漏洞等因素造成的"。并表示 Mt. gox 已经向日本东京地方法院申请破产保护。

2014 年 3 月，门头沟交易所在日本设立呼叫中心，应付比特币投资者问责。

三、若干代表性交易所的发展

2011 年 8 月，纳杰克·科德里奇（Nejc Kodric）与戴米安联合在斯洛文尼亚创立 BitStamp，这是欧洲第一个数字加密货币交易所。由于英国的

---

①　邹曈. 比特币寻求合法地位［J］. 第一财经周刊，2013 - 6 - 28.

加密监管法规更有利，2013 年 4 月，Bitstamp 公司到英国进行注册。但 Bitstamp 向英国金融行为管理局提出了经营申请，却被告知比特币没有被列为货币，所以交易所不受监管，最终导致 Bitstamp 无法在英国直接营业。2013 年 9 月，Bitstamp 公司开始要求账户持有人通过其护照复印件和家庭住址的正式记录来验证其身份。2016 年 4 月，卢森堡政府授予 Bitstamp 许可证，允许其在欧盟范围内作为支付机构，并接受全面监管。至此 Bitstamp 才首次在欧洲完成了注册，可以在 28 个欧盟成员国开展业务。

2012 年，Fred Ehrsam 创立了 Coinbase。8 月，Coinbase 获得了 500 万美元的 A 轮融资。9 月，硅谷知名的天使投资机构和个人包括 YC、Alexis Ohanian、Trevor Blackwell 等投资了比特币兑换网站 Coinbase，投资额度为 60 万美元左右。2015 年 1 月 21 日，Cornbase 获得融资 7500 万美元，项目融资是由德丰杰投资领导，包括纽交所、美国联合服务汽车协会、西班牙外换银行等金融机构也参与其中。

2013 年，美国支付金融公司 Circle——提供数字货币储存及国家货币兑换服务的消费金融创业公司成立，类似国内的支付宝，总部位于波士顿。2014 年，Circle 收购数字货币交易所 Poloniex，因为双方能产生很多的协同效应。Poloniex 在完成交易后将与 Circle 现有的 Circle Trade、Circle Pay 等服务对接，使 Poloniex 兼容美金、欧元、英镑等货币，并最终成为基于区块链进行多种资产和服务交易的开放多边市场。Circle 将保持 Poloniex 现有的服务，使 Poloniex 用户能够进行正常交易；同时，Circle 也将扩大交易币种，并实现数字货币与美金、欧元、英镑等法币的自由兑换。

2017 年 12 月，芝加哥期权交易所（CBOE）启动了比特币期货交易。一周后，芝加哥商品交易所（CME）也推出了比特币期货。虽然近期美国多家机构层申请 ETF 都被美国证监会拒绝，但越来越多的加密货币期货产品的推出，已可以视为传统金融机构在扩大加密数字资产交易方面的探索，这也是传统金融手段和加密货币产业进一步融合的现象。

Crypto Facilities 是一家数字资产服务商，专注于比特币市场及其衍生品交易，很早就推出了多种加密货币的期货产品。2018 年 5 月 11 日，推出了以太坊期货合约，并在此之前已提供了比特币和莱特币的期货合约产品。8 月 18 日，推出比特币现金期货产品。

BitMEX 是纯期货交易平台，于 2014 年创立，注册地位于塞舌尔。截至 2017 年 9 月，BitMEX 已经累计注册了 6 万用户，针对比特币交易提供高达 100 倍的杠杆。比特币与美元间的期货交易占平台交易额的 99.98%，其他十余种主流数字货币与比特币之间的交易量则只占 0.02%。BitMEX 是第一个推出永续合约的交易所。因为不会到期，用户不需要担心在未来某个时间点的滚仓。2017 年 9 月 14 日，BitMEX 推出了比特币美股总回报掉期（ETRS）产品。ETRS 可以让全球投资者以比特币作为抵押品，与美国一样方便买卖美国股票。BitMEX 只接受客户存入比特币及处理比特币提取，新的 ETRS 产品不设最低投资限额。与 ETRS 合约金额等值的比特币存入客户账户后，会兑换成美元，客户可享受等同于持有美国上市公司股票的所有权益，而无须承担比特币/美元的兑换风险。

伴随着交易所的发展，交易者需要迅速了解交易所的相关信息。为了满足这一要求，2014 年 10 月 15 日，Charlie 成立了数字加密货币比较公司，并于 12 月 2 日整合了交易所 Cryptsy 的数据，12 月 4 日整合了 Bitstamp 数据，2015 年 1 月 2 日，整合 BTCC 数据，1 月 6 日 Poloniex 数据，1 月 9 日加入 Okcoin 数据，1 月 13 日加入 Bittrex 数据，1 月 17 日加入 Bter 数据，1 月 20 日加入 BTCE 数据。Charlie 逐步成为有影响力的数字加密货币交易信息提供商。

四、去中心交易所的诞生

鉴于中心化交易所屡屡爆发的黑客攻击事件，中心化交易所无论是人为管理还是架构问题，都暴露其存在诸多缺陷。用户资产安全隐患，黑客盗币、用户丢币、交易所监守自盗等，人们提出了构建去中心化交易所的设想。2016 年 10 月，在 SCRY 欧美社区成员的建议下，SCRY 上线了基于 ETH 的去中心化交易所 IDEX，这是全球第一家去中心化交易平台。2017 年 2 月，由 Maker 团队于开发了链上交易所 OasisDEX。它是以太坊区块链上的一个资金池，支持大规模交易。2017 年 12 月，首个去中心化交易所运用 Hydro 协议技术的基于 ETH 的 DDEX，通过实时的链下撮合机制和安全的链上结算保证用户的优质体验。

2018 年 4 月，Charlie Zhang 、Joey Zhang 等人完成鲸交所（WhaleEx）技术细节，5 月完成高性能匹配引擎和 App 的开发，选定用户发布 App。7 月官网上线，鲸交所合约提交审核。10 月 14 日上线 App1.0 版本，标志着鲸交所正式运营。11 月 4 日发布跨链白皮书，跨链合约的审计完成并上线，用户可以正式交易不同链上资产。12 月 12 日，EOS 去中心化交易所鲸交所与全球支持主链最多的钱包团队比特派宣布战略合作，正式打开跨链大门，率领比特币、以太坊中的大规模原生区块链用户迈向 EOS 世界。其后，又与 8 家 EOS 主流钱包达成合作。12 月 15 日，正式推出 CPU 租赁市场。其解除抵押时间只需 3 天 +1 小时，平台 0 手续费，CPU 借入利率全市场最低。目前已为项目方和用户借入上百万 EOS 的 CPU。12 月 17 日，鲸交所正式开启回购，每天的回购额达 2300EOS，保证用户收益。

去中心化交易所存在问题，首先是交易深度不够，订单不容易成交，用户交易体验较差；其次是区块链底层技术不成熟，跨链技术存在诸多限制；再者是没有跨链技术，去中心化交易所的交易对始终很少，无法吸引大量用户进来。

第三节　国内交易平台发展历史

2011 年 5 月，以个人名义设立网站比特币中国（BTCChina，现更名为 BTCC）。6 月 9 日，交易平台正式上线，是中国第一家比特币交易所。6 月 13 日，首个用户交易。2012 年 10 月，注册用户达到 1 万人。

一、交易平台爆发期

2013 年 3 月到 2014 年 1 月，是我国数字货币交易平台发展的重要时期。首先，由公司运营的交易平台如雨后春笋般涌现。2013 年 10 月 14 日，百度加速乐对外宣布正式支持比特币支付。其次，交易平台广泛开展营销活动，促进比特币交易。最后，资本涌入行业，推动行业发展。

1. 交易平台相继成立

2013 年 3 月，北京十星宝电子商务有限公司中山分公司设立交易平台 CHBTC（中国比特币）成立，面向全球提供比特币、以太坊、莱特币、以太坊经典等多种数字资产交易服务。事实上，北京十星宝电子商务有限公司本身是 2012 年 5 月 14 日才成立，最初注册为因特网信息服务业务，销售日用品、矿产品（不含煤炭及石油制品）等。看到比特币交易的火爆情形，于 2013 年 3 月在广州设立中山分公司。3 月 30 日，成立交易平台"中国比特币（CHBTC）"。12 月 9 日，上线莱特币交易。

4 月，比特币交易网（BtcTrade，即 BTCT）创办，由北京币云科技有限公司负责主体运营。比特币交易网同时是比特币基金会（Bitcoin Foundation）会员、亚洲数字资产金融协会（DACA）理事会成员。

5月15日，李林创立北京火币天下网络技术有限公司，购买顶级域名huobi.com，设立交易平台火币网。火币网9月2日上线。

6月，徐明星等创立北京乐酷达网络科技有限公司，交易平台为OKCoin，主要面向中国区用户提供人民币对比特币、莱特币、以太币等数字资产买卖服务，10月上线。7月9日，李启元在上海市工商行政管理局注册上海萨特西网络有限公司，作为网站 BTCC 比特币中国 BTCChina 的主体，注册资本为120万元人民币。9月3日，联合财付通网银，开启自动充值上线功能。

6月19日，是云币网的第一行代码被写下的日子。

9月7日，貔貅北京交易所（www.peatio.com）开始内部测试，允许内部人员进行交易。12月10日开通网银在线自动充值功能。2014年4月1日，貔貅北京交易所（www.peatio.com）正式上线公测。这是全球首家实现资产公开、开放、开源的交易平台。股东包括国内资深比特币玩家李笑来、赵东及邱亮，其中邱亮担任交易网站 CEO。貔貅北京设立了"资产公开"模块，此模块下设置了偿付能力证明的验证机制和方法、BTC 资产公开、CNY 资产公开三个区块。同时还承诺绝不挪用用户任何沉淀资金。4月2日公布"2014年4月1日23点35分02秒，总资产为：比特币680.5774973 个，人民币62649.00 元"。还是全球首家开放、开源的交易所，任何人可以按照自己的需求复制、修改、使用貔貅提供的开源代码。同时，开放、开源也便于更多的技术同仁通过开源代码发现、补充漏洞，持续优化交易所网站。

2014年1月，北京聚币科技有限公司于创办聚币网，3月正式上线，其核心团队由多个关注虚拟货币多年的技术人员组成。

2. 积极开展比特币运用营销活动

2013 年 4 月 21 日，比特币中国（BTCChina）团队联合壹基金发起比特币捐款，并向壹基金捐赠 15 比特币，用于四川救灾。9 月 20 日，火币网宣布免交易手续费。9 月 24 日，比特币中国（BTCChina）实行免交易手续费。保留人民币的提现费用——财付通提现费率为 0.5%，银行提现费率为 1%，并取消了此前比特币交易费率，买家、卖家各千分之三。①。9 月 25 日，中国比特币网发布公告"网站关于维持原有优惠政策的通知"，称经过研究决定：维持原有优惠策略不变，不收取提现手续费、充值手续费，交易手续费的收费政策仍然维持在行业最低的 0.2% 水平②。10 月 27日，中国比特币（CHBTC）首次发布"回赠公告"，称"每 BTQ 合约 3.4元"。11 月 4 日，称"10 月 28 日 0 点至 11 月 3 日 24 点一周，每 BTQ 回赠人民币大约：2.7887 元 + 0.00221642BTC，约合 5.64 元"。

3. 交易所获得资本青睐

11 月 18 日，BTCC（比特币中国）宣布获得光速安振中国创业投资和美国光速创业投资的 500 万美元 A 轮融资。10 月 30 日，中央电视台 2 套《环球财经连线》报道。BTCT 先后获得过港股上市公司神州数字（08255. HK）、亚杰商会（AAMA）、国富财智（GFCZ）等机构的战略投资。货币网年底完成了千万美元级别的 A 轮融资，投资机构包括策源创投、曼图资本、创业工场等风险投资基金。

在以上因素推动下，交易数量迅速增长，交易所占据国际重要地位。

---

① 是冬冬，严晓蝶. 比特币中国"估值千万美元"［N］. 东方早报，2013 – 11 – 20.
② 吴家明. 比特币交易平台一窝蜂的数平分烧钱赚吃喝［N］. 证券日报，2013 – 11 – 26.

到 10 月底，BTCChina 日最高交易量已接近 9 万比特币，折合人民币交易额超过 2 亿元。按照 bitcoinity. org 提供数据，交易量已经超过了 Mt. Gox 以及 BitStamp，正式成为全球交易量最大的比特币币交易平台，这昭示了中国比特币市场发展前景之广阔，已经正式成为国际比特币市场的中心。2013 年 12 月 19 日，举办"比特币中国交易平台前景"。相关媒体列出了中国十大虚拟货币交易平台，即中国比特币、OKcoin 币行、火币网、聚币网、云币网、中国比特币 BTCC、币安网、比特时代及微比特（ViaBTC）。

二、平稳运营

这一时期从 2014 年 3 月开始，到 2016 年 5 月。主要表现为。

1. 交易币种类增加

莱特币、狗狗币先后上线交易。2014 年 3 月 12 日，比特币中国正式上线莱特币交易。火币网于 3 月 19 日下午 15：00 正式上线莱特币交易。6 月 12 日比特币中国上线"狗狗币"。2015 年 8 月 28 日，聚币网上线保罗币（POLOCOIN，简称 PLC）和谷壳币（GOOCOIN，简称 GOOC）。2016 年 8 月 22 日，BTCC 发布"关于上线以太坊（ETH）交易的公告"，称即日 12 点正开始充币业务，20 点正开始交易。

2. 业务范围拓宽

2014 年 3 月 28 日，中国比特币（CHBTC）上线"P2P 借贷系统"。4 月 18 日，OKCoin 发布消息称比特币、数字货币"合约交易"平台 OKEx 上线，"合约交易"币种包含比特币、莱特币、以太币等。6 月 12 日，比特币中国（BTCChina）上线"海外版交易平台"，称"BtcTrade 美元交易平台启用其香港域名 www. btctrade. com. hk，正是利用香港这一全球金融中心以实现其国际化交易平台的第一步，正规注册的公司位于香港九龙"。

并于同日上线"狗狗币"。"值此 BtcTrade 上线海外版之际，我们决定同时上线狗币交易并开放充值，狗币（Dogecoin）可在 BtcTrade 的人民币交易平台和美元交易平台中分别交易。依据国内外汇管制政策要求，BtcTrade账户分为人民币账户和美元账户，两个账户分别独立交易，如需使用美元交易还烦请新注册美元账户并进行实名认证。"9 月 12 日，"比特币交易网"与"元宝团队"联合推出全球首家数字资产借贷平台"元宝小贷（www. yuanbao. com）"。元宝小贷是一个基于数字资产作为质押特来筹款的模式，发挥了数字资产易于转交、交易透明、无法伪造的优点。具体来说，元宝小贷作为借款人和出借人的一个信息提供平台。借款人将自己的数字资产（目前全部是数字货币）质押到元宝小贷，用来借出一定价值比例的人民币并承诺还款期限与利息。而出借人则接受借款人的质押担保并出借相应的人民币资金给借款人。12 月比特币中国发布公告"比特币进入整合阶段，比特币交易网全资收购聚币网"，称"11 月 30 日，宣布全资收购虚拟币交易平台聚币网（www. jubi. com），为继比特币中国收购国池、火币网收购快钱包后的又一重大收购"。2015 年 4 月，火币网成立火币区块链研究中心，与清华大学五道口金融学院（原央行研究生院）互联网金融实验室成立"数字资产研究课题"。2016 年 7 月，火币网联合五道口金融学院互联网金融实验室、新浪科技发布了《2014—2016 全球比特币发展研究报告》。

3. 营销促进交易

2014 年 4 月 18 日，比特币中国下调提现费到 0.4%。2016 年 10 月 11日，比特币中国发布"关于取消比特币和莱特币提币手续费的公告"，称从 11 日取消提币手续费。2017 年 7 月 31 日，开通国际站（Btctrade. im）。2015 年 9 月，OKCoin 交易平台（北京乐酷达网络科技有限公司）荣获

《中国虚拟货币交易最佳服务平台奖（唯一一家）》，由知名官方媒体经济日报主办的《2015 年（第十一届）中国企业诚信与竞争力论坛峰会》，CEO 徐明星荣获《中国品牌建设实践百名创新优秀人才》。2016 年 8 月，OKCoin 币行受邀参加国家互联网金融安全技术专家委员大会，徐明星受聘担任国家互联网金融安全技术专家委员会委员。

在这个阶段中，交易平台的激烈竞争以及政府的监管政策，一些小型交易平台为生存而努力，少数不得不关闭。2014 年 4 月，一名自称是 FX-BTC 的工作人员，给新浪科技一篇声明称，"由于近期央行的政策，我们受到前所未有的压力，包括无法充值提现，导致无法正常运营，决策困难等方面的问题。这次面临央行的长期封锁，目前来看我们无能为力，历经长期亏损，我们最终决定停止运营 FXBTC"。除了 FXBTC，近期还有一家名为人盟比特币的交易所也宣布关闭，随着银行渠道的停止，很多小的交易平台都是苦苦挣扎、名存实亡，但交易量的上升隐藏了虚假交易。①

三、代币融资风险爆发期

代币融资发行传入我国。2015 年 10 月 20—31 日，小蚁公司（Ant-Share）开始第一轮 ICO（Initial Coin Offering），筹集 2100BTC，代币名为"小蚁币（ANC）"，折合 0.25 元。2016 年 8 月 8 日—9 月 8 日开始第二轮 ICO，筹集 6199BTC。2017 年 6 月 22 日，小蚁区块链宣布正式更名为"NEO"。

2016 年 8 月 25 日，云币网发布公告"为了让中国的用户有机会参与

---

① The Reality of Chinese Trading Volumes, Jon Southurst（@ southtopia）| Published on January-y 28, 2014 at 11：56 GMT。

全球区块链资产的早期投资，云币网将增加区块链资产的众筹（ICO）功能，云币网研究团队将会调查研究更多早期的区块链项目，并有选择的导入相应的品种开放 ICO"。同时提醒用户，参与 ICO 具有巨大的不确定性，有可能有数倍的收益，也有可能价格归零，请参与 ICO 的用户认证研读众筹说明，在自己可以承担的风险范围之内谨慎参与。

2016 年 10 月 26 日，云币网发布"对于 ICO 项目的一些观点"，表示平台有义务维护平台用户的权益，"对于开始代理 ICO 之前进行的项目背景调查，只能确定该项目在 ICO 之前的真实性，开始之后到资金交割前，云币网依然会对代理项目进行持续的调查和关注，对于有可能会造成用户权益受损的项目，平台有权随时中断该项目的 ICO 代理，并退回未交割资金。对于市场上已经有代币流通的项目，如果在代理过程中代币的市场价格显然低于 ICO 的价格，平台有权随时终止 ICO 并退回用户资金"。

2016 年 11 月 1 日，瑞资（北京）科技有限公司发布消息，称"瑞资通将于 11 月 1 日在云币网开启 ICO，即将用区块链技术带来房地产资产证券化的革命性突破"。本次 ICO 预计筹集 4000BTC，出让瑞资通（RTS）数量：10000000 RTS，无起投门槛，参与者根据投资 BTC 数额获得相应的奖励，其中购买数额达到 25BTC、50BTC、150BTC、300BTC 的分别成为白银会员、黄金会员、铂金会员和钻石会员。不同级别会员获得不同奖励和权益。其中奖励比重分别为 4%、8%、12%、16%。

2016 年 12 月 2 日，云币网发布"ICO + 助力区块链项目成长"，提出"ICO +"设想，并欢迎区块链项目到云币网申请"ICO +"。"ICO +"就是通过云币网的资金托管功能，将 ICO 资金有条件的按期交付给项目方的一种方式。具体步骤：（1）项目方设定并公开 ICO 资金使用计划；（2）ICO 完成后，将第一期的 ICO 资金交付给项目方；（3）云币网对未交付资金进行托管，托管方为在平台的代币持有人；（4）后续资金交付前一个月，云币网对代币持有账户快照并发布投票功能；（5）由代币持有人投票决定第二期的 ICO 资金是否交付给项目方。12 月 13 日，云币网发布公告"首个以 ICO + 模式进行众筹的项目：亿书"。

2017 年 3 月 15 日，公信宝 ICO 正式启动，原本计划 ICO 持续一个月时间，却在 7 天内，就完成了最低 1000BTC 的要求，最终募集了 2951BTC。3 月 16 日，Qtum Token 公开 ICO 项目开始。

2017 年 3 月 2 日，量子链基金会发布"公告售卖时间表"，称将于 3 月 16 日开启 ICO 项目。3 月 10 日又发布项目细则，称将于 2017 年 3 月 16 日北京时间晚上 8 点正式开启，为期 30 天，于 2017 年 4 月 15 日北京时间晚上 8 点结束；数量为 0.51 亿，在此之前售完，公开售卖将提前结束；如果有剩余将出售给机构投资者；接受比特币（BTC）和以太坊（ETH），公开售卖价格分为四档，每一周的价格都会不同；公开售卖最初两天，参与者可以获得特殊的 early bird 优惠，具体如下（所有时间均为北京时间）：3 月 16—18 日价格为 3800Q，3 月 18—25 日价格为 3600Q，3 月 25 日—4 月 1 日价格为 3400Q，4 月 1 日为 3200Q，4 月 8—15 日价格为 3000Q。

量子链代币（Qtum Token）对应以太坊（ETH）的价格将在公开售卖开始前根据比特币（BTC）对以太坊（ETH）当时的市场价格决定。参与平台有币众筹（bizhongchou）、云币网（yunbi）、ICOAGE、ALLCOIN、ICO365、币久王（Btc9）。创始区块（Genesis Block）产生时会生成一亿个量子链代币。总量的初始分配：51% 用于公开售卖，7% ~ 8% 分配给 32 个私募投资人，12% ~ 13% 给分配给创始团队和开发团队，20% 会被用于部分行业应用和初创项目，包括项目战略规划、项目扶持和代币置换，

9%会被用于支持学术研究、开发人员的教育材料、推广量子链技术以及向其他开源社区进行贡献。在此过程中产生的所有剩余资金都会被再次分配给 Qtum Token 持有者。超过一百万美金的投资。

5月22日，云币网发布公告"量子链项目代币 QTUM 将于北京时间2017 年 5 月 23 日（周二）20：00 开启交易"，所有通过云币网参与用户，账户中将在交易开启时被分配相对应数额的代币。量子链官方钱包预计 6 月份将发布测试版钱包，9月份发布正式版钱包。云币网会在量子链正式版本钱包发布后第一时间为用户开放充值和提现功能。

量子链 ICO 项目①

2016 年 8 月 1 日，量子链创始人帅初以新加坡某基金会名义发布量子链白皮书 V1.0。基金会属于非营利的，是项目的运营者。不过，与比特币网络一样，等到发起完成后，基金会对项目没有控制权力。对此，新加坡政府没有提出异议，只要求：（1）做好 QIC 和 AML，知道参与者身份；（2）保护好参与者数据隐私。为了规避风险，ICO 只接受两个数字货币：比特币和以太坊，不接受法币。经过近半年筹备后，2017 年 3 月 16 日，量子链开启 ICO，100 多小时内面向全球募集 11000 多个比特币和 70000 多个以太坊，按照当时价格折合美元 1560 万，参与人群遍布全球 20 多个国家，国内占比约 30%。

据国家互联网金融风险分析技术平台监测发现，2017 年 1—4 月，国

---

① 俄罗斯区块儿. 量子链创始人帅初：应用定区块链行业的最大问题［EB/OL］.（2017 - 8 - 11）［2019 - 6 - 18］. https：//www. jinse. com/news/blockchain/54633. html.

内代币融资项目仅有 4 项，5 月增加了 9 项，6 月增加了 27 项，7 月前半月就增加了 16 项。到 2017 年 7 月 18 日，面向国内提供 ICO 服务的相关平台 43 家，累计完成 ICO 的项目 65 个，累计融资规模达 63523.64BTC、852753.36ETH 以及部分人民币与其他虚拟货币。以 2017 年 7 月 19 日零点价格换算，折合人民币总计 26.16 亿元，累计参与人次达 10.5 万。

由于很多代币融资项目涉嫌非法集资，部分项目涉嫌诈骗，对国内金融市场形成冲击，孕育了难以估量的金融风险。中国人民银行、中国互联网金融协会、互联网金融风险专项整治工作领导小组办公室等部门发布公告，要求禁止开展相关活动。

受这一政策影响，2017 年 9 月 14 日，BTCC 平台发布公告，称"即日停止新用户注册，9 月 30 日前停止所有交易业务"。同日，Okcoin 平台发布公告，宣布"2017 年 9 月 15 日 21：30 起，OKCoin 币行暂停注册、人民币充值业务。并于 10 月 31 日前，依次逐步停止所有数字资产兑人民币的交易业务，并将逐步转型为区块链技术应用和开发的公司"。Huobi 平台也发布公告，称"10 月 31 日停止营业"。9 月 15 日，云币网发布公告，宣布"即日停止'新用户注册'和'人民币充值'业务，9 月 18 日 00：00 起，暂停所有区块链资产充值功能。在此时间节点前未入账的区块链资产充值，云币网将尽快帮助用户解决入账问题。9 月 20 日 00：00 永久性关闭所有品种交易功能，并请用户尽快将所有资产提出云币网"。

四、海外拓展期

在我国政府要求限期关闭交易平台后，国内大多数平台开始转移海外。2018 年 1 月 29 日，比特币初创公司 BTCC 正式宣布被香港区块链投资基金收购。2018 年 2 月 6 日，OKCoin（OKcoin.com）国际站于香港时间完成改版正式上线。OKcoin 国际站将于北京时间 2018 年 2 月 11 日 11：00—11：30 进行新版升级。新国际站将提供全新的视觉体验，更稳定的访问环境，更流畅的交易体验，更安全的资金管理。在马来西亚吉隆坡（Kuala Lumpur）设立公司，建立交易平台 OKEx（www. okex. com），主要面向全球用户提供比特币、莱特币、以太币等数字资产的币币交易和衍生品交易服务。

2018 年 7 月 22 日，交易平台 Huobipro. com 发行火币全球通用积分，简称 HT。HT 发行总量限定 5 亿，其中 60% 用于购买点卡套餐赠送（每日限量）；20% 用于用户奖励和平台运营；20% 用于团队激励。HT 锁定期四年，每年 2500 万。9 月 14 日，火币集团对在日本拥有合法牌照的 BitTrade 交易所完成控股，这也意味着其全球化步伐又迈出一步。

第四节　交易平台现状

一、交易平台概况

经过近十年的发展，目前世界范围内有数百家数字加密货币交易平台。虽然目前没有一个权威性机构提供交易平台的全面信息，但一些机构努力收集相关信息。国内的机构为非小号、BTC123。其中，非小号（www. feixiaohao. com）于 2017 年 8 月正式在深圳创立，是国内区块链行业起步最早的数字货币行情分析平台之一；BTC123 网站于 2018 年 9 月将总部转移到香港，并注册为香港比特 123 全球传媒科技有限公司。另外，国外的如位于英国的加密货币比较公司（Cryptocompare）。该公司提供数字加密货币交易、绝大多数都属于地区性交易平台。

据 2019 年 4 月 16 日非小号提供信息，数字加密货币有 898 种，交易平台 369 家，并对这些交易平台进行评级。按照国家或地区，新加坡最多，为 53 家，其次是英国、中国香港，分别是 44 家、38 家，而美国、日本只列出了 19 家和 8 家详见表 1.1。

表 1.1　非小号列出的主要国家的货币交易平台

国家或地区	交易平台
新加坡（53）	BITKER、CoinTiger、BiKi、BIONE、东方交易所、DragonEx、KKCoin、CoinBene、OCX、Bitget、融币、ZZEX、EZB、YEX、BitMax、币夫、MXC、 币峰、6X 交易站、CEX、IX 交易站、币贝交易所、ZDcoin、DBKtop、ABEX 新加坡多币网、PK. TOP、HEX、BQEX、ABCC、60 交易所、币扬、币发 COSS、ZB MEGA、CoinFit、GDEX、WBFEX、鲸交所、UEX、ExNow、币易、币森、OEX 全球站、hellobtc、Park. one、BYEX、XTRA、IMX、讯齐 Victcoin、VIP 交易所、WanShare
英国（44）	HitBTC、Bitstamp、ZT. COM、AEX、BKEX、Tidex、Luno、BTEX、DSX、SilkTrader、ZGK、Aacoin、86COIN、CoinEgg、58COIN、Bybit、TOKOK Coinoah、monster. one、Bisheng、Biger、BJS、UKEX、Longex、QB. COM TOP. One、7EBIT、Btron、Coinfalcon、TradeSatoshi、AiCexc、LEOx-Change、Coinrate、Bitlish、CEX. IO、Cryptomate、Bittylicious、Rootrex、Coinfloor、CoinMate、nfinityCoin Exc、CoinRED、GateHub、ThinkBit Pro
中国香港（38）	Bitfinex、Bit - Z、币赢国际站、WR. NET、OkCoin 国际、FUBT、All-coin、Huobi、牛盾交易所、BG 交易所、CEO 交易所、ZBG、BitAsset、LBank 天天交易所、FEX、汇币网、多比交易平台、紫牛币交所、Coinsuper、B2BX、BITINFI、CoinPark、ExCraft、爱尚比特、CoinEx、DBOSS、找币、阿格斯、Bithumb DEX、比特币交易网、币阁、CoinBBT、证币交易所、T 网、9158 交易所、A. mom、中比特交易所
美国（19）	Coinbase Pro、Bittrex、Kraken、Poloniex、Gemini、BigONE、FatBTC、Cobinhood、itbit、F8Coin、BEX、Wall Streetex、btrise、PRDAE、BTC Alpha、KeepBTC、55. com、CryptoGro、USADAE
日本（8）	bitFlyer、Liquid、Coincheck、Bitbank、Zaif、BTCBOX、FCoinJP、Triple Dice Exchange

备注：根据非小号公司信息整理（https://www.feixiaohao.com/exchange/? area = singepo&page =1），英国中的交易平台有很多是在英属维尔京岛注册。

而英国的数字加密货币比较公司 2019 年 4 月 15 日提供信息①，各种代币高达 2400 多种，与其交易的主流法定货币交易包括美元、欧元、英镑、日元，这些同时也是国际主流的外汇资产。交易的代币数量最多，都为 1998 种；交易平台有 196 个。按照组织方式，中心化的交易平台 178 个，非中心化的交易平台 18 个。按照交易类型，只提供数字加密货币衍生品（即比特币期货/期权）的交易平台 3 个，其余提供现货交易和衍生品交易。按照是否与法定货币交易分类，可与法定货币交易的有 94 家。这 94 家交易平台按照交易平台运营主体注册地，英国最多有 12 家，其次是日本有 10 家，美国和韩国各 5 家，爱沙尼亚、英格兰、波兰、巴西各有 4 家。这些国家的交易平台如下表。

表 1.2　世界主要国家的法定货币交易平台

国家或地区	交易平台
英国（12）	Bitlish、DSX、Coinmate、Coinfloor、Coinconer、CCRBX、Bitstamp、Cex. io、Coinpoint、ExtStock、Coinfalcon、Coinsbanki
日本（10）	Liquid、Coincheck、Zaif、Quoine、bitFlyer、QRYPTOS、BTCBOX、Bitbank、Fisco CryptoCurrency Exchange、BitFlyerFx
美国（5）	Gemini、Simex、Bittrex、Kraken、Binance Jersey
韩国（5）	Coinone、Bithumb、UPbit、Coinneest、Korbit
爱沙尼亚（4）	CoinBit、P2PB2B、IncoreX、AliExchange
英格兰（4）	Exmo、N. exchange、BTC – Alpha、Coinjar
波兰（4）	Bitbay、Abucoins、Bitmarket、Coinroom
巴西（4）	3XBIT、Braziliex、Mercado Bitcoin、Foxbit

---

① 数据来源于数字加密货币比较公司网站 www. cryptocompare. com/exchanges/#/overview.

注：根据数字加密货币比较公司整理（www.cryptocompare.com/exchanges/#/overview）

据比特币市场与技术资讯网（Bitcoinchart.com）网站 2019 年 4 月 15 日提供的信息，主要交易平台有 Kraken、Bitstamp、Bitbay、Coinsbank，这些平台提供比特币等多种数字加密货币与美元、欧元、日元等 18 种法定货币的兑换。而据加密数字货币数据分析网站（coinMarketcap.com）提供的信息，按照交易量排名，2019 年 4 月 21 日的前五个交易所为 Binance、Coineal、HitBTC、DigiFinex、OKEX。

二、代表性交易平台

Kraken 总部位于旧金山，成立于 2011 年，是欧元交易量和流动率最大的比特币交易所，另外，Kraken 也交易加元、美元、英镑和日元。Kraken 一直被独立新闻媒体评为最好和最安全的比特币交易所。Kraken 是第一个在彭博社上显示交易价格和交易量的比特币交易所。第一个通过了加密可验证的储备证明审计。并且是第一个加密货币银行的合作伙伴，用户包括东京政府法院委任的受托人和德国的 Fido 银行等。法币，包括欧元、加元、美元、英镑、日元；数字货币，包括 BCH、DASH、EOS、ETC、ETH、GNO、ICN、LTC、MLN、REP、USDT、XLM、XMR、XRP、ZEC 等，共 17 个币种，47 个配对交易市场。

Coinbase 是一家 2012 年成立于旧金山的一家虚拟货币交易所，初期只支持比特币（BTC），目前已经支持以太坊（ETH）、莱特币（LTC）等，是美国第一家持有正规牌照的比特币交易所。2017 年，Coinbase 通过了纽约金融服务部门（NYDFS）的比特币交易牌照申请。后来把交易所名称改为 GDAX。平台用户超过 1310 万。支持法币与主流币种的兑换，法币包括美元、英镑、欧元这几种国际流通货币；主流币支持 BCH、BTC、ETH、

LTC。共 4 个币种，10 个配对交易市场。可以使用法币进行交易，对于投资者来说是法币投资的入口和出口。申请注册快，交易量比较大，充值提现速度在非峰值的情况下比较快。信誉非常好，有交易所牌照，安全性比较高。法币充值提现支持银行汇款和信用卡支付。支持电脑端和移动端，提供比特币在线钱包服务，并且正在开发商业用的工具来支持比特币支付，得到了如 Paypal、Expedia、Bloomberg 等大企业的支持。

Bittrex 建立于 2015 年，位于美国纽约，是首批申请纽约比特币牌照的交易所。每天的成交量达数十亿人民币，拥有非常多的中国用户。Bittrex 是基于并完全受监管于美国的，它是那些要求快速交易、稳定钱包和行业最佳安全措施的交易者的首选，为用户提供一流的交易体验，来购买和销售品种繁多的数字货币。无论在数字货币认知和交易方面是新手还是老手，Bittrex 都是比较适合的交易平台。数字货币包括 USDT、BTC、ETH 等 199 种数字货币，271 个配对交易市场。币种比较全，分为以 BTC、ETH、USDT 三种币为基准的交易体系，交易量大，用户数量多，充值提币速度较快，安全性高，提供高频交易 API。

Poloniex 总部设在美国，提供各种数字资产。成立于 2014 年 1 月，为客户提供安全的交易环境，并提供先进的图表和数据分析工具。Poloniex 平台可交易多种数字货币。这使该网站拥有十分庞大的用户群，2017 年交易量快速增长。Poloniex 可以支持手机端和电脑端交易界面，是一个纯粹的数字货币币币交易所。支持数字货币包括 BTC、ETH 等 68 种数字货币，99 个配对交易市场。币种较多，交易量大，支持电脑和手机端，注册方便，提币速度较快。不支持中文界面，不支持法币充值。

OKEx 是全球著名的数字资产交易平台之一，主要面向全球用户提供比特币、莱特币、以太币等数字资产的币币交易和衍生品交易服务。

OKEx 创立时，获得了世界领先投资人 Tim Draper 参与设立的创业工场百万美金的天使投资，Tim Draper 先生同时也是 Hotmail、百度、特斯拉等世界领先企业的投资人。2014 年年初，OKEx 获得了中国著名的风险投资基金策源创投、香港上市公司美图创始人旗下的隆领投资千万美元。OKEx 作为国内 OKcoin 旗下的海外交易所，使得很多的中国用户倾向于使用该平台。法币支持人民币 C2C 交易；数字货币支持 BTC、ETH 等 91 种数字货币，274 个配对交易市场。币种多，支持中文界面，支持人民币交易，超低手续费，注册方便，交易量大，用户数量多。

鲸交所是目前代表性的去中性化交易所。其核心服务包括：（1）链下撮合引擎，可提供一个全内存、分布式的、微服务架构、可扩展的交易系统，提供每秒百万笔以上的撮合效率；（2）WAL 智能合约，合约包括下单、撤单、接收撮合成交、充值、提现整个信息到链上以后是公开透明的；（3）WAL 跨链方案，允许用户在交易所进行各种跨链币种交易；（4）WAL 网关账号，提供跨链资产转移的账号，在一条链上会有多个，只要在 EOS 拥有跨连资产的用户都可以作为网关账户，每次资产转移都是一次锁定实现原子交换，不需要第三方机构提供支持。交易流程如下：用户发起交易请求（用户签名地址来签名，发起卖、买交易需求）—链下撮合引擎（撮合引擎，只接受正确签名）—成交（卖方、买方、交易所三方签名才会被 WAL 合约接受）—公布到链上（透明，可追溯）；完成每一笔交易，用户需要登录交易所账号且需要前面地址的私钥在 App 或者浏览器中保存，便于交易请求签名。

三、交易平台综合评级

随着交易平台的泛滥，一些机构开始收集交易平台信息，对其进行评价。国内最早的非小号网站的评价为全球交易所综合排行榜（Exchange Rank，简称 ExRank、ER、交易所排名）。该评级采用数据挖掘技术，从六个维度对交易平台的进行排名。评级分为 10 个等级，等级越高，交易平台综合能力越强。

六个维度具体是：交易活跃度、人气指数、团队实力、信誉度、安全性和基础信息，每个维度又包括若干评级指标。（1）交易活跃度：主流币种的 24 小时交易额、24 小时交易额涨幅、7 天交易额涨幅。（2）人气指数：Facebook 关注数、关注数增长，Twiter 关注数、关注增长数、网站访问量、Alexa 世界排名。（3）团队实力：产品线种类、产品运营范围、交易所钱包持币数量。（4）信誉度：支持交易的代币质量、正（负）面资讯流传广度及热度、政策合规性、审计合规性等。（5）安全性；第三方权威评级机构提供的安全评级数据；（6）基础信息，交易所名称、平台标识 Logo、上线时间、介绍、官网地址、交易所钱包地址、交易类型、相关人物、官方邮箱、社交地址、App 下载链接、Api 接口地址。

据该网站 2019 年 4 月 15 日发布的对 368 家交易平台进行的评级，前五名依次为：币安网、火币全球站、BitMEX、Bitfinex、OKEX，这些都被评为九级。评为八级的交易平台为 Coinbase Pro、B 网，另有 K 网、HitBTC 等 10 家交易平台为七级，8 家六级，11 家为五级，27 家为四级，15 家为三级，12 家二级，3 家一级，其余 185 家连一级达不到。

四、交易平台安全评级

伴随着代币首发融资（ICO）的兴起，对 ICO 项目的评价也引起了人们关注。ICORating 是一家评级机构，发布独立分析研究，评估首次发行代币项目并对项目进行评级。ICORating 的目的是为首次发行代币项目制

定明确的评估标准，并在透明和统一的标准前提下进行评级。ICORating
对项目进行深度而客观的分析，从而客观地评估风险，提供项目本身及其
潜力的完整情况。

ICORa 安全评级包括四个方面。（1）控制台错误。加密货币交易所遭
遇控制台错误总会导致数据丢失，但其实这个问题并不是黑客恶意攻击造
成的，而是由于开发人员的编程漏洞。（2）用户账号安全。研究人员在每
家交易所创建了一个独立账号，以此检查交易平台对密码安全性的要求，
以及是否需要电子邮件和双因素认证（2FA）验证。（3）注册管理和域名
安全。研究人员使用了 Cloundflare 工具来识别域名和注册管理安全漏洞，
同时还考虑了很多其他因素，比如，加密货币交易所是否采取注册表锁定
措施，防止任何使用注册表进行外部通讯的恶意用户更改域名；加密货币
交易所是否通过加强安全措施（如在进行域名访问的时候不仅仅需要一个
授权代码）来防止发生域名劫持问题；是否使用了角色账户来保护敏感域
名信息不被泄露。（4）Web 协议安全。ICO Rating 研究人员使用了 HT
Bridge 的 WebSec 工具来检查加密货币交易所 Web 协议的安全级别，并且
监测了 URL 中的 HTTPS 标头、X－SXX 保护标头、内容安全策略标头、
x－frame－options标头和 x－content－type 标头。

2018 年 10 月 ICO Rating 发布了研究报告，其中发现只有 46% 的交易
所的安全参数指标符合要求，其余54% 的加密货币交易所都没有执行标准
的安全措施。按照安全级别顺序对 100 家加密货币交易所进行了排名，其
中最安全的加密货币交易所是 Coinbase Pro，Kraken 紧随其后，前五名中
的另外三家加密货币交易所分别是 BitMEX、GOPAX 和 CDPAX。具在表
现：（1）控制台错误方面，32% 的加密货币交易所存在导致运营故障的编
程错误。（2）用户账号安全方面，结果发现41% 的加密货币交易所允许创

建长度小于 8 个字符的密码，因此被认为安全性较低；37% 的加密货币交易所允许用户仅使用数字，或是仅使用字母创建密码，而不需要必须使用字母和数字组合进行密码设置，被认为是一种安全漏洞；5% 的加密货币加密货币竟然允许用户在无须电子邮件验证的情况下创建账户；3% 的加密货币交易所缺少双因素身份验证（2FA）措施，用户仅需通过单独设备即可确认登陆，也被认为是资金保护不利的一个方面。（3）注册管理和域名安全方面。只有 4% 的加密货币交易所满足全部注册管理和域名安全保护措施要求；只有 2% 的加密货币交易所采取了注册表锁定措施；只有 10% 的加密货币交易所使用了 DNS 安全扩展。（4）Web 协议安全方面，只有 10% 的加密货币交易所网站使用了全部五个 Web 协议标头；只有 17% 的加密货币交易所网站使用了内容安全策略标头；只有 29% 的加密货币交易所网站使用了上述提及的一种 Web 协议标头。

2018 年 12 月 18 日，ICORating 评估了 135 个加密货币交易平台。据报道，所有交易所的日交易额均超过 100000 美元。四个安全类别具体为：用户账户安全、注册商和域名安全、网络安全以及 DoS 攻击保护。评估报告于 12 月 18 日公布，将 Kraken（A）、Cobinhood（A）和 Poloniex（A$^-$）评为全球三大最安全交易所，Bitmex 排在第四。没有交易所锁定 A$^+$ 评级，两个交易所（代表总数的 1.5%）获得稳定的 A 评级，16% 在 A 或 A$^-$ 范围内。55% 的交易所的份在 B$^+$ 和 B$^-$ 之间，其余为 C$^+$，C 或 C$^-$。

事实上，四个安全类别中，每个安全类别又进一步细分为一系列具体的测试参数。（1）用户账户安全方面，该报告评估了四个标准——包括密码安全和双因素身份验证——发现只有 22% 交易所符合所有四个标准。（2）注册和域名商安全方面，其中包括保护措施，如给高质量域名有效期设置六个月的时间限制以及注册表锁定措施，发现只有 3% 交易所满足所有四个标准。（3）网络安全方面，则考虑了十个细分标准——包括防止劫持攻击、中间人攻击保护和 HSTS 标头保护——交易所在这一方面的表现差异更加明显。（4）Dos 攻击保护方面，所有交易所都能够防御中间人攻击、POODLE 攻击（利用某些浏览器处理加密通信时进行攻击）和 Heartbleed 攻击——后者导致内存内容从服务器泄漏到客户端或者从客户端泄漏到服务器，发现 37% 的交易所使用了 HSTS 标头，60% 交易所可以防止劫持攻击，74% 的交易所能够防御 DOS 攻击。

第三章

数字加密货币交易平台运营模式

技术层面上，数字加密货币可以作为货币使用；法律层面，目前尚无主权国家把某种数字加密货币作为货币使用。现实中，比特币更多被视为资产，交易以投机为主。交易平台提供的交易包括现货交易和期货交易。交易平台的功能有咨询服务、资产保管、融资、做市商等多层次功能。其中，资产保管、融资等功能使其具有金融机构属性。

第一节　数字加密货币属性与特点

一、数字加密货币属性的逻辑分析

直观上，从名称来看，数字加密货币是属于货币的。这也正是比特币网络设计者的最初目标。在比特币网络没有出现时，其化名为"中本聪"的创始人就在一篇论文中指出，比特币是完全通过点对点技术实现的电子现金系统，它使得在线支付能够直接由一方发起并支付给另外一方，中间不需要通过任何的金融机构。思路是采用工作量证明机制实现点对点网络来记录交易，基本原理是网络通过随机散列对全部交易加上时间戳，将交易合并入一个不断延伸链条作为交易记录（Satoshi Nakamoto，2009）。比特币网络出现后，一些人从理论角度进行了分析，说明了数字加密货币作为逻辑可能性，另一些人则反对这种观点。后者通常把数字加密货币视为"一种资产"，或者进一步说是"数字资产"或"虚拟资产"其中的一种。造成这一结果的原因是，双方对货币本身的定义都存在差异。

关于货币的定义，即什么是货币，从经济学到哲学，再到社会学都有不同的认识（西美尔，1900）。① 即使是经济学本身，也有不同观点（盛松成、张璇，2014，祝福云、周颖、陈媛，2018）。从经济学相关教材看，有两种代表性观点。一种是马克思的经典定义，即"货币是固定的充当一般等价物的商品"，这是国内使用最广泛的定义。这种定义首先把货币视为商品，这里称之为"商品观"定义。另一种是"货币是最具有流动性的资产"。按照"商品观"，数字加密货币虽然有价格，但若没有使用价值，便也没有价值，自然不是商品，也就不可能成为货币。问题是，按照后者观点，现实生活中的法定货币，特别是纸币，也很难把其归为商品。退一步而言，即使纸币作为价值符号而成为货币，而其成为价值符号的主要原因是国家法律。那么某一种数字加密货币逻辑上也可以按照法律成为价值符号。同时，从形态上的商品货币，到可兑换的信用货币，再到法定货币。其中，法定货币属于不可兑换的信用货币，法定货币可以表现为纸币或铸币形式的现金，也可以表现为以银行卡为代表性的电子货币。如果承认法定货币是"信用货币"，就必然涉及信用关系。从信用关系的载体看，

---

① ［德］西美尔. 货币哲学［M］. 陈戎女，等译. 北京：华夏出版社，2002.

通常是"资产"而不是"商品"更多承担信用关系。从这个意义上，按照"商品观"的货币定义讨论数字加密货币，不如按照"资产观"的定义。

按照"资产观"的货币定义，数字加密货币流动性取决于多种因素，法律是最重要的因素之一。而比特币理论上具备了货币的一切特点，只要法律认可，就能成为真正合法流通的货币。现实中，由于涉及货币供给方的利益，即货币发行者（目前通常是各国政府）垄断货币发行权而得到的铸币税。采用竞争性发行的数字加密货币政府就得不到原有的铸币税。这种情况下，公众使用比特币，就面临着法律地位和信用缺失、取证和补救困难、管辖冲突等法律问题。所以数字加密货币不会成为货币。当然，政府也可以借鉴比特币的相关技术，采用垄断性发行的数字加密货币。不过，这种数字加密货币不属于本书讨论范围。

由于逻辑上具有成为货币的可能，那么就要从实际运用看，比特币的货币属性有多强。

二、数字加密货币属性的实证分析

数字加密货币属性分析主要从两个方面进行，一个是从货币职能角度，一个是从数字加密货币网络账户角度。由于本书分析对象是比特币，故而其他类型的数字加密货币很少涉及。这不仅是因为比特币是最早的数字加密货币，其他类型数字加密货币都是步其后尘；而且也因为比特币是按照价格计算的市值（即发行量与用法定货币标价的交易价格的乘积）最高，在所有数字加密货币中最有可能成为货币。

从交易媒介职能看，Yermack（2013）的研究表明，一方面，用于商品或劳务购买的比特币数量占比特币总交易的数量很小，大约不到20%；另一方面，接受比特币作为支付工具的企业较少，用比特币交易的商品或劳务的数量占商品或劳务的总销售量比例更小。

从价值储存看，比特币价格变化很大，借贷、套期保值等相关金融服务不完善，流动性受到限制。所以比特币不能视为货币，而是被视为非货币性资产。

从比特币网络的账户看，如果用户把比特币作为交易媒介，其账户上必然有比特币的发送（send）和接受（receive），发送比特币意味着用比特币购买商品或劳务，而接受比特币意味着销售商品或劳务。由于目前绝大多数国家从法律上禁止用比特币替代法定货币，即使如日本允许使用比特币作为支付手段的国家，在其境内人们也没有普遍使用比特币，尤其是大额交易，那么作为交易媒介的比特币账户发生或接受的数量或折合的法定货币金额较小。即账户内发送或接受的比特币特点是"次数多而小额"。下面把这类用户称之为"货币用户"。与此对应，如果用户把比特币作为投资，那么有两种类型，一种是认为比特币升值潜力很大，计划长期持有；另一种是认为发展潜力不明，但变化起伏为短期获利提供可能，因此短期持有。前者会用货币小量大额购买比特币，并存起来，出售很少甚至不出售。其账户内发送或接受比特币的特点是"量小额大接受而不（或少）发送"。后者则会在价格上升前大额购买比特币，当价格上升更高时再大额出售；而价格下降前大额出售，价格下降后大额购进。其账户内发送或接受比特币特点是"量小额大发送且量小额大接受"。这里把这两类用户分别称之为"长期投资者""短期投资者"。

利用 2009 年 1 月 9 日到 2013 年 12 月 28 日比特币网络相关数据，Baur 等（2018）细化账户分类标准为：（1）账户内有一次以上交易，同时有发送和接受比特币，且金额小于 2000 美元的账户用户为货币用户；（2）账户内有两次或以上交易，同时只接受金额大于 100 美元，且没有发送比特币的账户用户为长期投资者；（3）账户内有两次以上交易，且发送过价值 2000 美元以上的账户为短期投资者。另外他们把难以归类为以上三种类型的进一步分为测试者（tester）、挖矿者（miner）、混合型用户（hybrid user）。这里不讨论这些用户。

按照这一分类标准，2011 年 12 月 31 日总数为 72.07 万个的网络账户中货币用户、长期投资者、短期投资者数量分别为 3.18 万个、1.89 万个、3.30 万个。到 2012 年 12 月 31 日，网络账户总数增加到 219.08 万个，货币用户、长期投资者、短期投资者数量分别达到 11.70 万个、8.63 万个、8.26 万个。到 2013 年 12 月 28 日，账户总数增加到 672.23 万个，而货币用户、长期投资者、短期投资者分别增加到 46.44 万个、32 万个、103.56 万个。从交易次数看，货币用户 2011 年、2012 年、2013 年各个时期的交易次数分别为 32.01、61.51、41.08，长期投资者分别为 10.21、13.06、11.05，短期投资者分别为 2.76、2.72、3.24，从美元计价的折合交易金额看，货币用户三年内分别为 61.86 美元、79.86 美元、131.61 美元，长期投资者分别为 116 美元、57 美元、781 美元，而短期投资者分别为 17222、8906、17177 美元。这些数据表明，随着时间的推移，比特币交易中作为资产进行投资的投资者增加，而且交易数量较大。这意味着现实中比特币更多被作为投资资产，而非货币使用。而投资者中短期投资者数量和交易金额剧增，意味着投资的投机性很强。

三、比特币的资产特征

作为一项资产，比特币与传统金融资产，如股票、债券等具有很大差异。股票持有人享有公司财产所有权，通过分红或股权转让获得收益。债券持有人享有到期收回本金和利息权益。比特币除了能够用于结算外没有任何其他直接用途，作为金融资产其收益唯一取决于价格增长。尽管有人把其价格增长解释为人们对比特币网络的信任度提高，但考虑到影响比特币价格因素众多，而且价格变化反复无常，这种解释说服力不高。鉴于理论层面目前没有令人信服的逻辑解释，就有必要从现实层面对它与其他金融资产进行比较。

Yermack（2013）对 2010 年 7 月 19 日到 2014 年 3 月 21 日期间欧元、日元、瑞士法郎、英镑各自的美元汇率、黄金价格与比特币收益率进行了比较，发现四种外汇的汇率波动在 0.1 左右，黄金价格波动率在 0.2 左右，而比特币收益率波动为 1.4，大大高于这些资产。比特币收益率与这五种资产收益率的相关系数分别为 −0.05、0.01、−0.04、−0.02、−0.06，而四种外汇资产的相关系数最大的为 0.64，最小的为 0.18，黄金与四种外汇资产相关系数分别为 0.2、0.07、0.19、0.21。这说明比特币是非常独特的，与其他金融资产几乎没有关系。

Baur 等人（2018）则利用 2010 年 7 月 19 日到 2017 年 6 月 26 日相关数据，对美股、美企业债、美国债等 11 种金融资产与比特币进行了比较，具体结果如下。

表 3.1　美股、美债等金融资产收益率统计

资产	比特币	S&P500	美债 A	美国债 B	黄金	白银	原油	欧元	日元	人民币
均值	0.65	0.05	0.01	0.01	0.00	−0.01	−0.03	−0.01	0.03	−0.01
标准差	7.60	0.95	0.05	0.27	1.09	2.20	1.23	0.60	0.58	0.13
相关系数	1	0.05	−0.01	−0.03	0.04	0.02	0.01	0.01	0.01	0.02

注：数据来源根据 Baur etal（2018）表 2、表 3 整理。美债 AI 指美国公司债券，美债 B 指美国国债。

从上可以看出，比特币收益率均值几乎是美国标准普尔 500 股指数收益率的 13 倍，美国国债、美国企业债收益率的 65 倍。而标准差分别是后者的 7 倍、135 倍、27 倍。与这些资产相关系数在 −0.03～0.05，再次证明比特币收益率高、波动大、相对独立等。

第二节　数字加密货币交易

数字货币交易是指数字加密货币与法定货币，以及不同种类加密数字货币之间的兑换，交易平台是交易主要场所。

一、现货交易

现货交易通常包括四个步骤。（1）平台注册。用户在平台注册，获得平台注册身份。每个身份有两类账户，一个是法定货币账户，一个是数字加密货币账户。账户里会显示余额。（2）充值（或充币）。注册成功后登录，在账户管理功能下可进行充值（或者充币）。此时意味着用户资金或资产由交易平台保存。（3）交易。在交易功能下买入（或卖出）数字加密货币。（4）提币（体现）。账户管理功能下转出数字加密货币（或人民币）。另外，交易功能下可以进行委托管理，及对交易操作的查询。

需要注意的是，如果用户没有提币（或提现），虽然账户里显示数字加密货币数额和法定货币金额，但这仅仅是用户有向平台索要这些资产的权利，并不一定实际拥有这些资产。相当于交易平台为用户保管这些资产，亦即用户使用交易平台的"热钱包"保存数字加密货币，交易平台自然可以利用这些资产。如果平台遇到黑客攻击，往往会给用户造成损失。特别是交易平台宣布破产，那么用户资产基本难以追回，即使是知道这些资产的下落，也未必能够追回。按照数字加密货币系统运行规则，用户只要转入自己的系统钱包才是真正拥有这些数字加密货币。此时，这些数字加密货币就不再由平台保管，而是用户自己保管，即使用"冷钱包"保管资产。这也正是一些交易平台单纯买卖数字加密货币，而不提币或提现，手续费很低，甚至免费，但一旦提币或提现则手续费较高的原因。

二、期货交易

所谓的"期货"合约允许交易者通过保证金杠杆的方式，提前押注特定商品在合约到期前的价格涨跌变动状况。押注价格上涨的投资者可以"做多"，押注下跌者则可以"做空"。

国内很多平台在 2014 年就提供期货业务，但国际影响力有限。2017年 12 月 10 日，芝加哥期权交易所（Chicago Board Options Exchange，以下简称"CBOE"）于美国中部时间 17：00 开始比特币期货交易。合约名称"Cboe Bitcoin（USD）Futures"，期货代码 XBT。合约基于 Gemini 交易所比特币集合竞价美元价格计价，采用现金交割方式。交易所可以挂牌最多 4个近期到期"周合约"、3 个近期连续月合约（"连续"合约）及 3 个季合约（3/6/9/12 月）。根据芝加哥当地时间，常规交易时段：当日 8：30—15：15（周一至周五）。不接受市价订单；接受止损限价订单。除最终结算日外，所有 XBT 期货合约的订单、报价、撤单和改单的申报截止时间是15：14：59，之后将被交易所拒绝。2018 年 4 月 13 日，芝加哥商品交易所（Chicago Mercantile Exchange Holdings Inc，以下简称"CME"）也开展比特币期货业务。CBOE 与 CME 比特币期货使用美元交割，这意味着在合约到期时，投资者并不需要真正地进行比特币实物交割。而只是获利的投资者获得资金返还，而亏损者则损失本金。不过，这只是理论上的状况，因为在现实交易中，投资者都会在合约到期之前进行平仓或者移仓操作，没有机会进入交割流程。CME 和 CBOE 的比特币期货的区别是，前者的一份合约规模更大，包含五枚比特币，而后者一份合约中则只含有一枚。

CME 和 CBOE 在比特币期货上的保证金率水平则给得相当保守。目前，CME 比特币期货合约的保证金率高达 43%，而 CBOE 更是高达 44%，这意味着投资者最多只能加到"一倍多一点"的杠杆，而对于交投活跃的传统大宗商品，两大交易所所设定的保证金率则只有 10%。之所以设定如此高的初始保证金率，便是因为比特币隐含波动率远高于一般资本商品。比特币期货合约设置有"熔断"限制。交易首日，CBOE 期货就因为日内触及 10% 涨幅限制而遭遇两次暂停交易两分钟的"熔断"。而 CME 期货则设置了 7%、13% 和 20% 共计三档涨跌幅熔断限制。在触及 7% 和 13% 限制之后，交易将继续，如果之后 2 分钟内价格没有突破限制，那么熔断将取消，并在触及更高一级涨跌幅限制前不会再被触发。如果在两分钟观察期内价格继续单边上涨或下跌，那么交易将被暂停 2 分钟。而一旦价格波动达到了 20%，那么将不会有暂停交易的熔断，只是日内涨跌幅超过 20% 的所有交易单都会被挂起无法成交，形成事实上的"涨跌停板"，以确保日内累计涨跌幅不会高于 20%。

在传统期货合约基础上产生了永续合约。这是一种创新型金融衍生品，不同于传统期货合约有交割日期，市场易被操控，杀空杀多，定点爆仓等特点。永续合约没有交割日期，是一种新型的数字货币衍生品，它介于传统的现货和期货合约之间，交易者可以买入做多，也可以卖出做空，能很好地规避合约到期后掉期的风险，是一种极其适合数字货币衍生品的金融投资产品。

以上交易中，平台还提供一些自动交易策略。以 Okcoin 为例，有计划委托、跟踪委托、冰山委托、时间加权委托等。（1）计划委托。当市场价格达到或超过预计的价格时触发预设委托，适合于希望在价格达到某个价位后执行买入/卖出的用户。（2）跟踪委托。在行情发生较大幅度回调情况下，执行客户事先设定的委托。当市场的最新价格达到投资者设定该策略后最高（最低）市场价格的（1±客户设定回调幅度）后，即会触发客户设定的策略，将客户事先设定的委托以市价送入市场中。举例而言，当前 BTC 的市场价格为 19000 美元，某投资者判断 BTC 的市场价格还会继续下跌，但是在下跌到一定价格后可能会出现反弹行情，因此用户希望在反弹幅度超过所设置的"回调幅度"时，按照市价买入。因此可以设置跟踪委托：激活价格 18000，回调幅度 1%。当 BTC 市场价格从 19000 美元继续下跌，最低跌至 17800 美元，则 17800 美元小于激活价格（18000 美元），此条件满足。随后反弹上涨，若上涨至 17978 美元，此时回调幅度为（17978 − 17800）/17800 = 1%，满足回调幅度的要求，因此系统触发此市价委托，委托价格为市价，买入量为跟踪委托的买入量。当市场的回调幅度达到预设值后自动执行预设委托，当客户持有仓位又担心出现冲高回落坐过山车时可以使用该策略。（3）冰山委托。将大额买单/卖单拆分为多个小额订单，并且根据市场最新价格波动调整委托价格，通过连续小单委托减小大额订单对市场价格的影响。（4）时间加权委托。将大额订单拆分为多个小额订单，按照固定时间频率进行连续委托，根据对手单的数量决定每次的委托量，所有订单不成即撤，在尽可能减小市场影响的前提下争取更多成交量。

三、杠杆交易

杠杆交易，顾名思义，就是利用小额的资金来进行数倍于原始金额的投资，以期望获取相对投资标的物波动的数倍收益率，抑或亏损。以 OK-Coin. com 交易平台为例①，在法币交易页面，选择带有类似"3X"标记的币对，右侧点击"3X 杠杆交易"标签后即进入币币杠杆交易。其法币交易—借币业务用户使用协议如下。

（1）平台为用户提供做多/做空杠杆交易工具。（2）用户的最高借币数量由杠杆倍数、用户等级等因素决定，最高借币倍数为 0.5 ~ 3 倍不等。最大杠杆可借计算公式：最大杠杆可借 =（账户总资产 − 未还借入资产 − 未还利息）×（最大杠杆倍数 − 1）− 未还借入资产。（3）为借币用户的杠杆交易提供风险管理服务，对用户在平台的杠杆账户进行监控和风险管理。（4）借币用户在使用杠杆交易时，即无条件授权平台在用户杠杆账户发生风险时（账户总资产/负债≤110%）采取代为减仓，乃至完全平仓等风险控制的操作。（5）用户将所借资产用于杠杆交易时，应当遵守《平台借币、杠杆交易业务规则》的规定。（6）用户使用杠杆交易时，应当遵守国家相关法律，保证交易资产的来源合法合规。（7）用户使用杠杆交易时，应当充分认识到数字资产投资的风险以及杠杆交易的风险，谨慎操作，量力而行。（8）用户同意在平台所进行的所有投资操作代表其真实投资意愿，并无条件接受投资决策所带来的潜在风险和收益。（9）用户同意在借币及杠杆交易时可能产生手续费等相关费用，并同意按照平台公示的

---

① Okcoin 和火币网融资融币战斗力之比，http：//www. bitcoin86. com/exchange/huobi/2868. html.

要求缴纳相应费用。（10）用户认同平台在杠杆账户发生风险时保留对账户实施减仓、平仓、自动还款等风险控制操作的权限，并无条件接受最终的成交结果。（11）平台保留暂停，终止杠杆交易业务的权限，在必要的时候平台可以随时暂停，终止杠杆交易业务。

爆仓规则为，当某杠杆账户的风险率≤110%时，系统会执行爆仓操作，使用该账户内所有资产去偿还借币债务。风险率指评估杠杆账户爆仓风险的指标。当风险率≥150%时，账户中多余的资产部分可通过资金划转转出；当风险率≤130%，风险率评估为风险，系统会给用户发短信提示风险；当风险率≤110%，系统将强制爆仓，并发短信告知用户。风险率＝［（计价货币总资产－计价货币未还利息）×最新成交价＋（交易货币总资产－交易货币未还利息）］／（计价货币借入资产×最新成交价＋交易货币借入资产）×100%。预计爆仓价格＝（交易货币借入资产×爆仓风险率＋交易货币未还利息－交易货币总资产）／（计价货币总资产－计价货币未还利息－计价货币借入资产×爆仓风险率）。

计息规则为，单笔借币订单独立计息。借币成功时首次计息，之后满24小时计息一次。每满15天，系统将未还清借币进行复息结算（未还利息计入下一阶段本金中），并开始下一阶段计息。还币规则为，优先还最早生成的借币订单；优先还利息，再还本金；单笔借币订单的本金和应还利息全部还清后，单笔借币订单状态转换为已还清，随后此订单不再计息。

四、场外交易

场内交易所是指可以直接通过信用卡或者银行转账从交易所购买数字货币的交易方式。场外交易所是用户通过交易所撮合与另外一名用户在交易所以外完成数字货币支付的交易方式。场外交易所，包括币汇网、OTCBTC、Gate 等。

另外各个交易平台采取多种营销策略吸引人们交易。Okex 邀请好友赚取 30% 交易手续费返佣。被邀请者必须使用邀请者的邀请链接或邀请码完成注册，且完成等级 2 的身份认证，即可获取奖励。奖励包括两部分，即交易返佣奖励和固定奖励。交易返佣奖励为，被邀请者所产生的交易手续费，并根据 30% 的比例，以等值的 BTC，返回给邀请者。而固定奖励则包括身份认证奖励和充值资产奖励。其中，身份认证奖励为，邀请者每邀请一个有效邀请用户，邀请者和被邀请者都可获得 10 美元等值 BTC 的奖励。充值资产奖励于 2018 年 12 月 23 日之后取消，所以不加说明。

由于涉及当地的银监法规，一般法币交易平台可以交易的法币种类比较有限。币币交易平台允许用户将已经拥有的数字货币转换成其他数字货币，整个交易过程不涉及任何法币。受到的监管相对较松。期货交易风险高，允许杠杆交易，受到各地法规的监管更加严格。

第三节　交易平台的交易费

数字货币交易所主要通过收取交易手续费、项目上币费以及数字货币做市商业务赚取差价等方式盈利。许多数字货币交易所还发行平台币作为融资手段和交易所社区生态的通证。据不完全统计，目前已经发行平台币的交易所超过 20 家，包括币安的 BNB、火币的 HT、Okex 的 OKB 等。很多平台都是千分之二的交易手续费，而部分刚刚开立的交易所是千分之一，或者有部分免手续费的平台如币汇交易所之类，相对手续费可能更低。

平台通常根据顾客的交易量以及交易属性收取费用。交易量指 30 天累计交易量，早期按照美元计算，目前按照 BTC 计算。通常交易量越大，费用越低。交易属性指交易是挂单交易还是吃单。其中，挂单指的是你指定的价格下单时不会立即与深度列表里的其他订单成交，而是进入深度列表等待对方主动来成交订单。比如，现在卖一价是 1000 USD，以 999 USD 的价格下了一个买单，这时候不满足成交条件，那么订单会进入深度列表里的买单列表等待别人出 999 USD 的卖价成交，此时单子被成交，即支付挂单手续费。反之要支付吃单手续费。通常吃单费用高于挂单。下表列出了 Okex 交易费。

表 3.2　Okex 平台的交易费（%）

等级	币币交易			交割合约			永续合约		
	交易量 a	挂单	吃单	交易量 b	挂单	吃单	交易量 c	挂单	吃单
Lv1	< 100	0.10	0.15	< 1	0.02	0.03	< 1	0.02	0.07
Lv2	≥ 100	0.09	0.14	≥ 1	0.02	0.03	≥ 1	0.02	0.07
Lv3	≥ 500	0.08	0.13	≥ 2	0.01	0.03	≥ 2	0.01	0.06
Lv4	≥ 1000	0.07	0.12	≥ 3	0.01	0.03	≥ 3	0.01	0.06
Lv5	≥ 5000	0.06	0.10	≥ 6	0.00	0.03	≥ 6	0.00	0.05
Lv6	≥ 10000	0.05	0.08	≥ 10	-0.01	0.03	≥ 10	-0.01	0.05
Lv7	≥ 20000	0.03	0.06	≥ 20	-0.01	0.03	≥ 20	-0.01	0.04
Lv8	≥ 50000	0.02	0.05	≥ 30	-0.01	0.03	≥ 30	-0.02	0.04

注：交易量指 30 天累计交易量，交易量 a 以 BTC 为计量单位，交易量 b、c 以万 BTC 为计量单位，数据来源 https：//www.okex.me/pages/products/fees.html，2019 年 1 月 22 日访问。

中国比特币（CHBTC）费用。积分规则：注册积分 1000 点，认证手机积分 1000 点，认证邮箱积分 1000 点，设置资金安全密码积分 1000 点，高级实名认证积分 2000 点，每天登陆积分 10 点，首次充值 2000 点，此后单次充值每百元积分 1 点，单次交易每千元积分 1 点，在平台的资产净额度，每十元积分 1 点。

会员级别，积分在 0.8 万 ~ 2.5 万（不含 2.5 万，以下同）为 VIP1，2 万 ~ 5 为 VIP2 级，5 万 ~ 20 万为 VIP3 级，20 万 ~ 100 万为 VIP4 级，100 万 ~ 500 万为 VIP5 级。500 万 ~ 2000 万为 VIP6，2000 万 ~ 1 亿为 VIP7，1 亿 ~ 4 亿为 VIP8，4 亿以上为 VIP9。前 5 个等级会员统一于每周一 0：00 变更，如果积分达到下一个积分等级，会在下一个变更日统一变更。后 4 个等级，即 VIP6、VIP7、VIP8、VIP9 会员需要扣除积分，每月分别为 300 万、1100 万、5000 万、1.5 亿。四个等级统一于每月 1 日 12：00 变更，如积分不够扣除将自动降级。

表 3.3　中国比特币（CHBTC）平台的交易费（%）

类别	1	2	3	4	5	6	7	8	9
BTC	0.19	0.18	0.17	0.16	0.15	0.10	0.07	0.04	0.02
LTC	0.19	0.18	0.17	0.16	0.15	0.10	0.07	0.04	0.02
ETH	0.19	0.18	0.17	0.16	0.15	0.10	0.07	0.04	0.02
ETC	0.19	0.18	0.17	0.16	0.15	0.10	0.07	0.04	0.02
BTS	0.19	0.18	0.17	0.16	0.15	0.10	0.07	0.04	0.02
BCC	0.20	0.20	0.20	0.20	0.20	0.20	0.20	0.20	0.20
QTUM	0.20	0.20	0.20	0.20	0.20	0.20	0.20	0.20	0.20
HSR	0.20	0.20	0.20	0.20	0.20	0.20	0.20	0.20	0.20

注：普通会员（VIP0 级）交易费一律为 0.20%，资料来源：https：// www.chbtc.com/i/document? item = 11，2019 年 1 月 12 日访问。

另外，提取人民币时，根据会员等级收取 0.04% ~ 0.10%，最低限额为 10 元，最大限额为 200 万元。而人民币或数字货币充值免费。BTC、LTC 等各类数字货币提现也有类似费用和最低限度。在 Okex 平台，使用 Signature Bank 或 Silvergate Bank 充值或提现都免费。而采用 Epay 银行账号收款充值费 1%，提现免费。不过充值或提现过程中，收款行可能收取中间费用。采用 Epay，收取 1%。

第四节　交易平台的融资业务

国内交易平台在提供期货交易服务同时也提供融资服务。例如，火币网的操作步骤为：点击"借贷中心"→点击"借款借币"输入借款额就可以借款。如果系统的无钱可借，需要点击"预约借贷"，按照利率从高到低排序，利率越高优先借到。OKCoin 将账户分成了两部分，一部分为原来的交易账户，另一部分是放款账户，该放款账户独立于交易账户，只能放款赚利息。OKCoin 的借款操作：点击"融资融币"→选择"我要借款"→选择借款种类→输入金额、利率、借贷天数，系统按照放款深度撮合借款，若暂时借不到则进入借款深度列表；放款操作：用户选择"融资融币"→选择"我要放款"→"资金划转"，将资金（人民币/比特币/莱特币）转到放款账户之后才可以进行放款。选择相应的币种，填写放款金额、利率和放款天数。是系统撮合放款，暂不能放款成功的将进入放款深度列表。

提供融资服务必然涉及资金来源、融资形式、利率等。以火币网和

Okcoin 为例。二者的资金来源特点是，火币的资金池是有上限的，当资金池被借空，用户则无法向平台借款，要等有其他用户还款后才能继续借款；而 OKCoin 的借贷是完全放给市场的，只要利率合适随时可以借到。总体来说 OKCoin 的融资便利性要略胜一筹，具体对比如下。

（1）融资融币形式。火币网是平台向用户放贷且融资融币的总量有限，导致后来的用户借不到钱，于是火币网进而推出预约借贷，当有用户还款以后系统才可以重新放贷，谁的预约利息高就借给谁，从而导致预约利率非常高，年利率甚至达到了 80% ~ 100%。OKCoin 的融资融币形式是P2P 的，借贷放贷都是在用户与用户之间发生的，平台不参与借贷放贷，放贷天数可选，利率市场化。这很容易理解，放贷的利率高自然没有人借，只要市场、有需求，P2P 市场就能够满足。总之，火币网的预约借贷导致竞标利率变高，而 OKCoin 的利率由市场决定；火币网放贷的受益方是交易平台，而 OKCoin 放贷的受益方是用户；火币网的借贷实质上是平台虚增的资金，OKCoin 的 P2P 借贷形式不会增发（原则上是平台不增发，如果平台伪装用户放贷也存在虚增问题）。

（2）利率及优惠。火币网和 OKCoin 都有 VIP 系统，具体的 VIP 形式不做分析，只分析融资融币的利率优惠问题。火币网是向平台借钱，火币网的 VIP 可以享受利率优惠，火币利率优惠最高可达 50%；而 OKCoin 的VIP 系统目前还没有完善，不久 OKCoin 何停止了原来的 VIP 优惠形式，因为 OKCoin 之前的利率折扣优惠是由放贷者承担的，放款者利益受损，饱受诟病。

（3）平仓风险。由于火币网是向平台借钱，所以强制平仓失败的风险是由平台来承担的。而 OKCoin 的强制平仓失败的风险是由放款者来承担的，OK 的强平采用市价单成交，市价单成交效率会高一些，放款者在放贷享有收益的同时也承担着投资的风险，OKCoin 的放款者可以购买保险来抵御强制平仓失败风险。OKCoin 表示强制平仓失败的概率极小。

（4）其他方面。OKCoin 的融资模式可以吸引社会上的闲置资金，提高平台资金的流动性，而火币网的流动性受到了一定的限制。对于借款者长时间不还款的做法火币网采用了每十天上调20%的利率来督促借款者还款，而 OKCoin 的做法是当借款者逾期不还，系统将替用户按照市场最优利率（新借款的利率有可能比之前的利率低）借款用来清还逾期的欠款，简单理解拆东墙补西墙，其做法略显灵活。借款者可以提前还款，借几天缴纳几天的利息，不算违约，但是放款者不能提前赎回也不能债权转移。目前国内对互联网金融的态度比较宽容，所以各大平台尝试着去探索创新，在保证安全的基础上谁的产品丰富，谁能给出最好的体验和收益，谁就能掌握互联网金融的先机，提高平台的资金流动性和用户黏性。

币生币理财产品包括币生币专户理财产品和币生币联合理财产品，①为 OKCoin（HK）Company Limited 推出的虚拟资产管理产品。币生币专户理财产品（以下简称"专户产品"）是 OKCoin（HK）Company Limited 联合 OKCoin 交易平台推出的专户管理产品，由 OKCoin（HK）Company Limited 负责运营管理，OKCoin 交易平台提供系统支持。投资者可以虚拟资产认购专户产品份额，认购起点为 1000BTC 或 400000LTC，认购份额即时到账。份额总数以 BTC/LTC 数量表示，实际份额数量等于投资者认购的虚拟资产总额。投资者认购份额到账后，可委托 OKCoin（HK）Company Limited 通过 OKCoin 交易平台发布虚拟资产借贷委托，借贷期限和借贷手

---

① Okcoin，币生币理财产品服务协议，https：//www.okcoin.cn/lend/outRule.do，2019 年 2 月 17 日访问。

续费率由投资者自行制定，OKCoin（HK）Company Limited 将严格按照客户指定内容发布借贷委托。投资者可委托 OKCoin（HK）Company Limited 撤销未成交的借贷委托，所有已成交委托不得撤销。OKCoin（HK）Company Limited 和 OKCoin 交易平台保留撤销投资者借贷委托和拒绝接受投资者借贷委托的权利。借贷委托经 OKCoin 交易平台撮合成交后，即可获得手续费收益，手续费收益的 80% 计为客户收益，并在手续费实际到账的 T+1 日自动转换为客户的专户产品份额。手续费收入的 20% 为 OKCoin（HK）Company Limited 收取的管理费用。币生币联合理财产品（以下简称"理财产品"）OKCoin（HK）Company Limited 联合 OKCoin 交易平台推出的虚拟资产管理产品，由 OKCoin（HK）Company Limited 负责运营管理，OKCoin 交易平台提供系统支持。投资者可以虚拟资产认购此产品，认购上限为 50BTC 和 1000LTC。认购份额在认购当日 24 时确认到账，认购 T+1 日开始参与计息。产品管理人每日收取产品投资收益的 20% 作为产品管理费用，剩余产品投资收益作为产品份额持有人收益，在每日清算后支付至产品份额持有人账户，并自动认购为理财产品份额。投资者可随时赎回理财产品份额，当日赎回的份额不参与当日收益的分配。赎回份额即时到账。

2014 年 BTCTrade 已经推出了元宝贷款服务，客户可以借贷自己的比特币价值的 60%，并让他们在推荐的参数范围内设定自己的利率和期限。

2015 年 5 月 8 日，名为 Caimao 的平台通过，中国比特币交易所火币网（Huobi）接受比特币作为股票交易的抵押。[①] 这项服务允许客户抵押

[①] 火币交易所接受比特币作为股票抵押，http://www.bitcoin86.com/exchange/huobi/7693.html，2019 年 2 月 8 日访问。

他们的比特币，并交换人民币贷款在上海证券交易所购买股票。贷款的利息按每天 0.1%，每月 1.2% ~ 1.7% 计算。客户可以贷款六个月到一年。比特币交易所预计短线投资者的需求会比较大。贷款到期后，客户要偿还所借资金，包括利息。合并所产生的利润或亏损后，最初作为保证金的比特币也可以全数归还。

从以上看，交易所主要提供两种服务：信息中介和信用中介。在隐私数据的交换过程中，交易所可以承担信息中转的角色。数字资产交易所也是一个交易规则的制定者，负责参与方的线下身份认证，监控链上的交易行为，更新发布数字资产的智能合约模板等。对于复杂交易来说，交易所可以辅助分析交易条件，提供定制智能合约等服务。此外，数字资产交易所还是整个数字资产业务平台的建设者和维护者。

第五节　去中心化交易平台

最早的交易平台都是中心化的，但中心化交易平台暴露出来的弊端，促使人们开发去中心化交易平台。

一、去中心化的实质

交易平台的中心化特征主要体现在资产控制和系统管理两方面。在资产控制方面，交易所的运作很像银行等受信任的机构；当用户使用中心化交易所时，用户必须同意让交易所为其存管资金和隐私，直到提现提币为止。交易所通常会将客户资金放在热钱包和冷钱包储备，这些都需要强大的数据储存和处理能力。为了在适应网站流量前提下，压缩硬件方面投资，交易所往往将服务器外包给云服务，这通常意味着托管服务器是在单个源中进行分配的。

去中心化的核心就是"去托管"，去中心化交易所的核心是"资产去托管"。智能合约把卖家和买家之间，交易执行的过程写到智能合约里，没有人能够篡改这个合约。这个合约可以做到，在钱包到钱包之前进行交易，用户自己掌握这个钱包的私钥，没有别人知道。当卖家 A 用 WETH，吃掉卖家 B 的 ZRX 卖单，等值的 ETH 和 ZRX 在链上进行交换了，资产直接打入双方交易的钱包地址里，不存在中间人插手。撰写智能合约是以太坊区块链的主要功能。目前，去中心化交易所主要是以太坊上的交易所，支持以太坊上的 ERC20 币币交易。可以使用 WETH、DAI、TUSD 等 ERC20 代币的基础币去购买其他代币。

去中心化交易所不受单个实体的控制。当然，人们用来使用交易所的域名服务器是集中的，但是不存在一个控制市场的实体，交易所也并非由单一服务器所支持。大多数去中心化交易所都建立在以太坊区块链之上，并且由为数众多的节点网络支持，而不是一个中心化服务器。这意味着如果攻击者想要入侵去中心化交易所，将不得不获取超过一半节点的控制权，而这几乎是不可能完成的壮举。因为去中心化交易所不被单一实体所控制，所以也就不存在一个控制用户资金的中心枢纽。由此，去中心化交易所可以做到去信任化，意味着用户总是能够掌控他们的资产，所有的交易都是点对点的。

为了实现这一目标，大部分去中心化交易所使用基于以太坊的智能合约来管理加密货币。一旦资金被纳入一份智能合约，那么只有拥有相应私钥的人才能接触到其中的资产。大多数去中心化交易所，都可以与硬钱包相整合。除了冷储存，硬钱包是存储和管理个人资产最安全的选择，因为它们不受恶意软件的影响。使用与硬钱包兼容的去中心化交易所，用户可以通过自己的硬钱包直接将资金打入到交易所的智能合约中。这比手动输入私钥的方式更可取，因为手动输入容易受到网络钓鱼和键盘记录的攻击。新入场者可能会对所谓智能合约之类的事物感到迷惑不解。当然，用户不需要注册或者验证身份来使用去中心化交易所，但是用户必须在每次交易的时候从个人钱包里来回转账。每次转移资产或进行交易时，也会受到以太坊（或其他）网络状态的影响。如果网络拥塞，可能会面临更高的交易费用。去中心化交易所（Decentralized Exchanges，简称DEXs）在安全性上往往能够得到大幅增强。

二、去中心化交易平台的类型

全球去中心化交易所主要有三类：relayer 托管订单簿的模式，以 0x 为代表；储备池的模式，以 kyber 为代表；点对点（p2p）交易协商的模式，以 Airswap 为代表。

Relayer 托管订单薄模式下，采用在以太坊区块链上进行 ERC20 代币对等交易的开放式协议。该协议旨在成为通用开放标准，作为可与其他协议组合的基本模块，用以驱动越来越复杂的区块链应用程序。由于它使用的是以太坊的智能合约系统，因此可以作为各种 dApps 的共享基础架构。而从长远来看，开放式技术标准相比封闭模式具有更大的优势，随着每个月有更多的资产在区块链上被代币化，也有更多的 dApps 需要使用这些不同的代币，开放式标准也因此变得更加重要。此外，由 dApps 耦合到其底层协议所导致的智能合约冗余也是未来区块链协议开发的主要障碍，因此在标准化之余，还需要一个合适的解耦方式。在 0x 交易平台上，协议试图将信息交换功能从应用层拉到协议层，推动 dApps 之间的互操作性。参与交易的用户通过 ERC20 协议将自己的代币委托给以太坊上的去中心化交易所智能合约。订单的下单者（Maker）将自己的订单请求在链下广播，订单的接单者（Taker）在通过链下 Order 转发服务找到理想的订单，并向区块链发出请求，并最终完成交易。

储备池的模式下，交易平台引入了储备贡献者的角色为代币储备库提供代币，引入了储备库管理者来管理运营储备库。每个储备库都由对应的储备管理者来运营，由其负责周期性设置储备库兑换率，并利用储备库对普通用户提供的兑换折价来获取利益，该利益由储备管理者和储备贡献者共同分享。储备库与储备库之间是互相竞争关系，以保障给用户提供最优的兑换价格。以 Kyber 为例，KyberNetwork 为储备库管理者提供平台，并设有 KyberNetwork 的全局运营者对所有储备库、储备库管理者进行集中管理维护。Kyber 基于储备库的基础上支持了去中心化的各类自由兑换的即时支付 API，强调了流动性保证。但这些也是有前提的，就是代币要有充足的储备库。

点对点交易协商模式下，Swap 采用了 indexer 来匹配交易双方，Oracle 提供价格建议，最后通过智能合约完成结算，速度核心在于协商时间。当然这也是它优点，可以做到个性化。P2P 模式主要是直接进行点对点的价格协商，可以做到个性化沟通，但因为有协商、找交易方、协商价格和数量等步骤，交易速度也会随之变慢，而且存在如何确定交易价格的问题。其他模式的去中心化交易所，包括订单簿模式和储备池模式都是以来订单簿价格或储备池价格做参考。当然，前提是交易量要足够，否则很难有一个可参考的最优交易价格。而 P2P 模式一般来说，会依赖第三方，如以大的中心化交易所价格作为参考。

去中心化交易所存在的问题，首先交易深度不够，订单不容易成交，用户交易体验较差；其次区块链底层技术不成熟，跨链技术存在诸多限制；再者没有跨链技术，去中心化交易所的交易对始终会很少，无法吸引大量用户进来。

第六节　代币发行融资

代币首发融资出现后，数字货币交易所除撮合交易之外，还承担做市商和投资银行的角色。交易所的做市商角色能增加市场的流动性，交易所从中赚取交易差价。交易所的投资银行角色为数字货币提供发行、承销等服务，交易所从中收取上币费，或者以交易所社区投票的形式收取保证金。

一、代币发行融资

代币发行融资（又叫首次代币发行）（英文名为"Initial Crypto - Token Offering"，简写为"ICO"）是一个借鉴股票市场的"首次公开发行（IPO）"而形成的概念，意思是区块链项目小组（即 ICO 发行人）通过网络向公众首次发行项目组设计的代币，来募集比特币、以太坊等通用数字货币或法定货币的行为。它是区块链技术在众筹领域中的最新应用和发展。考虑到通用数字货币很容易兑换为法定货币，所以其本质是通过众筹方式获取资源，属于融资行为。

参与发起 ICO 的区块链创业项目，不以股票或债券为融资工具，而是由发起人直接发行自己的初始数字代币，用以交换投资人手中的比特币（BTC）和以太币（ETH）等主流数字资产。有的 ICO 项目可在短短数天甚至一两个小时内，即完成融资预期目标。代币（Token）国内又俗称为通证，在计算机身份认证中是指令牌的意思，代表执行某些操作的权利。获取代币的人可以从项目成功后获得利益。按照获得利益方式，代币分为三种，即功能币（utility token），使用这些代币可以享受区块链项目提供的某些服务；权益币（equity token），持有代币的人可以从项目成功后的利润分红，以及项目经营管理的投票权；债务币（debt token），持有代币的人可以获得利息，不过利息通常用代币支付。

这些初始发行的数字代币，大多在项目融资完成后，即可在一些数字资产交易平台交易。因此，与股权投资需要漫长时间方可退出相比，ICO具有极高的流动性、变现能力强、融资流程非常简单、当前不需要任何监管机构审批即可向公众募资、基本未设定投资者门槛、融资范围全球化等特点。与几乎所有的传统融资方式相比，ICO更利于高效快速地解决区块链初创企业的融资难题。

其核心价值是以市场化手段通过场景引入、技术改进等策略激活区块链的价值网络和比特币等数字货币的支付革新，赋予形塑乃至颠覆金融等行业的无尽遐想。两点附加价值通过基于区块链技术的智能合约等机制实现全网记账，从降低参与各方信任成本出发提升融资效率，当然，以技术创新为名绕开法律管制客观上也是效率提升的原因。通过ICO发行的网络效应汇聚未来的企业、用户，在共同利益机制驱动下共同丰富应用场景，降低生态形成时间。不过，从资金角度看，ICO是现在货币充盈条件下为数不多制造暴富的机会，其"黑箱"操作的内部机制也利于庄家操作，这就放大了其受欢迎程度。

回归ICO的本质，不难发现其存在着表现与初衷的背离，正是这些背离从根本上触发了潜在的风险领域。一是ICO中心化的发行模式背离了数字货币去中心、民主化、自生秩序的追求；二是投资价值的单方非理智飙升背离了促进技术发展落地的使用价值；三是融资在技术虚拟环境下运营背离了外部现实法律管制；四是技术、行业门槛和由此产生的信息不对称背离了投资者适当性的铁律。一方面，ICO可能会由于投资失败引发市场恐慌并向整体金融市场快速传导；另一方面，ICO可能会作为工具挑战国家反洗钱、税收、外汇等具体管理措施。源头上，大量"垃圾"项目鱼目混珠推高市场价格并制造非理性繁荣假象；行为上，短线交易泛滥、价格频繁波动滋生投机行为泛滥。首先，ICO本身即存在风险，投资者对币值的理解大多限于前端展示，无法得到技术保证；其次，平台未受到有效监管，诈骗、内幕交易时有发生；再次，交易环境安全无法得到充分保障，黑客入侵等造成的损失屡见不鲜；最后，由技术客观限制举证能力，侵权无法及时、全面得到救济。

二、代币首发融资的法律风险

发起者一般认为，其初始发行的数字代币既不代表公司（或项目）股权，也不代表债权。在业内，投资者获得的代币被认为对应创业项目的产品或服务的使用权。大多数投资者的目的并非是为了获得初始发行的数字代币，以便将来兑现产品或服务的使用权，而是希望获得投资收益。这些初始发行的数字代币实质为上述产品或服务的使用权的凭证。投资者得到此种凭证后，当其市场价格上涨时，通过在各类区块链数字资产交易平台交易而获利。因此，投资者以主流数字资产交换这些初始发行的数字代币，具有很强的投资色彩，买卖合同法律关系并不明显。同时，这些数字代币（也即产品或服务的使用权凭证）在数字资产交易平台上市交易时，具有典型的份额化特色，其资产证券化倾向明显。因此，代币属于"投资工具"。

另外，ICO 募集的是投资者手中的主流数字资产，很少直接涉及法定货币。诸如比特币等主流数字资产不是法定货币。因此，个别专业人士认为，这不属于《刑法》以及中华人民共和国最高人民法院关于"非法集资"相关条款对"存款"或"资金"的解释范畴。这种观点不恰当。

根据我国相关司法解释，非法集资行为中的"资金"，既包括金钱，也包括其他财物。根据我国央行在 2013 年发布的文件，比特币属于虚拟商品，个人可以合法持有和买卖。另据 2017 年通过的《中华人民共和国民法总则》，网络虚拟财产受法律保护。因此，比特币等作为具有典型市场价格的主流数字资产，当属于"其他财物"无疑。另外，美国证券交易委员会（SEC）在新近对 ICO 的调查报告中明确 ICO 募集的数字资产（ETH）属于金钱的范畴，同样值得大家参考。这意味着，ICO 的行为实质上触及了向公众募集资金的性质，存在非法集资的法律风险。

三、代币的交易与交易平台收入

一种新的数字货币要进入交易平台，需要向交易所收缴纳"上币费"。目前，一种代币想要在交易所发行交易，发行成本主要有三部分组成。第一，上币费，不同的交易所的费用不同；第二，空投福利，代币发行方需要拿出一部分代币给交易所，用于吸引投资者注册投资，类似于 P2P 中的"羊毛"；第三，交易所会要求以低价格投资一定比例的代币。对于代币费的收取规模，据记者了解不同的交易所收费标准不同，有收取几百万元人民币的，也有收几百个比特币的，但都在百万级以上。数字货币交易所做市商，通过不断买卖，创造流动性，充当做市商，同时赚取业务差价。

交易所本身也是创业团队，他们发放平台币换取 BTC、ETH 之后，到二级市场上卖掉，可以换回法币，支持数字货币平台发展。数字货币交易所的平台币具有以下功能，手续费折扣，享受平台分红，平台回购之后变成法币作为平台交易的基础货币，增大流通性，享受数字货币平台的专项活动，通过使用平台币支付活动费用，成为平台燃料（交易手续费的支付代币）。

参考文献

［1］Aaron Yelowitz, Matthew Wilson. Characteristics of Bitcoin users: an analysis of Google search data ［J］. Applied Economics Letters, 2015 (22): 1030 – 1036.

［2］Dirk G. Baur, Kihoon Hong, Adrian D. Lee. Bitcoin: medium of exchange or speculative asset?［J］. Journal of International Financial Markets Institutions & Money, 2018 (54): 177 – 189.

［3］Frode Kjærland, Aras Khazal, Erlend A. Krogstad, Frans B. G. Nordstrøm and Are Oust, An analysis of Bitcoin price dynamics ［J］. Journal of Risk and Financial Management , 2018, 11 (4): 1 – 18.

［4］Elie Bouri, Mahamitra Das, RanganGupta, David Roubaud. Spillovers between Bitcoin and other assets during bear and bull markets, ［J］. Applied Economics, 2018 (50): 5935 – 5949.

第四章

数字加密货币交易平台监管逻辑

现实中，数字货币交易平台屡次出现风险事件，从黑客攻击到虚假交易，再到涉嫌洗钱、恐怖融资等违法活动，这说明对数字货币交易平台进行监管具有必要性。由于数字加密货币更多视为资产，其交易属于金融产品交易。现有较为完善的金融监管框架为其监管提供了可能。可以按照交易平台的功能，参照同类金融机构，按照资本金、信息透明等的原则，从平台设立、日常经营等环节，采取注册登记、日常检查等措施进行监管。

第一节　交易平台的技术风险

一、黑客攻击

由于目前运营活动中，顾客资金或数字加密资产都由交易平台保存。伴随着这些资产的价格上升，不论是顾客资金金额，还是加密资产价值都非常巨大。这自然成为网络黑客的攻击目标。

最早的黑客攻击发生在 2011 年 6 月 13 日，① 全球最大的比特币交易所门头沟被攻破，黑客从感染木马的电脑上盗用了用户的 MtGox 证书，从而把比特币转到自己的账号上，并以 1 美分的价格大量抛售，导致价格一度跌至 1 美分。虽然几分钟后，门头沟关闭并取消了黑客事件中的不正常交易，使比特币价格反弹回到了 15 美元，但是相当于超过 875 万美元的账户受到影响。网站官方声明只丢失了 1000 个比特币，但一些用户认为远远不只这是数目，至少超过 2000 个，甚至最高可能是 500000 个。7 月，位于波兰的第三大比特币在线交易所 Bitomat 宣布，由于黑客攻击 Waltet. dat 文件的访问权限丢失，其中保存的 1.7 万比特币（当时合 22 万美元）随之丢失，决定出售服务弥补用户损失。8 月，作为常用比特币交易的处理中心之一的 MyBitcoin 宣布遭到黑客攻击，并导致关机。涉及客户存款的 49%，超过 78000 比特币（当时约合 80 万美元）下落不明。

2012 年年初，由于网站托管供应商 Linode 的服务器超级管理密码泄露，比特币交易平台 Bitcoinica 价值 228845 美元的 46703 比特币失窃，捷克程序员 Marek Palatinus 当丢失 3094 比特币。8 月上旬，Bitcoinica 在旧金山法院被 4 名用户起诉要求赔偿约 46 万美元。同月，Bitcoin Savings and Trust 被所有者关闭，留下约 560 万美元的债务，因此其被指控实施庞氏骗局被美国证券交易委员会调查。9 月，比特币交易平台 Bitfloor 证实其服务器遭入侵，黑客窃取了 2.4 万比特币，价值 25 万美元。Bitfloor 因此暂停运营。

2013 年 4 月，比特币兑换平台 BitFloor 宣布将关闭旗下平台，并偿还

---

① 邓莉苹. 比特币产业链：国内交易平台靠手续费赚取收入［EB/OL］. （2013 - 4 - 24）［2019 - 6 - 18］. http：//finance. sina. com. cn/money/lczx/20130424/010215254321. shtml.

所有用户的资金。该公司解释原因称，是"不可控制的外部因素"导致其服务被关闭。

2014 年 2 月 7 日，门头沟比特币交易平台对外称，由于软件故障，暂停比特币提现①。2 月 10 日，MtGox 发布公告称恢复提取现金，但停止提取比特币；随后又公告称"比特币存在漏洞"，导致其提现出现双重交易，因此暂停了提取比特币。2014 年 2 月 28 日，首席执行官马克·卡尔普勒在东京举行的新闻发布会上鞠躬致歉，称"比特币丢失是由支持比特币软件算法的一个系统缺陷和黑客攻击，以及公司系统存在漏洞。"已经向日本东京地方法院申请破产保护。丢失数额为 85 万个比特币，包括用户交易账号中约 75 万比特币以及公司自身账号中约 10 万比特币，丢失数额占当时全世界比特币总数的 7%，按照当时价格价值 4.73 亿美元。随后，他在比特币存储设备冷钱包中发现了丢失的 20 万个比特币，但剩下的 65 万个仍不知所踪。

一开始，人们怀疑是内部人监守自盗，很快人们发现更多理由：泄露的交易记录中有一个明显是门头沟内部账户，现在一般被称为"Willy bot"，该账户会故意虚增账户余额，然后用来买比特币。如果门头沟缺比特币，Willy 就会帮忙补上。有时也用另一种方式交易，即卖出借来的比特币套现。批评者推测，一旦失败，此举便是采用欺诈方式维持门头沟的持续经营。Willy bot 可疑交易行为曝光后，2015 年 8 月，东京警视厅以涉嫌 2013 年 2 月 "未经许可" 切入公司电脑系统，通过操控数据，使自己的现金账号多出约 100 万美元逮捕卡皮尔斯。但多位专家证实，区块链分

---

① Jen Wieczner. 比特币交易所因失窃而倒闭，老板背负骂名寻找真凶［EB/OL］.（2018 - 5 - 1）［2019 - 6 - 18］. http：//www. fortunechina. com/business/c/2018 - 05/01/content_ 306115. htm.

析揭露了一项令人不安的事实：2013 年中该交易平台的比特币就已失窃，但八个月后才公之于众。2017 年 7 月 11 日，东京受审，他在法庭上承认他声称的"义务交换"，但不承认有违法行为。在监狱待了近一年后，2018 年卡皮尔斯在东京受审，罪名包括贪污和违反信任原则等，但都与比特币失窃无关。

作为受害人之一的瑞典软件工程师尼尔森，虽然在门头沟只持有 12.7 个比特币，但强烈的好奇心驱使他跟其他一些用户组建了区块链安全公司 WizSec，专门查失窃案。虽然公司很快解散，尼尔森还是不厌其烦地继续秘密追查，追踪被偷的比特币。接下来四年里，尼尔森估计有一年半在调查入侵 Mt. Gox 的黑客。2016 年年初，尼尔森发现，门头沟宣布失窃的 65 万个比特币中，有 63 万个直接进入同一人控制的电子钱包。此人在门头沟也有账户，用户名叫 WME，真实名字为亚历山大·威尼克。尼尔森立刻写信给纽约的美国国税局探员加里·阿尔福德，请他协助抓捕网络罪犯。

2016 年 7 月，警方在希腊抓获 38 岁的 IT 专家亚历山大·威尼克，美国联邦检察官指控他通过名为 WME 的电子钱包和其他账户，非法转移 53 万个门头沟的被盗比特币，以及协助经营 BTC－e 交易所。而该交易所主要目的是非法洗钱。调查方称，成立 BTC－e 可能就是为了洗从门头沟偷的钱。区块链分析显示击垮门头沟的偷窃行为从 2011 年秋天就已开始，跟 BTC－e 成立时间差不多。门头沟在线存储库——即所谓"热钱包"的密钥遭窃并复制，泄露了交易所的存储地址。对卡皮尔斯来说，威尼克被捕证实了长期以来的猜测：2011 年门头沟遭受一系列拒绝服务等网络攻击时，俄罗斯比特币交易所管理者是背后主谋。

这一事件对比特币交易平台产生巨大冲击，严重影响了其他交易平台的运营。为此，Coinbase、Kraken、BitStamp、Circle 和比特币中国发布联合声明，"为了重建被 Mt. Gox 破坏的信任，一些负责的比特币交易所正在联合起来，共同努力保护比特币的未来，确保所有用户的资金安全。作为重建用户信任努力的一部分，以下比特币相关机构共同向消费者和大众保证——所有的资金继续以安全、可靠的方式储存……"。

2017 年 12 月 19 日，韩国一家名为 Youbit 的交易所周二表示即将关门，并在申请破产。该交易所此前遭遇了今年以来的第二次黑客攻击，造成相当于其总资产 17% 的严重损失。在比特币和其他虚拟货币交易火热之际，这一消息却突显出安全隐患。Youbit 今年 4 月份曾遭遇网络攻击，有近 4000 个比特币被盗。用户补救措施为：（1）20 日下午 18：31—18：45 这段时间内，所有系统平仓价格在 70 元以下的平仓单，平台均按 70 元的平仓价进行重新结算；（2）重新结算以后账户余额仍然为负的账户，平台将豁免该部分账户的欠款，账户资产做归零处理（即按 70 元平仓仍然亏欠）。

2018 年 1 月 26 日，日本最大的交易所 Coincheck 被盗走价值 5.34 亿美元的 XEM。2 月 8 日，意大利交易所 BitGrail 被攻击，价值 1.95 亿美元的 NANO 被盗。1 月 28 日，Coincheck 公司通过其网站发布《关于对被不当汇款的持有虚拟货币 NEM 者的补偿方针》，其补偿方案如下。总额：5 亿 2300 万 XEM；持有人数：约 26 万人；补偿方法：向 NEM 的全体持有人以日元返还至 Coincheck 钱包；计算方法：参考 NEM 交易量最高的 Tech Bureau 公司运营的虚拟货币交易所 Zaif 的 XEM/JPY（NEM/JPY），使用加权平均法计算出价格，计算期间从 Coincheck 上 NEM 买卖停止时至本公告发出时，以 JPY 返还；补偿金额：88.549 日元×持有数量；补偿时间：补偿时间和程序正在讨论；补偿方式：以自有资金返还。

2 月 15 日，LLC 交易所被盗 200 万美元。3 月 7 日，Binance 遭到黑客入侵，黑客通过控制币安部分账户，卖出这些账户持仓的比特币，买入 VIA 币，导致 VIA 逆市大涨。币安将异常交易进行了回滚处理，但此事件依然引起市场恐惧，随后几天比特币跌幅超过 15%。同月，火币遭受 DDoS 攻击，攻击者操作币市，通过做空单获利约 1.1 亿美元。OKEx 出现将近一个半小时的极端异常行为，BTC 季度合约一度比现货指数低出 20 多个百分点，最低点逼近 4000 美元，约有 46 万枚比特币的多头期货合约爆仓，跌到最低点后期间又拉涨 10 几个点，部分空头也被爆仓，OKEx 随即宣布对异常交易回滚。

4 月 1 日，Bit－Z 遭遇黑客攻击，未造成资金损失。为此 Bit－Z 专门设立了 10000 个 ETH 安全基金，用于奖励安全漏洞提交者。这笔奖励在当时价值 400 万美金。4 月 12 日，印度三大比特币交易所之一 Coinsecure 在官网发布公告称，该交易所 438 个 BTC 失窃，价值约 330 万美元。该交易所首席安全官 Amitabh Saxena 被列为嫌疑人。这是印度最大的加密货币被盗事件。6 月 5 日，Bitfinex 遭到 DDoS 攻击，Bitfinex 随即暂停了交易所的所有交易。6 月 10 日，韩国数字加密货币交易所 Coinrail 遭到黑客攻击，损失超过 5000 万美元。Coinrail 加密货币总量的 70% 被保存在冷钱包，被盗总量的三分之二已被追回。6 月 20 日，韩国加密货币交易所 Bithumb 被黑客攻击，价值 3000 万美元的加密货币被盗，这是 Bithumb 第三次被黑客攻击。9 月 20 日，日本数字货币交易所 Zaif 宣布遭受黑客攻击，损失 5967 万美元。其中 1959 万美元属于该交易所自有资金，其余 4007 万美元属客户资金。9 月，降维安全实验室监控到 C－CEX 交易所遭受"短地址"攻击，第一时间通知了交易所，但因交易所沟通效益问题，导致交易所损失扩大，被黑客提走价值上百万美金的数字资产。11 月 7 日，黑客"John

Doe"攻击了比特大陆的币安账户,比特大陆声称 617 枚比特币被盗,价值约 550 万美元。

二、其他冲击

创始人死亡事件。① 2018 年 12 月 9 日,年仅 30 岁的加拿大数字货币交易所 QuadrigaCX 创始人杰拉尔德·科顿(Gerald Cotten),在印度拉贾斯坦邦行政中心斋普尔去世。交易平台于 2019 年 1 月 28 日下线。由于该交易所的密钥只有科顿一人掌握,导致 1.9 亿美元的数字货币和法定货币被"锁死",数千名无法提现的用户陷入恐慌。2019 年 2 月 5 日,加拿大新斯科舍省最高法院(Supreme Court of Nova Scotia)批准了该公司提出的为期 30 天的针对债权人的保护请求,并任命会计师事务所安永(Ernst & Young)对 Quadriga CX 的财务状况进行清理,并草拟出售的相关法律程序。平台发表声明,将根据加拿大《公司债权人安排法》(CCAA)颁布的债权人保护令,处理该平台客户的未决财务问题。法庭文件显示,Quadriga CX 平台已于 1 月 28 日下线。法庭文件显示,当该交易所关闭时,Quadriga CX 的平台有 36.3 万名用户,其中 11.5 万人的账户中有余额共涉及 2 亿美元,其中包括约 1.47 亿美元加密数字货币。最大的用户索赔约为 7000 万美元。截至 2019 年 1 月 31 日,约有 11.5 万名用户在交易所登记了余额,涉及的法币为 7000 万加元(约 0.53 亿美元),加密货币资产则为 1.8 亿加元(1.47 亿美元),其中包括约 26500 BTC(9153 万美元)、11000 BCH(130 万美元)、11000 bitcoin SV(707000 美元)、35000 bitcoin

---

① 券商中国. 比特币交易所创始人离奇死亡,用户近 2 亿美元"上锁",死亡证明漏洞百出? 来看四大疑点 [EB/OL]. (2019 - 2 - 8)[2019 - 6 - 18]. http://finance. sina. com. cn/roll/2019 - 02 - 08/doc - ihqfskcp3752365. shtml.

gold（352000 美元）、近 20 万 LTC（650 万美元）以及约 43 万 ETH（4600万美元）。

利顿的遗孀詹妮弗·罗伯逊声称自己对 QuadrigaCX 及其关联公司的商业来往一无所知，她聘请了一位顾问试图解密科顿的笔记本电脑，但努力了好几周，还是没能找回密钥。最令外界疑惑的，是罗伯逊为什么在丈夫死后一个多月后才公开这个事实，而且除了一张提交给法院的死亡证明外没有对外公开任何证据，没有讣告，甚至连公司地址、电话、人员配置等信息都是一团迷雾。QuadrigaCX 用户之所以怀疑科顿之死的真实性，原因很大程度上在于公司近一年来糟糕的资金状况。2018 年 1 月，在英国生活的一对韩国夫妇电汇 10 万美元购买比特币，但这笔钱不知所踪。该交易所并没有公开的电话号码，这对夫妇只能通过电子邮件试图联系客服人员。他们多次申请帮助，但只能收到自动回复的邮件，以至于他们认为自己遭到了诈骗。此事被媒体曝光后，Quadriga CX 迅速将资金返回到这对夫妇的账户，并免除了 2000 美元的手续费。去年 10 月，客户埃尔维斯·卡瓦利克（Elvis Cavalic）通过 QuadrigaCX 的平台购买比特币，他试图从自己的账户中提取 1.5 万美元，但屡次失败。

对于这类事件，人们提出四个疑点。（1）公司一开始就没有采用冷钱包存在数字加密货币。区块链服务公司 MyCrypto 的首席执行官 Taylor Monahan 评估了该交易所使用的三个主要的以太坊地址，并且没有发现任何证据可以证明这些地址被用作交易的冷钱包。在接受 2 月 4 日 CCN 采访时，她表示仍然需要分析大致 50 万笔交易，才可以得出确定的结论。但是有极大的可能性是冷钱包根本不存在。而化名为 "ProofofResearch"（研究证据）的区块链研究学者发表论文称，据分析该公司 31 个比特币地址，没有证据可以证明 Quadriga CX 采用了冷钱包技术。（2）联合创始人有犯罪记录。Quadriga CX 的联合创始人 Micheal Patryn 其实还有另一重身份——也就是罪行累累的诈骗犯 Omar Dhanani 的化名。Omar Dhanani 与其他 5 人曾因非法盗用他人网络身份及参与信用卡诈骗案被捕入狱。他们曾一同运营组织犯罪网站 Shadowcrew（影子同盟）。Omar Dhanani 的亲属中包括 Nazmin Dhanani。NazminDhanini 与 Macheal Patryn 竟然一起合开了许多家公司。（3）遗嘱合法变更时间离奇，死亡证明漏洞百出。历经了长达了一个多月的沉默，Quadriga CX 在 1 月份才公布了创始人早在去年 12 月 9 日已经在印度去世的消息。同时，其公示的印度当地提供的死亡证明，甚至还把创始人卡顿（Cotten）的名字拼写错误。死亡证明中把"Cotton"拼写成"Cottan"。据 Bloomberg 报道，杰拉尔德·卡顿在 12 月 9 日，即去世的 12 天前，合法改变了他的遗嘱，引发热议。（4）平台银行危机早露端倪。2018 年 1 月，加拿大帝国商业银行发现 QuadrigaCX 在交易过程中存在违规情况，465 比笔交易中的 6700 万美元被不当转移到其合作的第三方支付公司 Costodian 及其所有者何塞·雷耶斯（Jose Reyes）的个人账户中。CIBC 认为无法确定这些钱属于谁，于是开始调查，并因此冻结该交易所 2600 万美元资产。

"火币网 3.21 事件"。[①] 2014 年 3 月 21 日 18：19，名为"财通社"的微博发布"央行在 3 月 18 日发文，要求 4 月 15 日前停止一切比特币交易"消息，随后新浪财经以及部分大 V 账号转发，后又大量网络媒体报道，引发市场恐慌。在短时间内有大量抛盘，造成价格急速下跌，引发国内多个交易平台部分借贷用户的强制平仓。其中，火币网 3 月 19 日才正式

---

① 火币网. 关于 3.21 事件的经过与处理方案［EB/OL］.（2014 - 3 - 22）［2019 - 6 - 18］. http：//www. bitcoin86. com/exchange/huobi/2986. html.

上线 LTC，事件发生时上线时间很短，市场深度还不足够。在市场恐慌的情况下，现价偏离较大的价格区间挂单较少，系统无法以正常价格平仓，直到价格跌到 1 元才平仓完成。而平仓中，部分交易者损失较大，甚至少数交易者账户 LTC 不足以归还系统借款，其资产出现了负债。

虽然整个事件是由外界引起，并且整个过程中火币网官方没有参与市场，但火币网在整个过程中的确有风控不到位的责任，LTC 的风控参考 BTC 来做，但实际上两个品种的流动性差距较大，这个确实是交易平台上线 LTC 交易准备工作的不足。

平台采取处理方式。（1）第一时间升级了 LTC 的风控策略，确保今后在大涨大跌的时候不会出现类似情况。（2）对于昨日低价买入成功的交易，火币网法务部门确认是完全合法合规的，是用户的合法资产。火币网无权限制这部分用户提现等操作，平台希望用户能将相关交易记录截图发布出来，让其他用户知道币是有人买走了，并不是火币网黑了行业的币。（3）平台运营主体的所有股东讨论后，决定从公司的风险准备金中拿出一部分来对强制平仓的用户进行风险补偿，整体的思路是参考市场正常价格对平仓价格进行修正，差额亏损部分由平台的风险准备金来承担。

用户补救措施。（1）20 日下午 18：31—18：45 这段时间内，所有系统平仓价格在 70 元以下的平仓单，平台均按 70 元的平仓价进行重新结算。（2）重新结算以后账户余额仍然为负的账户，平台将豁免该部分账户的欠款，账户资产做归零处理（即按 70 元平仓仍然亏欠平台借款的账户，平台一次性豁免该部分欠款）。（3）火币网客服将会在 3 月 24—3 月 26 日逐一电话联系关联用户确认该解决方案，在电话确认后一个工作日之内对账户进行相应的处理，请耐心等待处理。同时，再次提醒广大数据货币的支持者和交易者人气数字货币交易特点：开放市场，全球联动。无法像传统金融交易所一样单方面对涨跌幅和开盘时间进行限制，甚至还影响到熔断机制的设计，流动性不强，政策不稳定。

第二节 交易平台的违法风险

一、虚假交易

关于数字加密货币交易平台虚假交易，媒体有过报道。但没有一家平台承认这些行为。不过，一些学者借助数量分析技术进行了探索。包括，Gandal 等人对 MtGox 交易平台研究、Sylvain 对 OKEX 的研究、Bitwise 对 CoinBene 的研究。

Gandal etal（2018）[1] 利用从 2011 年 4 月到 2013 年 11 月的大约一千八百万份交易记录，其中包括 ID、金额、时间、所用货币、用户国籍和地区代码，对交易行为进行研究。发现，交易行为最可疑的为交易者 Markus 和 Willy，二者通过只买不卖且固定的交易操作来提升 MT. Gox 比特币的交易量。Markus 这个账号从来不支付交易手续费，并且随机设定比特币的支付价格，其支付的交易金额有的设置得非常不合情理，有的甚至一天固定在同一个数字没有变动过。Markus 活跃期为 2013 年 2 月 14 日至 9 月 27 日。其间，这个账号没有为它买入的比特币支付过任何金额，也没有支付过交易的手续费用，其总共制造了 335898 枚比特币的交易量，总值超过七千

---

① Gandal, Neil & Hamrick, JT & Moore, Tyler & Oberman, Tali, 2018. Price Manipulation in the Bitcoin Ecosystem, Journal of Monetary, (95), 86–96.

余万美元。推测是人为设置出来的机器人账号。Willy 使用了 49 个不同的账号，每个账号按排列顺序，分别买入固定金额为 250 万美元的比特币，并且从来没有将它们卖出。在 Markus 永久下线 7 个小时 25 分钟后，从 2013 年 9 月 27 日至 11 月 30 日，Willy 的这 49 个账号排着队买入 250 万美元的比特币，然后永久下线，然后下一个账号上线，重复这样的交易操作。Willy 总共"购买"了 268132 枚比特币，涉及交易金额为 1.12 亿美元。加起来来看，截至 2013 年 11 月，Markus 和 Willy 共凭空获得了约 600000 枚比特币，而这与 MT. Gox 在 2014 年初宣称被盗丢失的 650000 枚比特币数量极为相近。在活跃期间其日平均购买了 9302 枚比特币，大约占据 MT. Gox 总体交易量的 21%；Mt. Gox、Bitstamp、Bitfinex 以及 BTC – e 这四家主要交易所比特币价格日均涨幅介于 1.9% ~ 2.9%。而 Willy 活跃时则日平均大概贡献了 MT. Gox 总体 18% 的交易量，这四家交易所比特币价格每日平均上涨 4.8% ~ 5.0%。而当它不活跃时，四家交易所价格则同样全部为小幅下跌。MT. Gox 里的这些机器人伪造交易的行为，不仅提升了其所属交易平台的比特币价格，营造了虚假繁荣的交易状况，还推动了包括其他主要比特币交易所在内的整体比特币价格的上扬。

2018 年 3 月，Sylvain Ribes 在 Medium 上发布文章，他利用"滑点模型"进行分析认为，交易平台 OKEX 存在交易量造假的行为，虚假交易量高达 93%。具体原理包括：滑点指在进行交易时，客户下达的指定交易点位（即价格）与实际交易点位（价格）存在较大差别的一种现象。正常情况下原因可能有两个：网络延迟或市场报价断层。网络延迟是技术因素。客户做交易时，交易指令到达交易商的服务器，在那里成交。在这个传输过程中，往往有一个比较微小的延迟，平台商的服务器技术越先进，则可进一步避免由于网络延迟带来的滑点。市场报价断层直接原因是资产本身。平台商所对接的流动性越大，出现滑点的可能性也就越小。而平台为了提高资产流动性，就会采取虚假挂单。对于这些虚假挂单自然无法成交，只能与价格更低的真实挂单成交，从而价格下降较大。不仅出现滑点，而且程度越大。

举例而言，比如，交易平台目前显示需求方，价格为 1 的挂单数量为 1，价格为 0.99 的挂单数量为 1，价格为 0.98 的挂单数量为 1。如果出售 0.5 单位资产，那么成交价为 1，此时没有滑点。如果出售 2 单位资产，那么有 1 单位资产的成交价为 1，1 单位的成交价为 0.99，平均成交价为 0.995，即出现 0.5% 滑点。问题是，如果价格为 1 的挂单是虚假的，价格为 0.99 和 0.98 的挂单是真实的。那么出售 0.5 单位资产，就无法按照价格 1 成交，只能按照 0.99 价格成交，此时出现 1% 的滑点。对于出售 2 单位资产，也只能按照 0.99、0.98 价格成交，平均成交价为 0.985，此时出现 1.5% 的滑点。如果价格为 1 和 0.99 的挂单都是假的，那么即使是出售 0.5 单位资产，也只能按照 0.98 价格成交，此时滑点为 2% 。这说明虚假挂单数量越多，挂单价格越接近目前成交价，滑点程度越大。

当然，以上例子是交易平台在需求方伪造挂单，同理也可以在供给方伪造挂单。此时就会在交易者购买资产时出现滑点。进一步而言，平台也可以在需求方、供给方同时伪造，并造成虚假成交。但这些虚假成交价格和成交量一旦有真实的交易方，就会出现滑点。

没有虚假挂单情况下，交易量和滑点存在内在关系。即交易规模较大，滑点程度越小。利用不同交易平台数据，可建立较为准确的二者定量关系。基于这种关系，可用各个平台的实际滑点数量推算出交易量。如果推算的交易量与实际交易量差异超过一定范围，就有理由怀疑平台交易量虚假挂单越大。按照这一思路，Slyvain（2018）利用 OKEX、Kraken、Bitfinex 以及 GDAX 数据进行了分析。发现，Kraken、Bitfinex、GDAX 三家交易平台滑点较小，而 OKEX 较大。以出售 5 万美元加密货币为例，前三者的滑点为 0.1%，而 OKEX 高达 10%。考虑到滑点对较大数额交易的敏感性，他利用出售 2 万美元数字加密货币重新估计了滑点与交易量关系，如何利用 OKEX 平台 BTC/USD、LTC/USD、DTH/USD、XRP/BTC 等 11 对交易滑点数据，估计这些交易对的交易量，发现 DASH/USD 交易对外，其他 10 个交易对都存在交易量虚高，其中 LTC/USD 交易中平台公布的交易量为 138.9，而估计的交易量为 1.5，这意味着公布的交易量中 98.9% 都是虚假的，BTC/USD 交易者公布的交易量为 57.2，而估计的交易量仅为 1.4，这意味着公布交易量中 97.5% 是假的。程度最低的是 BCH/BTC 交易，虚假程度为 79.4%。整体而言，虚假率为 92.9%。利用 Huobi. pro、Binane 数据的分析表明，二者的整体虚假率为 81.8%、70.2%。另外 Lbank、Exx、RightBTC、CoinEgg、Zb、BitZ、Bibox、CoinEx 以及 BTC - Alpha 都存在虚假率较高现象。

最近的一些研究是美国加密资产管理公司 Bitwise 向美国证券交易委员会（SEC）申请推出基于比特币的交易所交易基金（ETF）时所附的一份报告。① 报告提出了一个判断交易所数据是否为真的方法，如果交易所的交易同时具有以下特征：（1）买单与卖单分布不均匀，（2）不同时间点交易金额相差较大，且大多呈整数，（3）3—5 分钟内的价差区间很小，那么交易数据是真实的。按照这种方法，收集和分析全球 81 家加密货币交易所在 2018 年 3 月份 4 天的比特币交易数据发现，超过 90% 的交易量

---

① 快咨询［EB/OL］. http：//sh. qihoo. com/pc/902800bb33310a245？cota = 3&sign = 360_ e39369d1

都是人为创造的。

以 Coinbase 为例，其日均比特币成交额月 2700 万美元。其交易历史情况显示，买单和卖单的分布并不均匀，不同时间点交易金额相差很大，少的只有 0.0017BTC，多的有 1BTC。成交额往往也是随机的整数，比如 1BTC、0.6BTC、0.1BTC 等。原因是因为人们更倾向于交易整数，通过对比每 5 分钟内买单与卖单的价差，价差单位为 0.01 美元，往往是在 0.0003% 的价差区间内成交。所以该交易平台的交易是真实的，数据是可信赖的。

与其对比，CoinBene 的交易额高达 4.8 亿美元，是 Coinbase 的 18 倍。但 Coinbene 不仅影响力与 Coinbase 相差甚远，其交易数据也疑点重重。首先，CoinBene 中的买单和卖单不仅分布规律成双成对，而且交易额也都相差无几。据推算，随着时间推移，这些交易对到最后几乎都相互抵消。其次，CoinBene 没有成交额很小的交易额，最低也在上千美元，而 coinbase 的单笔最小成交额仅为 5 美元。同时，Coinbene 也没有整数的成交。最后，CoinBene 价差高达 34.74 美元，比 Coinbase 的 0.01 美元高出 3400 多倍。另据 CCN 报道，CoinBene 部分用户反映发生了提款延后和交易卡顿的现象。虽然官方很快发布公告称是维护导致的卡顿，但用户人心惶惶。通过 Elementus 查询引擎，他们发现：尽管 CoinBene 以"维护"的说法回应用户无法提款的质疑，但在星期一下午 2：58，一系列价值 1.05 亿美元的转账从 CoinBene 的热钱包转入三个不同的地址。据调查，这些代币很快进入 Etherdelta，在那里它们被换成 ETH。大量资金也被转移到集中交易所，包括 Binance，Huobi 和 Bittrex。

二、内幕交易

数字加密货币交易中由于技术变化较快,同时政府态度不一,并随时间变化,市场信息不对称程度很高,内幕交易可能性大大增强。如果是利多消息(价格上升),内幕交易者将事先大量买入;如果是利空消息(价格下降),则大量卖出。这都造成买单/卖单的数量差额事先大幅度增加。因此,根据数量差推断是否出现内幕交易。按照这一思路,Feng,Wenjun等(2018)利用 Bitstamp 平台的数据进行了分析。

具体步骤,(1)根据比特币交易日当天价格变化确定消息事件,如果价格上升(或下降)超过1%则当天为发生信息事件,如果超过5%的则为重大消息。就2011年9月13日到2017年7月17日确定了42个消息事件,其中17个为利多,25个为利空信息。重大消息事件20个,其中4个利多,16个利空。(2)分析正常交易日、利多(利空)信息前3天的买单、卖单及其差额指数的数量特征。其中差额指数为:100×买单数+卖单数-买单数×卖单数,买(卖)单数均为所有买(卖)单中某个分位数以上的买(卖)单数。事件发生的前15天到前5天为正常交易期,事件发生的前4天到前1天为内幕交易期。利用发现,正常交易日买单、卖单、差额指数均值分别为6.20、5.64、-1.06。利多消息前三天,买单、卖单、买卖差的均值为6.07、5.42、-3.05。利空消息前三天,买单、卖单、差额指数均值为5.59、6.10、-4.98。简单比较这些数据,不易发现内幕交易。(3)对差额指数构建计量模型则表明,正常交易日差额指数为-1.06,而利多前两天为-3.36,利空消息为-5.79。对于重大利多消息事件而言,正常交易日差额指数为-0.19,消息前两天为25.81,前一天为5.56。表明内幕交易者会在两天前采取行动。对于重大利空消息,前两

天差额指数为 - 3.83，前一天为 - 6.24。表明内幕交易者会在一天前采取行动。另外，他们还估计内幕交易收益，按照利多消息时价格上升3.4%，利空消息价格下降6.06%测算，内幕交易在每个利多消息盈利10万~91万美元，利空信息盈利22万~236万美元。

而 Okex 平台的爆仓事件是一个典型。2018年3—10月，OKEx 发生了4次不正常爆仓事件，具体时间为3月9日、5月23日、9月5日、10月11日。3月出现爆仓后，交易者杨勇要求平台运营方进行补偿未果，激动至于把敌敌畏泼向运营方负责人徐明星。5月爆仓事件出现后，部分交易者5月31日上找运营方再次索赔未果，个别人情绪失控扬言在运营方经营场所跳楼。9月爆仓事件后，少数交易者于9月10日晚上在上海围堵徐明星，10月10日维权人士下跪请求归还血汗钱。而平台运营方声称自身也爆仓事件的受害者。大多数人认为是 OKEx 交易所存在定点爆仓、回滚、拔网线、机器人交易、冻结账户等违规操作，是交易所自身的问题。

周楠维权[1]是从2017年10月份开始玩 OKex 的期货合约，在2018年9月5日爆仓事件之前，因为有过爆仓经历，她会每3分钟盯一次盘，然而这样好的交易操作习惯，并没有让周楠避免被爆仓的厄运。9月5日当天下午，整整一个小时 OKex 无法登录，做不了任何操作，也就是这1个小时周楠在 OKex 上面亏了20万。她认为事情发生后，运营方拒绝赔付、拒绝沟通、冻结用户账户、删除用户记录等恶劣态度，让她无法想象这样一个全球著名交易所，会如此的没有底线，致用户的财产安全为不顾，通过法律维权想让更多的受害者看清 OKex 期货合约存在恶意操控的行径，以

---

[1] 魔牛财经. 百里挑一女嘉宾周楠实名维权 Okex 期货爆仓事件，涉及金融超过3.5亿 [EB/OL]. (2018 - 10 - 23) [2019 - 6 - 18]. https://news.p2peye.com/article - 527973 - 1. html.

免更多数字货币爱好者受到相同的伤害。网传有交易者 10 月 20 日与平台运营方达成赔偿协议，交易者在 2018 年 3 月 18 日到 8 月 4 日在平台交易损失 52.8 万元，获得了赔偿。

三、洗钱、恐怖融资与诈骗

2014 年 7 月，犯罪分子曾将电信诈骗获得的 200 万元充值到在 OK-Coin 交易平台币行注册的账号，分批多次购买共计 553 个比特币，同时进行提币操作，将比特币转到比特币钱包，最后在澳门地下钱庄将比特币卖出，完成洗钱活动。法院判决书①指出，在发现该账户交易存在异常（短时间内大量购买并提取比特币）的情况下，平台没有及时尽到审查、监管义务，放任犯罪嫌疑人在短短一个多小时内购买价值 200 万元的比特币，并同时将比特币提出交易平台。

2015 年 5 月，伊世顿公司的两名高管向比特币中国表示希望每月购买 1 万个比特币，但没有透露购买总量。由于金额巨大，同时伊世顿方面无法提供身份证明及资金证明，双方合作告吹。

BHB 骗局。② 2018 年 12 月 2 日在微信群进行宣传募集资金，日分红 1.3%，每天 18∶00 通过账户前天持有 BHB 数量发放分红 USDT，后续提现到交易平台转换成人民币获得收益，在一个名为 XBTC. XC 平台上提供分红；24 小时自由提现、经 xbtc. xc 平台审核后发放，提供银行转账以及该平台使用 USDT 购买两种认购方式。投资人资金如果以银行转账的方式投资，是转给杭州币航区块链有限公司两个个人账户内。转账时间从 2018

---

① 黑龙江省高级人民法院〔2016〕黑民终第 274 号民事判决书。
② 胡金华. 凤姐代言的虚拟币崩了！投资人恐损失超 30 亿［EB/OL］.（2019 - 3 - 21）［2019 - 6 - 18］. https：//news. p2peye. com /article - 537579 - 1. html.

年 12 月 2 日—2019 年 1 月 28 日；如果以币币交易形式则是通过购买 US-DT、BTC、ETH 充值到 XBTC. XC 平台后，购买 BHB。基于高额的分红收益，很多微信投资人拉上亲戚朋友做担保，甚至不惜借高利贷纷纷将钱投入 BHB 中，坐等每天的分红收益。然而好景不长，BHB 从发售时的 1 元价格猛拉到最高 12 元，最后跌至 0.7 元，然后这家杭州币航公司直接将交易平台关闭，所有参与的投资人资金都被锁住，长达两个月的时间都无法提现。有厦门、杭州、济南的投资者已经到当地公安去报案了，当地公安目前已经受理了该案。至于进展如何，尚不得而知，另外一些其他地区的投资人也准备向当地公安报案，以争取更大范围内将该虚拟币诈骗案立起来。事实上，这个名叫杭州币航的公司在今年 2 月 12 日就已经关门，公司也已经注销，该平台 BXTC. CX 将所有用户的 BHB 锁定，停止分红，也停止所有提现、所有投资人的资产都无法自由提取。已经跑路的李仁兵不仅利用币航平台以及济南的币金所发行 BHB 圈钱诈骗，还搞了其他 4 个名为菠菜、量化、剑基金、小密圈期货的虚拟币资金盘，加上 BHB 就是 5 个，现在这 5 个币种都已经崩盘，实际被套的投资人可能远远不止 2.5 万人，被圈走的资金也远远不止 30 亿。初步保守测算这个虚拟币骗局，以起底8000 元投资，超过 2.5 万人参与，1 元发行价，那么这个 BHB 募集的资金就是 2 亿元，然后以李仁兵为代表的假交易所和其他庄家团伙利用圈到的钱进行拉盘，将币价拉到最高 12 元，整个资金盘规模就是 24 亿元。在爆拉暴涨的过程中，假交易所和庄家为了吸引更多的人跟风，会释放一些红利，给予一些分红，让投资者尝些甜头。这种骗局只能维持短期的操作，因为交易时间越久，对于假交易所和庄家的成本压力会越大，而且迟早会为了应付投资人的分红而穿帮导致资金枯竭。所以他们会集中选择一天直接出货导致币价大跌，圈得一大笔钱。然后将交易所关闭、公司注销、法人跑路。

以上事件表明，缺乏监管的交易平台严重损害了交易者利益。需要政府采取针对性措施对平台运营主体行为进行监管。

第三节　现行金融监管框架

一、基本原理

金融监管有狭义和广义之分。狭义的金融监管是指中央银行或其他金融监管当局依据国家法律规定对整个金融业（包括金融机构和金融业务）实施的监督管理，包括金融监督和金融管理的总和。其中，金融监督是指金融主管当局对金融机构实施的全面性、经常性的检查和督促，并以此促进金融机构依法稳健地经营和发展；金融管理是指金融主管当局依法对金融机构及其经营活动实施的领导、组织、协调和控制等一系列的活动，本质上是一种具有特定内涵和特征的政府规制行为。广义的金融监管在上述含义之外，还包括了金融机构的内部控制和稽核、同业自律性组织的监管、社会中介组织的监管等内容。

金融监管的目的，是克服金融市场失灵和缺陷。金融市场失灵主要是指金融市场对资源配置的无效率。主要针对金融市场配置资源所导致的垄断或者寡头垄断，规模不经济及外部性等问题。金融监管试图以一种有效方式来纠正金融市场失灵，但实际上关于金融监管的讨论，更多地集中在监管的效果而不是必要性方面。维持金融业健康运行，最大限度地减少银行业的风险，保障存款人和投资者的利益，促进银行业和经济的健康发展，确保金融服务达到一定水平从而提高社会福利。保证实现银行在执行货币政策时的传导机制。金融监管可以提供交易账户，向金融市场传递违约风险信息。

金融监管原则，是指金融监管必须依据法律、法规进行，依法监管原则又称合法性原则。监管的主体、监管的职责权限、监管措施等均由金融监管法规法和相关行政法律、法规规定，监管活动均应依法进行。公正公开原则，监管活动应最大限度地提高透明度。同时，监管当局应公正执法、平等对待所有金融市场参与者，做到实体公正和程序公正。效率原则是指金融监管应当提高金融体系的整体效率，不得压制金融创新与金融竞争。同时，金融监管当局合理配置和利用监管资源以降低成本，减少社会支出，从而节约社会公共资源。监管主体之间职责分明、分工合理、相互配合。这样可以节约监管成本，提高监管的效率。

二、商业银行监管框架

商业银行监管。（1）银行机构的市场准入包括三个方面：一是机构准入、二是业务准入、三是高级管理人员准入。市场准入应当遵循公开、公平、公正、效率及便民的原则，其主要目标是：保证注册银行具有良好的品质，预防不稳定机构进入银行体系。维护银行市场秩序。保护存款者的利益。（2）资本监管，对商业银行资本管理程序进行评估，对资本不足银行的纠正措施：资本充足率披露。现场检查和非现场检查等监督检查手段，实现对风险的及时预警、识别和评估，并针对不同风险程度的银行机构，建立风险纠正和处置安排，确保银行风险得以有效控制、处置。（3）现场检查是指监管当局及其分支机构派出监管人员到被监管的金融机构进行实地检查，通过查阅金融机构的账表、文件等各种资料和座谈询问等方法，对金融机构经营管理情况进行分析、检查、评价和处理，督促金融机构合法、稳健经营，提高经营管理水平，维护金融机构及金融体系安全的一种检查方式。现场检查的重点内容包括：业务经营的合法合规性、风险状况和资本充足性、资产质量、流动性、盈利能力、管理水平和内部控制、市场风险敏感度。非现场检查通过风险为本的非现场系统监测被监管机构各类风险水平的变化，并及时跟进预警信号，跟进被监管机构的内控缺陷，纠正其违规行为，改善其公司治理。两种方式相互补充、互为依据，在监管活动中发挥着不同的作用。

国际上，商业银行监管框架是 2010 年 9 月 12 日由巴塞尔银行监管委员会发布的《巴塞尔协议Ⅲ》。主要内容是：（1）提高资本充足率要求，巴塞尔协议 Ⅲ 对于核心一级资本充足率、一级资本充足率的最低要求有所提高，引入了资本留存缓冲，提升银行吸收经济衰退时期损失的能力，建立与信贷过快增长挂钩的反周期超额资本区间，对大型银行提出附加资本要求，降低"大而不能倒"带来的道德风险；（2）严格资本扣除限制，对于少数股权、商誉、递延税资产、对金融机构普通股的非并表投资、债务工具和其他投资性资产的未实现收益、拨备额与预期亏损之差、固定收益养老基金资产和负债等计入资本的要求有所改变；（3）扩大风险资产覆盖范围，提高"再资产证券化风险暴露"的资本要求、增加压力状态下的风险价值、提高交易业务的资本要求、提高场外衍生品交易（OTC derivatives）和证券融资业务（SFTs）的交易对手信用风险（CCR）的资本要求等；（4）引入杠杆率，为弥补资本充足率要求下无法反映表内外总资产的扩张情况的不足，减少对资产通过加权系数转换后计算资本要求所带来的漏洞，推出了杠杆率，并逐步将其纳入第一支柱；（5）加强流动性管理，降低银行体系的流动性风险，引入了流动性监管指标，包括流动性覆盖率和净稳定资产比率。同时，巴塞尔委员会提出了其他辅助监测工具，包括合同期限错配、融资集中度、可用的无变现障碍资产和与市场有关的监测工具等。

三、金融市场监管框架

国际上，金融市场包括货币市场、资本市场和衍生品市场。

其中，货币市场监管重点是流动性监管。核心原则包括：合理的产品结构，产品包括同业拆借、商业票据、银行承兑票据、国库券以及资产支撑商业票据。交易商的规范及平稳运作，货币中心银行及其流动性创造。中央银行与最后贷款人。

资本市场监管重点是透明度与平衡监管。透明度监管包括，证券发行人以及相关信息披露义务人应该将有关信息真实、准确、完整和及时地向监管机构和公众公开，保证市场主体按照机会均等、公平竞争，打击内幕交易。

衍生品市场监管重点是透明度与杠杆率监管。提升透明度措施有清算集中化、标准化、柜台交易信息报告制度。杠杆率控制则有严格的资本和保证金要求。《巴塞尔协议Ⅲ要求》，商品类衍生品和权益类衍生品的初始保证金比例为15%，久期在2年内信用衍生品初始保证金为2%，2~5年内的保证金为5%，5年以上的保证金为10%。对于久期2年内、2~5年、5年以上的利率衍生品保证金分别为1%、2%、4%。

第四节　交易平台监管措施

交易平台的功能可以分为四个层次，第一层次是资讯服务，第二层次是结算与融资服务，第三层次是交易监督服务，第四层次是做市商服务。前三种服务中交易平台本身不与用户进行交易，而做市商服务中交易平台则与用户进行交易。由于提供服务内容不同，交易平台的行业归属不同，监管的方式和内容则差异很大。下面详细讨论。

一、交易平台的资讯服务监管

资讯服务指交易平台为用户提供相关信息，用户根据这些信息做出是否交易、以什么条件交易等决策。交易价格、交易量、支付方式等相关条件则都由交易双方协商解决，交易平台不参与交易过程，特别是交易平台不为交易的任何一方保管资金或数字加密货币。此时，交易平台就仅仅是单纯的信息服务，性质上可归为信息咨询业，而不具有金融机构属性。目前一些交易平台提供的场外交易就属于这种类型。

根据信息的来源，这些信息可以分为三种。第一种是来源于交易平台本身的信息，主要是在本平台注册用户的交易意愿、历史交易价格、交易数量等数据。这些信息平台本身对真实性能够进行核实。第二种，是其他交易平台的交易价格或数量信息。第三种是与交易相关的其他信息，如政府发布的公告、行业技术进展等。后两种信息是平台转引外部信息，只能进行一定程度的核实。

在提供这些服务中，通常只要人们在平台进行注册，无论是否进行交易，都可以获取这些信息。所以说交易平台目前是免费的。需要注意的是，有些交易平台为了促进交易，会向部分会员提供融资信息。包括可供贷出的资金（或数字加密货币）数量、期限、利息等。而这部分会员或者在平台交易量很大，或者支付了会员费，实质上是收费的。原则上，对此类经营活动的监管重点是提供真实可靠的信息，特别是在平台成交的交易价格、交易数量信息。具体措施包括，要求平台保留所提供一定期限内的信息，监管机构定期或不定期检查这些信息。监管严格程度较低。

二、交易平台的结算与融资服务

结算服务是指交易平台为用户设立账户，用户交易时首先把资金或数字加密货币存入交易平台账户，交易后用户一段时间内仍然把资金或数字加密货币留在平台，或者把部分资金或资产转移到用户的独立账户。该账户与交易平台没有关系。目前的所有交易平台都提供这些服务，提供这些服务会收取费用。这部分收入通常是交易平台的利润来源之一。

融资服务指交易平台向用户提供资金或数字加密货币一定期限内的使用权，用户可以用这些资金或数字加密货币进行交易，但必须在约定期限后按时归还，并支付利息。这里平台向用户提供的资金或数字加密货币属于平台所有。这部分收入通常也是交易平台利润来源。

不管是结算服务，还是融资服务，此时交易平台提供服务属于金融业务，属于金融系统的一部分，只不过结算服务相当于第三方支付机构，融资服务相当于商业银行。监管就应该按照第三方支付机构或商业银行的监管方式进行。

三、交易平台的交易监督服务

交易监督服务指交易平台利用拥有的交易方的资金信息，对交易的合法性进行判断，对于有疑虑的交易及时向政府机关回报，或采取技术措施阻止交易。与其他各项服务不同的是，对于从事非法活动，诸如涉嫌洗钱、诈骗、恐怖融资等交易者而言，平台在一定范围内有能力阻止此类交易者把数字加密货币作为犯罪工具。出于自身利益，平台通常不愿意从事这项活动。但从社会利益出发，需要提供这些服务。这一点与很多商业银行和第三方支付机构是类似的。

另外，当交易平台允许代币首发（ICO）项目的代币指平台上线交易时，也应该承担对代币项目的真实性履行审核责任。

四、交易平台的做市商服务

交易平台作为"做市商"参与交易，为市场提供流动性。所谓做市商制度是指在证券市场上，由具备一定实力和信誉的独立证券经营法人作为特许交易商，不断向公众投资者报出某些特定证券的买卖价格（即双向报价），并在该价位上接受公众投资者的买卖要求，以其自有资金和证券与投资者进行证券交易。买卖双方不需等待交易对手出现，只要有做市商出面承担交易对手方即可达成交易。

此时，做市商对某种证券做市，一般具有较强的资本实力和后续融资能力，具有较高的价值分析和判断能力，并在此基础上进行报价和交易，从而使得操纵者有所顾忌，一方面操纵者不愿意"抬轿"，另一方面也担心做市商的行为会抑制市场价格。这虽然可以抑制其他交易者的价格操纵行为，但由于其本身具有较强的实力，受利益驱使，能够通过自身行为或者做市商之间联手来获取不正当利润。

第五章

我国政府监管实践[*]

我国政府对比特币交易平台的监管主要由中国人民银行组织相关部门实施，而交易平台运营中产生的民事或刑事诉讼案件则由司法处理。在中国人民银行组织实施的监管行动中主要有三次，分别是 2013 年 12 月到 2014 年 4 月的"比特币交易风险防范（以下简称，交易风险防范'）"；2017 年 1 月到 5 月的"交易平台合规现场检查（以下简称'合规现场检查'）"；2017 年 9 月到 10 月的"禁止代币发行融资（以下简称'代币融资禁令'）"。

第一节　监管历程

一、早期监管

2011 年 5 月我国第一家数字货币交易平台比特币中国（即 BTCChina）

上线。一开始，了解比特币的认识不多，参与交易的就更少，比特币交易量不大。政府相关部门把交易平台经营业务界定为互联网信息服务，经营行为主要受网络信息管理部门监督，金融管理部门则没有关注。

2013年年初，伴随着比特币价格的上涨，比特币引起了大众的关注。一大批交易平台相继成立设立。这些平台采取各种策略吸引人们参与交易。如4月21日，BTCChina团队联合壹基金发起比特币捐款，并向壹基金捐赠15比特币，用于四川救灾。电视台和报纸等媒体报道比特币交易活动。如5月3日，中国央视CCTV-2《经济半小时》较为客观地向中国观众第一次介绍了比特币。

2013年下半年，比特币价格不断上升，市场风险显露。一些媒体开始提醒人们注意风险。9月30日，《经济参考报》报道"疯狂比特币暗藏巨大投资风险"。10月15日，百度旗下网站安全加速平台"加速乐"宣布支持比特币支付。百度也成为国内首家支持比特币支付的互联网公司。11月20日，人民银行副行长易纲在某论坛上表示，近期不可能承认比特币的合法性。12月4日《国际金融报》报道"比特币：最危险的货币"。

2013年12月3日，中国人民银行、工信部、银监会、证监会、保监会联合制定了《关于防范比特币风险的通知》；12月5日，该通知经中国人民银行官方网站对社会公布，并召开记者招待会，就比特币性质如何界定、相关风险等事宜答记者问。这标志着"交易风险防范"行动开始，这是金融管理部门首次对交易平台采取监管，行动一直持续到2014年4月。本次行动核心是限制交易规模，主要手段是禁止银行、保险公司、第三方支付公司等金融机构为比特币交易提供服务。

在限制平台运营规模同时，中国人民银行也开始研究法定数字货币发行及交易平台监管。2014年，成立了发行法定数字货币的专门研究小组，对数字货币相关问题进行前瞻性研究，论证央行发行法定数字货币的可行性。6月19日，零壹财经和金融博物馆在北京联合主办"中国互联网金融论坛"。中国人民银行调查统计司副司长徐诺金提出，互联网金融要有准入管理，要有人来管、要有机构来管。监管机构是社会上各交易主体的公平裁判，负责把规则告诉大众，从事这个事情要承担责任，投资要负担风险；不能说这些风险都成为监管当局的，让监管当局来化解风险。建议采用准入管理的注册制。

二、互联网金融风险监管

2016年4月中国人民银行开始实施为期1年的"互联网金融风险专项整治工作"。虽然《实施方案中》罗列的6种互联网金融业态并不包括数字货币交易平台，但后期也把交易平台运营活动纳入工作范围。

互联网金融风险专项整治

2015年7月18日，人民银行等十部委联合下发《关于促进互联网金融健康发展的指导意见》（以下简称"《指导意见》"），《指导意见》罗列了"互联网支付、网络借贷、股权众筹融资、互联网基金销售、互联网保险、互联网信托和互联网消费金融"共六种业态。

2016年4月12日，国务院办公厅印发《互联网金融风险专项整治工作实施方案》，成立由人民银行负责人任组长，有关部门负责人员参加的整治工作领导小组，总体推进整治工作，做好工作总结，汇总提出长效机制建议。领导小组办公室设在人民银行，银监会、证监会、保监会、工商总局和住房城乡建设部等派员参与办公室日常工作。各省级人民政府成立以分管金融的负责同志为组长的落实整治方案领导小组（以下称地方领导小组），组织本地区专项整治工作，制定本地区专项整治工作方案并向领导小组报备。各地方领导小组办公室设在省（区、市）金融办（局）或人民银行省会（首府）城市中心支行以上分支机构。行动分为摸底排查、清理整顿、督查评估、验收总结共四个阶段，计划至 2017 年 3 月底前完成。

2017 年 5 月 26 日，山东省政府下发《山东省互联网金融风险专项整治工作实施》。

2017 年 7 月 19 日，青岛市政府下发《青岛市互联网金融风险专项整治工作实施方案》。

2017 年 5 月 6 日，中国人民银行、中央宣传部、中央网信办等 17 个部门联合下发《关于进一步做好互联网金融风险专项整治清理整顿工作的通知》。行动分为：状态分类、中期评估、整改实施、验收总结，四个阶段，预计 2018 年 6 月底完成。

2017 年 1 月 6 日，中国人民银行约谈国内主要交易平台负责人，要求就运营业务的合规性进行自查。1 月 11 日，中国人民银行派出工作组到交易平台运营单位开展合规现场检查，标志着第二次监管行动开始。"合规现场检查"行动核心是检查平台运营在反洗钱、超范围经营等方面的合规性，手段是现场检查。同时，媒体也提醒公众注意交易涉及的法律风险。2 月 14 日，央视《焦点访谈》栏目播出了近 15 分钟的"比特币网络诈骗洗钱的秘密"，播报了一则绥化市借助比特币的诈骗案。该案件涉及了 Okcoin、huobi、Bter 共 3 家交易平台。其中，人大财经委员会委员、原中国银行行长李礼辉针对比特币市场目前存在的乱象，从反洗钱的角度进行解析，表示应将比特币放进法律与监管的笼子里，才能够让比特币长久地成为这个社会正常运行的一部分。

经过年初的合规现场检查，2017 年交易平台的违法运营得到了一定程度缓解，但代币发行融资（ICO）的泛滥对实体经济造成很大冲击。这种融资方式表面上筹集的是代币，但很多人为了获取代币需要用法币购买代币。使得代币价格暴涨，投机盛行。而代币发行融资主体及其融资用途都不够公开透明，埋下极大风险隐患。因此，对代币发行融资的监管迫在眉睫。

2017 年 7 月 14—15 日在北京召开了第五次全国金融工作会议。会议提出金融工作的四大原则、三项任务。即金融工作要坚持回归本源、服从服务于经济社会发展，结构优化、完善金融市场、金融机构、金融产品体系。强化监管、提高防范化解金融风险能力，市场导向原则，发挥市场在金融资源配置中的决定性作用。做好服务实体经济、防控金融风险和深化金融改革。强化监管方面，提出要"坚决整治金融乱象"，主要抓手则是"去杠杆"和"控风险"。其措辞再次表明了金融监管趋严的紧迫性和严肃性，整治严重干扰金融市场秩序的行为，严格规范金融市场交易行为，规范金融综合经营和产融结合，加强互联网金融监管，强化金融机构防范风险主体责任。

三、代币发行融资监管

2017 年 9 月 4 日，中国人民银行等七部门联合发布《关于防范代币发行融资风险的公告》，这标志着第三次监管行动开始。"代币融资禁令"行动要求相关机构或个人停止一切国内的代币发行融资项目，融资平台限期关闭。鉴于很多数字货币交易平台参与代币发行融资，仅仅关闭代币发行融资平台只是治标不治本，所以要求数字货币交易平台也限期关闭。这次从 9 月初开始一直持续到 10 月底。

经过本次行动后，国内的数字货币交易平台停止了国内公开运营。但部分个人不甘放弃获利机会，或者在国外注册公司租用海外服务器仍然向国内居民提供交易服务。为防患于未然，中国人民银行组织相关部门仍然采取必要行动。

2018 年 7 月，中国人民银行副行长潘功胜针对虚拟币、ICO 乱象表示，目前部分机构在中国国内受到打击之后跑到国外，未经中国政府许可，仍然对中国的居民开展业务，这也是明确为非法并禁止的。8 月 24 日，银保监会、中央网信办、公安部、中国人民银行、市场监管总局提示"关于防范以'虚拟货币''区块链'等名义进行非法集资的风险提示"。9 月 18 日，央行上海总部发布公告称，近年来虚拟货币相关的投机炒作盛行，价格暴涨暴跌，风险快速聚集，严重扰乱了经济金融和社会秩序。

第二节　交易风险防范监管

本次行动的背景是国内比特币交易火爆，出现首个交易平台诈骗案件，采取的主要行动包括两方面：一方面是向公众，特别是投资者，宣传比特币的非货币属性，提醒参与交易存在的风险，另一方面是限制商业银行、第三方支付机构为比特币交易提供结算服务。时间从 2013 年 12 月一直持续到 2014 年 4 月。

一、监管背景

比特币交易火爆。2013 年 11 月，比特币币值开始剧烈变化。11 月 1

日，比特币买入价为 1250 元，10 日，攀升至 2000 元附近。更为夸张的是，18 日、19 日两天，比特币币值从 3000 元开始持续攀升，在 19 日达到最高点 8000 元，之后迅速回落，报收于 5200 元。20 日，比特币继续下滑，基本稳定在 4300 元左右。在币值迅速涨跌的同时，各交易平台的交易量也急剧增长。国内最大的交易平台 BTC 中国 10 月份日均交易量为 18474.2 比特币，而 11 月份前 20 日该数据为 56273.3 比特币，同比上涨 204.6%。18—20 日三天，日均交易量达 96373.2 比特币，其中 19 日当天更是突破了 10 万大关。排在第二、三位的 OKCoin 和火币网增速更为惊人。OKCoin 和火币网上平均交易量分别从 6036.84 比特币和 4943.16 比特币，增至 30645 比特币和 33699.7 比特币，增幅高达 407.6% 和 581.7%。根据国内前 10 名交易平台公布的数据来看，19 日国内比特币市场总交易量在 25 万比特币左右，即使按照当日收盘价 5200 元的币值进行计算，当日的交易额也超过 13 亿。

GBL 交易平台诈骗事件。2013 年 10 月 26 日，一个曾经在比特币圈红极一时的交易网站 GBL（Global Bond Limited）的页面忽然被关闭；接着，用户们又纷纷被踢出 GBL 官方 QQ 群。就在大家还没有来得及将账户中的资金提出来的时候，GBL 就带着客户们的钱跑路了。据不完全统计，受害者约 500 人，损失金额或将超过 2000 万元。12 月 2 日，浙江省东阳警方通过官微称，GBL 的三名主要负责人已被抓获。

二、监管行动

面对国内的这种"火爆"情景，人们开始关注政府部门的态度。11 月 20 日，时任人民银行副行长的易纲在某论坛上表示，从央行角度，近期不可能承认比特币的合法性，但比特币交易作为一种互联网上的买卖行为，普通民众拥有参与的自由。从其私人角度，比特币"很有特点"，具有"启发性"，会保持长期关注。易纲的发言虽然本身属于学术性的个人观点，但其特殊的身份，其发言被人们解读为比特币的"中性"消息。

2013 年 12 月 3 日，中国人民银行、工信部、银监会、证监会、保监会联合制定了《关于防范比特币风险的通知》，于 5 日通过中国人民银行官方网站对社会公布，并召开记者招待会，就比特币性质如何界定、相关风险等事宜答记者问。随后，中国人民银行各级分支机构转发并组织落实。如 12 月 23 日，太原中心支行下发"并银发〔2014〕第 204 号"，2014 年 1 月 10 日，济南分行下发"济银发〔2014〕第 10 号"，要求辖区内相关机构采取行动。

2013 年 12 月 16 日，央行约谈支付宝、财付通 10 余家第三方支付公司相关负责人。明确指出：首先，第三方支付机构不得给比特币、莱特币（LTC）等的交易网站提供支付与清算业务；其次，对于已经发生业务的支付机构应解除合作，存量款最迟在春节前完成提现，不得发生新的支付业务；再者，会研究针对在境内接入比特币相关业务的境外支付机构的相关规定。

2014 年 3 月 22 日，央行向各分支机构下发了一份名为《关于进一步加强比特币风险防范工作的通知》（张宇哲、李小晓）[1]，要求各银行和第三方支付机构关闭十多家境内的比特币平台的所有交易账户，现有开户限期在 4 月 15 日前清理完毕。并列出了 15 家平台，即比特币中国（BTCChina）、火币网、Okcoin、Fxbtc、比特币交易网、中国比特币（HBTC）、

---

① 张宇哲、李小晓，中国央行禁止金融机构服务于比特币交易 ［EB/OL］. https：//mp. weixin. qq. com/s？biz = MzA5MTI3NzYy NA%3D%3 – D&idx = 1&mid = 200089810&sn = 91a93425edc3ede9e2469dbddd630606，［2018 - 12 - 3］.

btc100、比特儿、808 比特币、比特时代、牛币网、比特币国际、天和比特币、42btc、btc star。该《通知》具有保密性，只在小范围内被传达。

三、交易平台反应

2014 年 1 月 14 日，中国最大网购零售平台，拥有近 5 亿注册用户的淘宝网宣布比特币禁售令。支付宝官方回应表示，支付宝官方没有支持任何比特币交易网站，对于有人通过支付宝个人账户转账的方式从事相关行为，由于相关交易都属于即时到账交易，提醒大家注意其中的风险。同时百度也在其网站上发表声明，称百度网站加速平台决定从上周五开始停止接受比特币支付，原因是最近以来比特币价值大幅变动使其无法保护用户利益。比特币中国官方网站开始实行实名制，首页打出了"根据国家主管部门的通知，即日起在比特币中国注册的新用户必须提供您的真实姓名、身份证件类型和身份证件号码等信息，以前注册的老用户也必须完善您的真实姓名、身份证件类型和身份证件号码等的信息"的提示。

3 月 31 日，聚币网发布"关于聚币网暂停第三方支付网上直接充值业务的通知"，称"今天接到第三方支付平台转自央行的通知，4 月 1 日起本平台将暂停网上充值业务，将采用银行转账方式充值"。同一天，BTC-Trade 也发布公告"关于暂停第三方支付渠道在线充值的通知"，称"接到第三方支付渠道通知，将于 4 月 1 日暂停网上直接充值的功能，充值将继续采用银行转账方式，日常交易及提现不受影响，敬请谅解！充值送 0.3% 活动持续进行中"。到 4 月 10 日则发布"关于 BtcTrade 于 4 月 15 日暂停银行卡充值业务的通知"，称"接收到公司开户行中国农业银行杭州科技城支行的电话通知，要求我司于 4 月 15 日停止使用公司账户进行比特币相关业务的结算，如逾期未停止，将于 4 月 15 日冻结公司的银行账户。在此，BtcTrade 不得不决定于 2014 年 4 月 15 日 0 点后停止处理人民币充值业务，交易提现暂不受影响"。

4 月 10 日 12 点 33 分，火币网发布《关于火币网暂停工商银行卡充值业务的公告》，称"今天上午 10 时左右接到工行中关村支行客户经理通知，接到上级运行管理部的通知，要求停止工行为火币网提供服务，在 4 月 18 日前完成火币网工行账户的销户。火币网将于下周一（4 月 14 号）正式停止使用工行中关村支行账户充值和提现，目前为止其他银行暂时还不受影响"。4 月 11 日通告"16 时接到招行上地支行客户经理通知，要求暂停火币网在招行入账（充值）业务，停止入账限期为 4 月 14 日。用户提现不受影响，有最新消息火币网将在第一时间发布。"4 月 17 日，发布《卡恢复点卡充值通知》，称"从下午 5 点开始，支持主流银行充值"。

2014 年 5 月 6 日，BTCTrade、OKCoin、比特币中国、火币网、CHBTC 发布联合"比特币交易平台自律声明"①，做出了 8 项承诺。做好比特币交易风险提示，引导民众正常的投资观念；不组织及参与大型营销性质的比特币会议或集会，引导行业会议向技术及应用创新的方向发展；遵守政策法规，在合法合规的框架下运作交易平台，在 5 月 10 号之前停止新的融资融币，在全部融资或融币还清后停止杠杆交易业务；抑制过度投机，保护中小投资者，对高频交易征收一定的手续费，五大交易平台随后会讨论出统一的费率；推进交易平台透明化进程，控制好清算、结算环节的风险；遵守国家相关部门的要求，严格进行实名制认证，可疑交易跟踪反馈以及履行反洗钱义务；建立健全的信息披露机制，让投资者拥有充分知情

---

① 比特币交易平台自律声明［EB/OL］. https：//www. btctrade. com/gonggao/59. html，［2019 - 1 - 30］.

权；定期主动向主管部门汇报行业的最新发展、风险等。然而，很多小型平台，如 FXBTC、人盟比特币等关闭。

对于政府部门监管行为，行业内存在争论。2014 年 12 月 29 日，网易科技主办《第 28 期五道口沙龙之"比特币专场"》。火币网 CEO 李林在演讲表示"现在大家都在讨论央行在监管比特币、比特币交易平台，从我的理念上来说，我觉得这个提法是有问题的，因为比特币交易平台不属于金融行业，它是互联网公司、互联网行业，本质上它应该属于工信部管，或者是国家工商总局，央行监管是第三方支付公司或银行金融公司，实际上它可能会担心由于第三方支付公司或银行介入到比特币交易平台运作里可能会引发一些金融风险"。

第三节　合规现场检查

一、监管背景

2016 年 12 月以来，人民币贬值预期加重，外汇储备连续下降。为了防止资本外逃，国家外汇管理局加强了购汇控制。而少数人利用比特币交易套取外汇，即用人民币在国内交易平台购入比特币，然后在国外交易平台卖出获得美元。

为了堵住这一漏洞，2017 年 1 月 6 日，根据《国务院办公厅关于印发互联网金融风险专项整治实施方案的通知》相关部署和精神以及相关法律法规，人民银行营业管理部、北京市金融工作局联合相关监管部门约见"火币网""币行"等比特币交易平台主要负责人，了解该平台运行情况，提示可能存在的法律风险、政策风险及技术风险等，要求其经营行为必须依法合规，并对照相关法律法规严格开展自查并进行相应清理整顿。

同一天，人民银行上海总部、上海市金融办联合相关监管部门约见比特币交易平台"比特币中国"主要负责人，了解平台运行情况，提示可能存在的风险，要求其严格按照相关法律法规要求，依法合规经营。

二、现场检查

2017 年 1 月 11 日人民银行营业管理部与北京市金融工作局等单位组成联合检查组开始进驻"火币网""币行"等比特币、莱特币交易平台，就交易平台执行外汇管理、反洗钱等相关金融法律法规、交易场所管理相关规定等情况开展现场检查。央行上海总部、上海市金融办等单位组成的联合检查组也在同一天对比特币中国开展现场检查，重点检查该企业是否超范围经营；是否未经许可或无牌照开展信贷、支付、汇兑等相关业务；是否有涉市场操纵行为；反洗钱制度落实情况；资金安全隐患等。

1 月 18 日，公布检查结果存在违规经营，特别是开展融资融币交易。平台提供部分配资交易，而且第三方机构也会参与配资。杠杆收费标准，BTC（比特币）为 0.1%；人民币为 0.1%；LTC（莱特币）为 0.08%；美元为 0.05%。按照如上日利率标准计算，每 24 小时为 1 天，不足 24 小时按照 1 天计算，每日收取。当该用户实际资产达到借用资金的 110% 时，若用户不进行止损或者提高保证金，平台会强制平仓。按照今天的行情，如果不及时补仓肯定有投资者被平仓。比特币中国、火币网、OKCoin 币行三家平台相继发布公告，从 2017 年 1 月 24 日中午 12：00 起，开始征收交易服务费，交易服务费按固定 0.2% 的比例双向收取，即一笔交易的买家和卖家分别缴纳 0.2% 的服务费。

1 月 25 日根据前期初步检查情况和发现的问题，检查组决定将继续围绕支付结算、反洗钱、外汇管理、信息及资金安全等方面情况开展进一步检查。检查组提示投资者应当关注比特币平台交易的法律合规、市场波动、资金安全等风险，审慎参与比特币投资活动。

2 月 8 日下午，人民银行营业管理部检查组又对其他从事比特币交易，如"中国比特币""比特币交易网""好比特币""云币网""元宝网""BTC100""聚币网""币贝网""大红火"等 9 家在京的比特币交易平台主要负责人进行约谈，通报目前比特币交易平台存在的问题，提示交易平台可能存在的法律风险、政策风险及技术风险等，了解 9 家交易平台运行情况，并提出明确要求：不得违规从事融资融币等金融业务，不得参与洗钱活动，不得违反国家有关反洗钱、外汇管理和支付结算等金融法律法规，不得违反国家税收和工商广告管理等法律规定。如发现有比特币交易平台违反上述要求，情节严重的，检查组将提请有关部门依法予以关停取缔。

三、交易平台反应

2017 年 2 月 9 日，比特币中国、火币网、OKCoin 币行三家平台相继发布公告，全面暂停比特币、莱特币的提现业务。同日，比特币交易网（BTCT）发布公告"关于 BtcTrade 交易服务费调整的通知"，称"为了进一步抑制投机，防止价格剧烈波动，BtcTrade 平台将于 2017 年 2 月 13 日中午 12：00 起，开始收取交易服务费，交易服务费按固定比例双向收取，卖出收取人民币，买入收取虚拟币；比特币、莱特币服务费按照 0.2% 收取，元宝币、狗狗币服务费按照 0.1% 收取，以太坊交易服务费按照 0.05% 收取。主动成交和被动成交费率一致"。

3月21日，火币网发布通知"根据央行，银监会等国家部门的规定与相关部门反洗钱系统接口的自动识别，需要您提供账户相关的充值资金来源说明，以及所购买的虚拟币提现去处的相关说明"。关于资金来源说明，列举为在火币网充值的银行流水账单、向火币网银行账户转账的目的、转账资金来源，能够证明来源的相关证据。例如：是您每月工资收入，还是其他平台的提现资金，还是从朋友处的借款等。3月29日，OKCoin紧跟火币网的步伐：要求用户接受视频审查制度，否则无法在交易所交易。在历时4个月的整顿后，国内各大交易平台于6月初恢复提现业务。

第四节　代币发行融资禁令

国内背景是国内代币融资活动泛滥。据国家互联网金融风险分析技术平台监测发现，2017年1—4月，国内代币融资项目仅有4项，5月增加了9项，6月增加了27项，7月前半月就增加了16项。到2017年7月18日，面向国内提供ICO服务的相关平台43家，累计完成ICO的项目65个，累计融资规模达63523.64BTC、852753.36ETH以及部分人民币与其他虚拟货币。以2017年7月19日零点价格换算，折合人民币总计26.16亿元，累计参与人次达10.5万。由于很多代币融资项目涉嫌非法集资，部分项目涉嫌诈骗，对国内金融市场形成冲击，孕育了难以估量的金融风险。为了防患于未然，在充分调研基础上，政府相关部门从8月30日起果断采取行动。具体包括三个阶段。

一、风险警示阶段

中国互联网金融协会于 2017 年 8 月 30 日发布《关于防范各类以 ICO 名义吸收投资相关风险的提示》，指出"国内外部分机构采用各类误导性宣传手段，以 ICO 名义从事融资活动，相关金融活动未取得任何许可，其中涉嫌诈骗、非法证券、非法集资等行为。广大投资者应保持清醒，提高警惕，谨防上当受骗。一旦发现有涉及违法违规的行为，应立即报送公安机关"。一些平台相应采取了行动，如 8 月 30 日，ICOINFO 宣布暂停一切代币发行融资业务。

尔后，互联网金融风险专项整治工作领导小组办公室 9 月 2 日向各省市金融办（局）发布《关于对代币发行融资开展清理整顿工作的通知》，并明确列出了以 ICOGOGO、大红火等为代表的 60 家代币发行融资平台。同日，比特币中国（BTCChina）宣布停止针对代币发行融资的虚拟货币的充提。9 月 3 日，ICOAGE、聚币网、币久网、火币网、币盈网等网站相继关闭同类业务。

二、代币发行融资平台关停阶段

中国人民银行等七部门于 2017 年 9 月 4 日联合发布公告，要求"任何所谓的代币融资交易平台不得从事法定货币与代币、'虚拟货币'相互之间的兑换业务，不得买卖或作为中央对手方买卖代币或'虚拟货币'，不得为代币或'虚拟货币'提供定价、信息中介等服务。"中国人民银行营业管理部则下发《关于落实对代币发行融资开展清理整顿工作加强支付结算管理的通知》，要求各银行应对名单上代币发行融资交易平台的个人账户进行甄别，防止出现资金风险。

6 日晚，央视 CCTV – 13 频道《新闻 1 + 1》节目邀请了中国社会科学院金融研究所副所长胡滨，对本次 ICO 监管的相关问题进行了解答。胡滨指出，ICO 本身具有一定的现实需求，也有它的合理性，要防止利用它作为欺骗投资人的工具；叫停本质是"先堵再疏"，疏通措施有：明确发行规则、监管主体、审批程序、投资者保护等要求，让那些真正能体现实体经济需求的 ICO 可以正常的发行。同时监管者加强监管纪录，及时发现风险，从而防止风险发生，让真正为实体经济服务的金融产品推向市场。

在这些措施下，大批代币发行融资平台相继关闭。

需要关注的是，由于早期监管对象重点是代币发行融资（ICO），部分以数字货币交易为主的平台发现自身不在名单之列，就认为自身从事的是数字虚拟货币的交易，只要关闭了自身的代币发行融资业务，就不在关闭之列，可以继续运营。如 OKCoin 在 9 月 9 日发布消息称"目前为止，我们没有接到监管机构的通知，也无法证实该新闻的真实性"。并辩解道"该报道提到监管机构并没有宣布比特币本身非法，也没有禁止用户和用户之间的点对点交易。如果该报道属实，OKCoin 币行将停止目前的比特币对人民币的交易，转型为数字资产点对点交易的信息平台"。为此，监管部门对这些平台采取了进一步行动。

三、数字货币交易平台关停阶段

中国互联网金融协会于 2017 年 9 月 12 日发布《关于防范比特币等所谓"虚拟货币"风险的提示》。明确表示，投资者通过比特币等所谓"虚拟货币"的交易平台参与投机炒作，面临价格大幅波动风险、安全性风险等，且平台技术风险也较高，国际上已发生多起交易平台遭黑客入侵盗窃事件，投资者须自行承担投资风险。不法分子也往往利用交易平台获取所谓"虚拟货币"以从事相关非法活动，存在较大的法律风险，近期大量交易平台因支持代币发行融资活动（ICO）已被监管部门叫停。各类所谓"币"的交易平台在我国并无合法设立的依据。

9月13日监管部门约谈主要平台负责人，要求关闭比特币交易平台。随后平台公告关闭时间及相关安排。如OKCoin平台于9月14日发布公告，宣布"2017年9月15日21：30起，OKCoin币行暂停注册、人民币充值业务。并于10月31日前，依次逐步停止所有数字资产兑人民币的交易业务"。BTCChina平台同日则发布公告称"即日停止新用户注册，9月30日前停止所有交易业务"，Huobi平台也发布公告称"10月31日停止营业"。

经过一个多月的行动后，各地搜排出的国内88家虚拟货币交易平台和85家ICO平台基本实现无风险退出；以人民币交易的比特币从之前全球占比90%以上，下降至不足5%，有效阻隔了虚拟货币价格暴涨暴跌对我国的消极影响，避免了一场虚拟货币泡沫。"代币融资禁令"实施持续了较长时间，但主要行动都集中在9月。后期更多是监测平台的代币清退，预防清退中出现突发事件，爆发金融风险。

第五节　境外交易平台的监管

虽然到2017年10月31日，国内交易平台都停止营业，代币融资项目也基本清理完毕。但国内的比特币交易并没有停止，只是转变为场外交易。据国家互联网金融安全技术专家委员会12月1日发布的报告，支持比特币兑人民币（BTC－CNY）场外交易平台已达21家。这些大多数是原国内平台。这些平台提供微信群、QQ 群等方式隐蔽交易，对经济运行仍然有一定影响。

2018 年 5 月 21 日晚间，CCTV - 2 的"经济信息联播"栏目播放了 3 分钟的新闻报道，简要说明了代币市场发行存在的问题。5 月 22 日的"第一时间"栏目则播出了 8 分钟节目"聚焦代币市场乱象"。报道指出，尽管虚拟货币的市场风险较大，还是有不少的"炒币人"跃跃欲试着这个边缘，想要去放手博一把。然而，由于代币市场所具有的不公开、不透明，以及项目价值的不确定性等特点，极大程度上放大了投资者们对虚拟货币市场的期望和风险，也吹涨了投资者期待暴富的情绪。这些可总结为三大乱象：暴富心态充斥市场、大量空气币涌现、大佬站台的名人效应。

2018 年 7 月，中国人民银行副行长潘功胜针对虚拟币、ICO 乱象表示，目前部分机构在中国国内受到打击之后，跑到国外，未经中国政府许可，仍然对中国的居民开展业务，这也是明确为非法并禁止的。随后，8 月 21 日晚间，"金色财经网""币世界快讯服务""深链财经""大炮评级""火币资讯""每日币读""TokenClub""吴解区块链"等涉及区块链、数字货币等领域的自媒体公众号遭微信官方封号处理。上述公众号页面显示，"由用户投诉并经平台审核，违反《即时通信工具公众信息服务发展管理暂行规定》已被责令屏蔽所有内容，账号已被停止使用"。8 月24 日，银保监会、中央网信办、公安部、中国人民银行、市场监管总局提示"关于防范以'虚拟货币''区块链'等名义进行非法集资的风险提示"。腾讯发布整治措施。声明称腾讯已在支付渠道上采取三项整治措施：限制问题平台收款账号的收款功能，禁止其使用微信支付进行虚拟货币交易收款；限制个人卖家账号的收款额度；限制虚拟货币相关交易收款；同时还将对日常交易进行实时监控。

2018 年 9 月 18 日，央行上海总部发布公告称，近年来虚拟货币相关的投机炒作盛行，价格暴涨暴跌，风险快速聚集，严重扰乱了经济金融和社会秩序。央行明确，互联网时代的非法金融活动既隐蔽又多变，下一步首先将加强对 124 家服务器设在境外但实质面向境内居民提供交易服务的虚拟货币交易平台的监测，实施封堵。其次加强对新摸排的境内 ICO 及虚拟货币交易相关网站、公众号等处置。对于定期摸排发现的境内 ICO 及虚拟货币交易场所网站、公众号，以及为上述活动提供支持和服务的公众号、自媒体及网站，及时予以关闭和查封。再者从支付结算端入手持续加强清理整顿力度。多次约谈第三方支付机构，要求其严格落实不得开展与比特币等虚拟货币相关业务的要求。指导相关支付机构加强支付渠道管理、客户识别和风险提示，建立监测排查机制，停止为可疑交易提供支付服务。

中国互联网金融协会指出，随着各地 ICO 项目逐步完成清退，以发行迅雷"链克"（原名"玩客币"）为代表，一种名为"以矿机为核心发行虚拟数字资产"（IMO）的模式值得警惕，存在风险隐患。关于迅雷公司新推产品"玩客币"的争论不绝于耳，玩客币到底是不是比特币的变种？它有什么样的作用和价值，以至于引来如此多的争论？

2018 年 12 月 1 日午间，央视财经频道《投资时间》栏目对此事做了长达 8 分 44 秒的专题报道。迅雷 CEO 陈磊回应说，玩客币本身是一种奖品，迅雷是不用玩客币换一分钱的。在整个玩客币的分发过程当中，迅雷没有去兑换过现金，也没有设置过兑换标准，对于用户来说它是免费获得的。这些不透明的地方，实际上是迅雷为了防止投机炒作而故意设置的保护。他说，迅雷没有公布玩客币全量钱包的代码，也没有公布其背后区块链机制的代码，就是为了防止被投机者利用。

财经律师金焰表示，迅雷玩客币与 ICO 存在很大区别。至少就目前来看，玩客币还称不上 ICO，二者的关键区别在于：ICO 是企业发行这些虚拟货币进行募资的行为，迅雷在（玩客币）里面并没有募到任何的资金。虽然目前玩客币跟 ICO 有本质不同，但未来迅雷会不会从玩客币中获得现金流，则存在争议。

创新实验室创始人包宇认为，迅雷通过玩客币，推动闲置带宽的再利用，本质是共享经济的一种，出发点是好的。但是玩客币运行机制并不透明。他认为："迅雷公司有必要做一些更明确的澄清，包括整个玩客币运行的机制，还有它的所谓币的发布、分发和管理，还有回收。这方面它最终涉及什么样的一个机制。"

长江商学院金融系主任曹辉宁则从技术角度出发，认为玩客币与比特币等 ICO 本质上的不同之处在于，玩客币的记账方式以及它的验证都与比特币不同。

玩客币并非比特币这种可以用于投资的金融产品，那为何在过去 40 天里，迅雷的股价也高涨了 6 倍之多？玩客币本身并不给迅雷带来任何收入，其价格涨幅与迅雷营收毫无关系，对股价产生不了实质影响。市场人士认为，区块链技术的未来价值和应用场景，才是迅雷股价被看好的真正原因。玩客币的推出证明了迅雷在区块链技术上的实力，迅雷也多次表示，玩客币是迅雷对共享计算区块链技术的一次尝试。陈磊曾在玩客云发布会上表示，迅雷之所以会从 C 端应用入手探索区块链，是因为任何一种技术，一定只有进入大规模个人用户应用的层面，才会形成真正的爆发。而目前在全球范围内，有大规模个人用户参与的区块链应用项目都寥寥无几。国内玩客币更是首个。中国信通院的魏凯主任也赞同这一观点，并且，相信 C 端应用层面的创新发展到一定程度后能够反过来倒逼核心技术系统层面的创新。这就是玩客币的真正价值和意义，作为首个有大量个人用户参与的区块链项目，玩客币不但展现了迅雷当前在区块链技术上的领先能力，同时更为迅雷带来关于区块链技术的大量第一手数据和资料，能够推进迅雷在区块链技术上的发展，甚至有可能帮助整个中国区块链行业，取得在全球范围内的领先地位。

第六节　司法部门行动

交易平台经营活动中出现的民事纠纷或刑事案件都由司法部门负责。从 2013 年的 GBL 诈骗事件，到 OKCoin 洗钱案，再到。司法部门的作用不可忽视。

一、GBL 诈骗案

2013 年 4 月，刘某计划成立比特币交易平台，招募金某、黄某某共同组建 btc – gbl. com 网站。其中刘某作为网站负责人，金某负责网站维护，黄某某负责财务管理及网站运营、推广。为吸引客户到网站充值、交易，刘某指使黄某某使用与该网站无关人员身份信息，委托代理公司到香港注册了名为 GBL（HK）LIMITED 的公司，并虚构了公司股东架构、公司投资前景、公司注册地址等信息。网站于 2013 年 5 月 27 日正式上线。与大多数比特币交易网站不同的是，GBL 采用的是带 10 倍杠杆的期货交易模式。截至 9 月，该平台共有注册会员 4493 名。10 月 26 日凌晨，刘某指使金某最终关闭交易平台，并将网站跳转至一个被黑页面，伪装平台被黑客攻击。

同日，浙江省东阳市警方接到辖区乔某报警，称被 GBL 交易平台诈骗，损失 9 万多元。同日，广州、深圳、新建、杭州、成都、黑龙江等地也陆续接到同案报警。据不完全统计，受害者有人数 344 人，损失金额合计 1020 万元人民币。东阳市警方经过努力，确定了以刘某为首的 GBL 交易平台管理人员，并展开追捕。11 月 12 日东阳警方在贵州抓获刘某，其同伙金某、黄某某也分别于 11 月 14 日在安徽、11 月 20 日在深圳被抓获。2017 年 3 月 15 日，同伙贺某主动到公安机关投案，如实供述了犯罪事实。

2015 年 11 月 19 日，东阳市人民法院审理做出一审判决。判决"一、被告人刘某犯诈骗罪，判处有期徒刑十年，并处罚金人民币五万元；二、被告人金某犯诈骗罪，判处有期徒刑五年六个月，并处罚金人民币一万五千元；三、被告人黄某某犯诈骗罪，判处有期徒刑三年六个月，并处罚金人民币一万元；四、扣押在案的人民币一百二十万二千三百三十九元五角，发还各被害人"。对此，金某、黄某某没有异议，而刘某提出上诉。其辩护人认为，刘某的行为应以侵占罪定罪量刑，而且认定的诈骗数额有误。

2016 年 3 月 7 日，浙江省金华市中级人民法院对"刘某、金某等犯诈骗罪"做出终审判决。认为，刘某上诉理由和辩护意见不能成立，维持原判。① 对于贺某，东阳市人民法院则以诈骗罪，判处有期徒刑三年，并处罚金人民币一万元。② 至此，GBL 诈骗案全部处理。

事实上，除了这种"跑路"手法外，更多交易平台采取虚假交易、篡

---

① 浙江省金华市中级人民法院，刑事裁定书〔2016〕浙 07 刑终 67 号，刘刚、金海等犯诈骗罪二审刑事裁定书。
② 浙江省东阳市人民法院，刑事判决书〔2017〕浙 0783 刑初 784 号，贺挺诈骗一审刑事判决。

改交易数据等方式欺骗客户。2017 年 2 月，在中国人民银行开展的交易平台现场检查中，发现 BTC100 存在虚假交易的情况。该公司通过设计计算机程序在其平台上进行刷单，虚构交易，比特币日成交量曾达到 4 万多枚。停止刷单交易之后，BTC100 比特币真实成交量日均仅有几十枚。而据海淀区法院 2016 年 11 月披露，收到辖区居民陈某诉讼，2013—2016 年间，Huobi 网站内部人员通过控制后台数据、虚假成交、突然拉升或下跌导致会员爆仓等方式进行虚假交易，造成损失 21 万元，要求火币网赔偿损失的比特币 52.8567 个、莱特币 815.9731 个。

二、Okcoin 洗钱案

2014 年 8 月 5 日，许某用同伙提供的"林某某"身份证复印件、银行卡、对应手机号码在"OKCOIN"注册账户，准备用于洗钱。同日，肖某某从华辰公诈骗获得 1200 万元，其中 500 万元款项汇到姜某农行卡。而该卡由许某掌握。之后，许某与乐酷达公司客服联系，要求充值。客服将员工私人银行卡账号告诉许某。同日上午 11 点 38 分、39 分许某分两次通过网上银行汇款 200 万元。并要求向"林某某"的注册账号充值。乐酷达公司客服发现充值方和被充值方非同一人，且数额较大，遂要求进行身份验证。许某发给客服一张林某某身份证复印件。客服核对后发现与注册时信息相符，没有进一步确认此笔业务的操作人与注册客户是否为同一人，同意充值。许某获得充值后，从 8 月 5 日 12 点 34 分 58 秒至 14 点 10 分 2 秒，通过该账号在乐酷达公司运营的"OKCOIN"交易平台，分 34 笔购买价值比特币 553.0346 个。从 13 点 26 分 6 秒至 14 点 20 分先后分 4 笔将购买的 553.0346 个比特币全部提出平台，转移到许某在"blockchanl"网站注册的比特币钱包。后伙同黄某某在澳门地下钱庄将比特币卖出。

2014 年 8 月 5 日，华辰公司发现被骗后报案。肖某某、许某某等陆续被逮捕，并被追究刑事责任。但华辰公司认为比特币交易平台没有尽职履责，客观上造成被骗财产无法追回，应该承担一定责任。于是，2015 年 2 月 27 日，华辰公司向黑龙江省绥化市中级人民法院提出民事诉讼，请求判令：一、乐酷达公司、彭某某赔偿华辰公司财产损失 177 万元；二、乐酷达公司、彭某某承担本案诉讼费。2016 年 5 月，绥化市中级人民法院〔2015〕绥中法民一民初字第 28 号民事判决。要求乐酷达公司做出赔偿。对此乐酷达公司提出上诉。2016 年 7 月 4 日黑龙江高级人民法院进行审理，做出了最终判决。

黑龙江高级人民法院认为，乐酷达公司在提供比特币交易时违反《非金融机构支付服务管理办法》相关规定，不但未取得支付许可证，反而为规避该规定利用员工名称开立的信用卡账户收取款项开展业务。在林某某账户充值及交易出现异常时，亦未核实林某某身份就为其账户充值，（短时间买入并提走比特币属于明显异常行为）。对林某某账户的异常交易情况视而不见。其公司的违规行为客观上为犯罪行为提供了便利，一定程度上配合犯罪分子转移赃款，造成了受害人款项无法追回。因此，乐酷达公司存在过错。综合乐酷达公司的违规情形、给社会造成的负面影响及起到的不良示范作用，其对华晨公司不能追回的损失应承担 40% 的赔偿责任。判决：一、乐酷达公司赔偿华辰公司财产损失 1568923 元的 80%，即 1255138.40 元；二、驳回华辰公司的其他诉讼请求。案件受理费 20730.00 元，由华辰公司承担 4182.00 元，乐酷达公司承担 16584.00 元。①

需要说明的是，在同一诈骗案中，许某某于 8 月 5 日通过任某某账户

---

① 黑龙江高级人民法院，〔2016〕黑民终 274 号。

汇入济南曼维信息科技有限公司（以下简称曼维公司），为林某某的交易账户充值。因该充值为非本人充值，曼维公司要求其代理商提供任某某本人持身份证的照片。次日，曼维公司的代理商提供了任某某本人持身份证的照片。曼维公司在发现林某某账户交易异常后，要求林某某提供本人手持身份证的照片进行实名认证，并冻结了林某某在该公司进行"比特儿"交易的账户。济南曼维信息科技有限公司该措施有效制止了洗钱行为。

事实上，交易平台涉嫌洗钱并非个案。2015 年 5 月，伊世顿公司的两名高管向比特币中国表示希望每月购买 1 万个比特币，但没有透露购买总量。由于金额巨大，同时伊世顿方面无法提供身份证明及资金证明，双方合作告吹。这一案例中，平台采取了恰当措施，使洗钱没有成功。而在 2014 年 12 月的杜某敲诈勒索案件中，杜某以"商务往来送礼清单和不正当商业行为的文件等内部资料"，向天津红日药业股份有限公司公司勒索比特币 2099 个。公司董事会秘书郑某经公司同意后，花费 2999981 余元购买了 2101.209 个比特币，将其中的 2099.7 个比特币转入杜某提供的钱包地址，经"融币"后转入火币网杜某账号内。这一案例中，平台没有采取恰当的反洗钱措施。但由于企业没有报案。因此，没有人追究平台责任。

三、bter 黑客攻击案

2014 年 7 月，周振美在济南曼维公司运营网站 www.cn.bter.com 注册，购入比特币 5.0773 个，暂存于曼维公司的网站平台的账户钱包中，未与曼维公司签订相关保管协议。

2015 年 2 月 21 日，曼维公司网站公布消息称"2015 年 2 月 14 日，黑客利用我们从冷钱包填充热钱包的瞬间，将比特儿交易平台中的所有 BTC 盗走，总额为 7170BTC"。被盗事件发生后，曼维公司称其向警方报案，警方口头答复称比特币不受法律保护，没有任何价值，无法估价，而未予立案。3 月 11 日，曼维公司在网站发布恢复运营及用户补偿说明，表明愿意承担全部损失，通过一切可能的途径归还用户的比特币。2015 年 8 月 4 日，曼维公司返还其 1.416 个比特币，剩余 3.6613 个比特币没有归还。后来，交易平台发生变更，由智数公司接替曼维公司继续运营 www.cn.bter.com。智数公司于 2017 年 3 月 26 日发布《关于 BTC－B 的处理和回购方案》。曼维公司、智数公司称其已将手中所有的比特币补偿客户，其并不生产比特币，且手中亦无任何比特币，但同意按照丢失时比特币市场价格 1500 元一个的价格补偿用户损失。周振美认可比特币丢失时的价值为 1500 元一个，但不同意现金补偿，要求返还比特币。诉讼过程中，周振美明确赔偿损失计算方式：以 3.6613 个为基数，从 2015 年 2 月 14 日至 2016 年 6 月 23 日，按照年化收益率 4.85% 计算，可得 0.2368 个比特币。2018 年 8 月 30 日，济南市中级人民法院判决，不予支持。[1]

在另一起案件中，张某某同样起诉济南曼维公司，请求：1. 返还比特币 37.4412 个（按照 2016 年 6 月 23 日曼维公司网站 cn.bter.com 比特币的交易价格价值为 134788 元，取单价 3600 元）；2. 赔偿损失 2.4212 个比特币，价值 8716.31 元（按照 2016 年 6 月 23 日曼维公司网站 cn.bter.com 比特币理财公布的预计年化收益率 4.85%）；智数公司、韩林承担连带责任的诉讼请求，无事实和法律依据，不予支持。[2]

---

[1] 济南市中级人民法院，周某某与济南曼维信息科技有限公司等合同纠纷二审民事判决书，〔2018〕鲁 01 民终 4976 号。

[2] 济南市中级人民法院，张某某与济南曼维信息科技有限公司等合同纠纷二审民事判决书，〔2018〕鲁 01 民终 4975 号。

四、Okcoin 技术风险案

2017 年 8 月 1 日，由于技术发展，比特币网络出现"分叉"，出现了新型数字货币比特币现金（BCC），它在比特币（BTC）的"挖矿"基础上被生成。对于比特币"分叉"问题，乐酷达公司先后发布了三个相关公告。其中，2017 年 7 月 18 日的《OKCoin 币行关于比特币分叉处理方案的公告》称："……如果比特币分裂为一种或多种比特币，OKCoin 币行将会把分裂出来的各种比特币按拥有权提供给所有客户，并且逐步上线所有新种类的比特币的交易……" 2017 年 7 月 25 日发布的《OKCoin 币行关于比特币和 BCC（Bitcoin Cash/比特现金）的处理方案公告》称，"OKCoin 币行决定：1、2017 年 8 月 1 日 20：20 前如您账户内持有 BTC（Bitcoin/比特币），我们将按拥有权提供给您等额的 BCC，我们会在适当的时间点发放到您的账户……" 2017 年 8 月 1 日发布的《OKCoin 币行关于 BCC 快照及领取公告》称："OKCoin 币行将于北京时间 2017 年 8 月 1 日 20：20 进行账户快照，并根据账户 BTC 权益进行核算……所有领取的 BCC 将直接打入您的 OKex 现货账户中……"

冯先生于 2016 年 11 月 1 日在乐酷币行网注册了个人账户，自 2017 年 1 月 12 日起账户余额为 38.7480 比特币（BTC），一直持有到 11 月 27 日。按照公告，冯某应该获得 38.7480 个比特币现金（BCC）。但冯某于 2017 年 11 月 27 日通过 OKCoin 币行网账户提现 38.7480 个比特币，却无法领取相应的比特币现金（BCC）。多次协商未果，冯先生将北京乐酷达网络科技有限公司诉至法院，要求乐酷达公司向冯先生注册账户发放比特币现金 38.7480 个，赔偿价格损失 16 万余元。

法院审理后认为，乐酷币行网的站内通告，尽管系单方发布，亦可以确认为双方权利义务关系的具体依据，乐酷达公司应当履行在公告中承诺的义务。在 2017 年 1 月 12 日—11 月 27 日，冯先生没有进行过其他比特币交易，始终持有比特币 38.7480 个，符合"2017 年 8 月 1 日 20：20 前如您账户内持有 BTC"的条件，乐酷达公司应当按照前述站内通告的内容向冯先生发放等额的比特币现金。但原告关于赔偿比特现金价格损失的诉讼请求，缺乏事实和法律依据，法院不予支持。①

---

① 海淀法院审结首例比特币现金争议案［EB/OL］. http：//bjhdfy. chinacourt. org/public/
detail. php? id = 5637，［2019 - 2 - 12］.

第六章

美国政府监管实践

　　美国对比特币交易监管包括联邦政府和州政府，联邦政府机构包括国土安全部、财政部、联邦法院等。美国对数字货币的监管职能在联邦和州之间划分，比特币的交易规则由各州法律确定。从监管机构来看，美国证券交易委员会、美国商品期货交易委员会、银行监管机构、美国国家税务局对数字货币有不同的认识和监管。联邦法律和各州的法律具有明显的差异。美国证券交易委员会对比特币投资者给予了风险预警。美国国税局出台了适用于比特币和其他可转化货币的指导意见，将虚拟货币看作一种需要缴纳联邦税的财产。

第一节　美国国会听证会

　　美国国会主要通过听证会方式了解国内对数字货币的意见以及相关部门的行为。美国国会听证会是在初步研拟立法政策时收集与分析各界意见资料的一种正式而主要的方法。

从 2013 年 11 月的第一次听证会起，围绕数字货币举行了多次。特别是随着代币发行融资（ICO）后，仅 2018 年就举行了六次听证会。

2013 年 11 月 18 日，参议院举行主题为"虚拟货币潜在的威胁、风险和前景"听证会。出席人员不仅包括美国司法部刑事部门的代理助理部长拉曼（Mythili Raman）、美国财政部金融犯罪执法局局长珍妮弗·沙斯基·卡尔韦里（Jennifer Shasky Calvery）、美国特勤局特工爱德华·洛厄里（Edward Lowery），还有从事比特币业务的人员和相关学者。比特币基金会的法律和政策委员会主席 Mike Hearn 表示，比特币基金会不仅仅是一个基金部门，更愿意为两个不同的世界架起一座桥梁。国土安全委员会与政府事务委员会代表表示，与所有的新兴技术一样，联邦政府必须确保是否具有潜在的威胁和风险，并迅速处理，但是必须确保，不能轻率和不知情的情况下扼杀一个潜在的有价值的技术。

2014 年 4 月 2 日，美国众议院举行听证会，讨论了中小企业使用比特币的优点和缺点。乔治·梅森大学高级研究员杰里·布里托认为，比特币是一种很好的全球支付网络，使用比特币可以帮助小企业避免某些类型的支付诈骗，同时还可以挖掘到潜在的新市场。资本市场和风险管理专家马克·T. 威廉姆斯指出，比特币的价格和地位很大程度是由当前使用的用户决定的，如果这些人决定不再使用，那么将变得一文不值。二人对国税局中纳税事务中对虚拟货币处理方法表示支持。

2016 年 3 月 17 日，美国众议院商业、制造业和贸易业小组委员会举办了一场关于数字货币和区块链技术的会议，探索了这项技术的特点和监管及立法的建议。会议专家组有：Circle 首席文化官（CCO）John Beccia、Coin Center，执行董事 Jerry Brito，IBM 区块链技术副总裁 Jerry Cuomo、Factom，首席建筑师 Paul Snow、Buckley Sandler LLP，法律顾问 Dana Syracuse、Coinbase，法律顾问 Juan Suarez、Blog，联合创始人 Matt Roszak。

2018 年 2 月 6 日，国会举行听证会，主题为"包容、尊重数字货币"，美国证券交易委员会主席克莱顿认为，美国国会应考虑扩大对比特币和其他加密货币交易的联邦层面监管。目前，这一资产类别在很大程度上并不遵循投资者保护法。投资者应该得到证券法的全面保护。美国证券交易委员会或将与财政部、美联储一起要求国会增加立法。他称："当有一个不受监管的交易所，那操纵价格的能力将会大幅上升。"提醒投资者，还没有 ICO 在 SEC 注册，而证券交易委员会也没有批准上市和交易任何交易所，交易加密货币或与加密货币有关的其他资产的产品（如 ETF），这些产品很可能跨越国界，资金会在不知情的情况下迅速流窜海外。国家证券监管机构，可能无法有效追捕坏人或追回资金，同时存在资金被盗，身份被黑客入侵的风险。CFTC 主席 J. Christopher Giancarlo 认为，现行法律并没有为美国联邦监管机构提供在美国境内或境外运作的现货虚拟货币平台的这种监管权力，CFTC 无权对现货虚拟货币平台或其他现金商品进行监管，包括实施注册要求、监督和监督、交易报告、遵守人事行为标准、客户教育、资本充足率、交易系统保障、网络安全考试或其他要求。但是，CFTC 拥有执法管辖权，通过传票和其他调查权力进行调查，并酌情对虚拟货币衍生产品市场和底层虚拟货币现货市场中的欺诈和操纵行为进行民事执法。参议院银行委员会主席 Shelby 认为，许多人并不理解数字加密货币，数字货币交易可能会造成系统性风险。财长 Mnuchin：任何从事数字加密货币业务的人都必须接受监督，金融稳定监管委员会（FSOC）正协调各监管方在数字货币方面的回应。2 月 6 日上午 10 点，美国参议院银行、住房及城市事务委员会将举行一场有关虚拟货币的听证会。美国媒体认为，这场名为"虚拟货币：美国证监会（SEC）和商品期货交易委员会

（CFTC）的监督作用"的听证会，将成为虚拟货币面临的一个关键时刻。

3月14日，国会众议院金融服务委员会举办了"审查加密货币和ICO市场"听证会，对加密货币的创新、安全、监管和对于民众的效用进行了讨论。听证会主席 Huizenga 表示，对于数字货币投资者缺乏保护，美国国会不会袖手旁观。众议员 Brad Sherman 表示，数字货币是一种骗局，和犯罪分子利用它在世界各地转移资金，逃税者利用它逃税，创业公司利用它募资诈骗。乔治城大学法学教授 Chris Brummer 表示：目前监管存在真空，在一定程度上已经延伸到了数字货币现货市场。这是投机的产物，这是一个泡沫，它是投资者追逐金钱的产物，它是披露不足的产物。

6月美国众议院金融服务委员会的预防恐怖主义和非法金融小组举办了题为"虚拟货币：金融创新和国家安全意图"的听证会。重点探讨"恐怖分子和非法使用金融科技，虚拟货币如比特币对国家安全影响，以及使用封锁技术记录交易信息和发现预防非法活动"。证人包括非营利倡导组织硬币中心执行董事 Jerry Brito，付款协会主席 Scott Dueweke，律政司助理美国律师和数字货币协调员 Kathryn Haun、Blockchain，创始人 Chainalysis，联合创始人 Jonathan Levin，以及业务开发副总裁卢克·威尔逊（Luke Wilson）。

2018年7月18日，美国国会众议院农业委员会和金融服务委员会分别启动了"加密货币：数字时代对新资产的监督"和"货币的未来：加密货币"两场听证会。前美国商品期货委员会 CFTC 主席 Gary Gensler 认为，比特币是数字黄金的现代形式，是一种社会建构。ICO 的失败率很高，2018年2月的一项研究发现，2017年的 ICO 项目样本中有59%已经失败或失败了一半。CFTC 首席创新官兼 LabCFTC 的负责人 Daniel Gorfine 认为，区块链使人们重新思考货币的性质，交易方式，以及如何更有效地参与监管经济和市场活动。而仓促的监管声明可能会产生意想不到的后果，不应急于弄清楚这一领域如何应用到证券法和商品监管框架。美联储主席鲍威尔（Jerome Powell）表示，加密货币给投资者带来重大风险。应当被监管，但不是被美联储监管。美联储也没有寻求监管加密货币。保护投资者属于美国证券交易委员会的管辖权。美国证券交易委员会和商品期货交易委员会等联邦机构以及州政府已经监督了许多与加密相关的业务，并关闭了一些非法运营的企业。国会议员 Brad Sherman 称，应该禁止美国人购买或挖掘加密货币。加密货币除了将来可能被用作货币形式之外，现在正被试图绕过美国制裁的逃税者和无赖的国家使用。美国众议院农业委员会主席 Mike Conaway 表示："虽然数字资产被认为是支付系统，为加密货币提供强有力的监管框架至关重要。国会或监管机构可能会考虑开发新的（监管）框架。"Andreessen Horowitz 执行合伙人 Scott Kuporr 认为代币的发行，就是所谓的投资合同，毫无疑问应该受到类似的监管。

在历经多次听证会后，2019 年 1 月 28 日，美国众议院已通过一项法案《2019 年打击非法网络和侦查贩运法案》（H. R. 502），要求美国总审计长调查加密货币和在线市场直接促成性交易或毒品交易的方式，并根据研究结果，建议采取监管和立法行动，阻止此类非法行动。

2019 年 2 月 19 日上午 10 点，美国两大监管巨头美国证券委员会 SEC 和美国商品期货委员会 CFTC 将联合召开有关于比特币期货和数字货币的听证会，届时美国参议院银行委员会将派代表团出席。本次听证会将明确数字货币监管的性质和机构，讨论数字货币监管中遇到的问题。

第二节 美国金融犯罪执法局

美国金融犯罪执法局（以下简称"FinCEN"）是财政部下属单位，主要职责是负责与美国相关的反洗钱交易，较早对比特币交易采取监管行动。2013 年，出台了有关虚拟货币的指导意见，其中特别指出比特币属于"可转化的虚拟货币"。

发布《指引规则 FIN－2013－G001》也对货币服务提供商进行了详细的规定和列举，明确《银行保密法（BSA）》适用于创建、获取、分发、交换、接受或传播数字货币的人员或机构。按照《银行保密法》，金融机构必须建立严格的客户身份认证、交易记录和报告及其他反洗钱规定，将可转化的虚拟货币纳入其监管。该指南将这些主体定义为用户、管理机构和兑换机构。用户不受 BSA 注册、报告、保存记录等规则的约束，而数字货币的管理机构和兑换机构则要受到约束。尤其是货币兑换者，除非限制或免除其适用该定义，否则一定要受到 BSA 的约束。

根据 FinCEN 的规定，管理机构或兑换机构不是预付费交易的提供者或卖方，也不是外汇交易商。根据《银行保密法》，银行和其他金融机构必须进行相应各项注册登记并做好记录保存工作。提供货币服务的企业需要在财政部进行注册并且配备相应的反洗钱措施和客户识别系统。

2013 年 3 月，FinCEN 将此规则适用范围扩大到了从事"可兑换的虚拟数字货币"交易的金融市场参与者。根据 FinCEN 规则，从事数字货币的兑换和管理的企业和个人都需要受到监管。兑换数字货币方是指将自身实际货币、资产以及其他数字货币兑换成特定数字货币的个人或企业。管理数字货币方是指从事数字货币发行并有权撤回的个人或企业。兑换数字货币方和管理数字货币方作为货币转移者，当它们接收或发送数字货币，买进或卖出数字货币时，就要受到上述规则约束，进行相应注册登记和记录保存工作。

2014年，FinCEN在上述规则之下，又设置了四项规则，与《银行保密法》一起作为重要的监管和执法依据。之后，FinCEN还发布了四个适用数字货币平台监管法规的指导意见，为FIN-2013-G001指导文件的具体适用提供指引。

2015年5月5日，FinCEN与美国北加利福尼亚地区检察官办公室（USAO-NDCA）共同决定，对Ripple Labs公司及其全资子公司XRP公司故意违反《银行保密法》关于虚拟货币交易商注册登记和反洗钱内控相关规定的行为，处以70万美元的民事罚款。虽然Ripple公司对于其子公司从事数字货币业务按照FinCEN规则进行了相应的注册登记，但其在销售XRP几个月的时间里没有配备相应的反洗钱措施（AML），也没有指定相关审查人员对其经营业务进行独立审查。以此执法案例可以看出，数字货币业务运营主体在经营业务中必须采取措施来履行反洗钱职责。

第三节　美国证券交易委员会

作为美国金融市场最重要的监管机构，美国证券交易委员会（以下简称"SEC"）使命是"保护投资者，维护公平、有序、高效市场，促进资本形成"，监管法律依据是《1933年证券法》《1934年证券交易法》《1940年投资公司法》《1940年投资顾问法》。监管的核心内容是，依据个案情况对数字货币是否构成证券进行判断并将其纳入监管框架之内。如果数字货币构成证券，则需要满足法律规定的注册条件，给投资者提供充分的信息。这种数字货币的证券化监管模式也被多数欧美国家所接受。

在数字货币发展早期，SEC 就注意到数字货币交易给投资者带来的风险与损失，并采取相应的投资者保护措施。2013 年 7 月 23 日，SEC 指控 Trendon T. Shavers 通过设立比特币信托公司，即 Bitcoin Savings and Trust（BTCST）实施欺诈行为。在发布的新闻通报中，SEC 称 Shavers 向投资者许诺，把比特币存入比特币信托公司投资可以获取高达 7% 的周回报率，并且没有任何风险。事实上他仅仅是利用后来投资者的比特币返还前期投资者。2011—2012 年，共筹集比特币 70 多万个，其中 50.71 万个返还给投资者，15.06 万个转移到自己账户，出售 8.6 万个。按照美国法律，向他人推荐或者代为投资金融资产，都需要向 SEC 申请注册。而 Shavers 并没有注册，其行为构成非法出售证券。同时，其盗用客户资产，构成诈骗。就这一案件，投资者教育和宣传办公室就此发布了投资者提醒，告知投资者使用虚拟数字货币可能存在的潜在诈骗风险。

2014 年 5 月 7 日，SEC 再次发布投资者提醒文件，以使投资者了解涉及比特币和其他形式数字货币投资的潜在风险。

2014 年 12 月 8 日，SEC 发布公告，公布了对 Ethan Burnside 的处罚。① Ethan Burnside 先是注册了公司 BTC Trading Corp，以此为主体设立了两家虚拟货币交易平台，即 BTC Virtual Stock Exchange 和 LTC – Global Virtual Stock Exchange。平台为客户提供用比特币或莱特币购买公司股票。2012

---

① U. S. SEC, 8/12/2014, SEC sanctiones operator of Bitcoin – related stock exchange for registration violations［EB/OL］. https://www.sec.gov/news/press – release/2014 – 273, ［2019 – 2 – 28］.

年 8 月到 2013 年 10 月运营期间，BTC - Global exchange 平台有 7959 名用户注册，发生交易 366490 次，以比特币计价的交易额为 2141 个。LTC - Global exchange 平台有 2655 个用户注册，发生交易 60496 次，以莱特币计价的交易额为 12081。另外，他向其他人出售两家虚拟交易平台股份。其中有 69 个人获取了 BTC - Global exchange 权益份额，支付比特币 210 个。52 个人获取 LTC - Global exchange 权益份额，支付莱特币 11450 个。按照美国法律，这些行为都应该在 SEC 注册，而 Burnside 没有。因此其行为违法，需要支付违法所得及其利息 58387.07 美元，及罚金 10000 美元。

2015 年 6 月 17 日，SEC 指控 Sand Hill exchange 销售比特币。

2016 年 7 月 11 日，SecondMarket, Inc. 以及 Bitcoin Investment Trust（BIT），两家公司向投资者提供比特币服务。

2017 年 7 月 25 日，SEC 发布《DAO 报告》，表示数字代币的发售（ICO）将受到联邦证券法的监管。SEC 表示这些 DAO 代币构成了证券，由此向投资者和行业参与者发出了警告。同日发布《投资者公告》，说明了 ICO。8 月 28 日，发布警告。说明了 First Bitcoin Capital Corp、CIAO Group、Strategic Global、Sunshine Capital 等公司股票暂停交易原因，提醒投资者注意 ICO 项目风险。9 月，成立了网络小组，专门负责调查涉及分布式账本技术和 ICO 的不当行为，虚假信息的传播通过电子和社交媒体，经纪账户收购，黑客获取非公开信息和对交易平台的威胁等。11 月 1 日，执法部和合规检查部联合发布声明，提醒投资者注意任何个人在推荐 ICO 时都必须按照《证券法》要求披露足够诸如代币本质、范围、个人所获佣金等信息，否则就属于违法行为。12 月 11 日，基金管理公司 CoinAlpha Advisors LLC 对未注册的证券进行了销售，SEC 已责令 CoinAlpha 支付 5 万美元的罚款。

2018 年年初，该监管机构还向 80 多家加密货币交易所发出了传票，就市场价格操纵、反洗钱以及"KYC（了解你的客户）"政策等问题收集信息。2018 年 1 月 25 日，SEC 提交给达拉斯北部联邦地区法院的诉讼书中表示，AriseBank 从去年 11 月起开始利用 ICO 融资，目前已获得 6 亿美元款项，融资计划原定在今年 1 月 27 日终止。但公司和所发行的代币 AriseCoin（也称 eACO）都未经 SEC 注册，违反了美国证券法，没有为投资者提供针对商业模式和财务历史的必要资讯披露。公司及联合创始人 Jared Rice Sr. 与 Stanley Ford 还涉嫌欺诈行为。公司据称还能为消费者提供由 700 多种数位货币支持的 VISA 信用卡，也被 SEC 认为是虚假消息。

2018 年 3 月 7 日，SEC 执法部和市场交易部联合发布声明，① 重申将对符合"证券交易所"定义，但是未在证监会备案的数字货币交易所加强监管和打击。公告中，SEC 明确表示，通过虚拟货币平台进行交易，已成为投资者买卖虚拟货币和 ICO 代币的常用方式。平台将买家和卖家集中起来，并为投资者提供自动化系统，以产生订单、执行交易并展示交易数据。许多平台提供的资产交易机制，符合联邦证券法中对"证券"的定义。如果平台作为一家"交易所"，为那些定义为"证券"的虚拟货币提供交易服务，那么它就必须向 SEC 注册，或是像另类交易系统（alternative trading system，ATS）一样申请豁免注册的资格。数字交易平台进行的数字资产交易符合"证券"（Securities）定义，同时这些平台也符合"交易所"（Exchange）的定义，那么这些平台就需要在 SEC 进行申请注册，接受 SEC 的监管。3 月 8 日，发布警告，目前有许多加密货币交易所

---

① U. S. SEC, 3/7/2018, Statement on potentially unlawful online platforms for trading digital assets［EB/OL］. https：//www. sec. gov/news/public – statement/enforcement – tm – statement – potentially – unlawful – online – platforms – trading.

没有受到必要的监管，对用户的资金为所欲为，投资者应当极其谨慎。SEC 很快将加强对加密货币交易所的监管。SEC 官员担忧，许多网络交易平台给投资者的印象似乎是在 SEC 注过册的，受到监管，但实际情况并非如此。许多平台自称是"交易所"，这会让投资者误解它们受到监管，符合全国性证券交易所的监管标准。

2018 年 8 月 14 日，Tomahawk Exploration 有限责任公司及其创始人 David T. Laurance 试图通过出售数字货币"Tomahawkcoins"来筹集资金。SEC 发现，被告的宣传材料与公司的内部分析矛盾，涉及欺诈。对此，SEC 对 Tomahawk Exploration 有限责任公司的创始人 David T. Laurance 发布了两项永久性禁令，禁止其在上市公司任职以及交易或持有低价股。9 月 10 日，SEC 发布命令，要求暂停两种追踪加密货币的投资产品的交易。这两种投资产品是由 CoinShares Holdings 的子公司 XBT Provider AB 发行的 Bitcoin Tracker one 和 Ether Tracker One。在官方命令中，SEC 强调了"市场参与者的困惑（confusion）"，指出这类金融工具的性质是暂停其交易的原因。9 月 11 日，SEC 对加密资产管理公司 TokenLot LLC 及其负责人处以罚款，原因是它并没有注册为投资公司。这是 SEC 在 2017 年发布 DAO 报告后，首次控告未注册的经纪自营商。TokenLot 受到处罚表明了 SEC 的观点，即通过 ICO 出售的数字资产是一种证券；因此，联邦证券法适用于此类代币的后续销售。9 月 12 日，SEC 向"加密资产管理公司（Crypto Asset Management，以下简称 CAM）"及其创始人蒂莫西·恩尼金（Timothy Enneking）发出了停业令和 20 万美元罚款。SEC 表示，CAM"故意"违反美国证券法，规避了与持有证券交易相关的注册要求，实际上其从未注册为投资公司，并还一度标榜自己是美国第一只受监管的加密资产基金。9 月 27 日，SEC 和商品期货交易委员会（CFTC）起诉证券交易商 1Broker（即

1pool Ltd. 公司），与其驻奥地利首席执行官 Patrick Brunne，涉嫌通过基于比特币的安全互换计划违反联邦法律。SEC 称，Brunner 和 1Broker 未能在一家注册的全国性交易所进行基于证券的掉期交易，也未能正确注册为基于证券的掉期交易商。

2013 年中旬 Winklevoss Bitcoin Trust 的创始人梅伦和泰勒－文克莱沃斯（Cameron and Tyler Winklevoss），向 SEC 递交比特币 ETF 的申请后，由于多家重量级比特币交易平台相继发生运营事故，Winklevoss Bitcoin Trust 重新递交了多份合规申请，要求改变比特币价格追踪模型，并将上市交易所由 Nasdaq OMX 改为 Batx BZX，交易代码维持不变为 COIN。SEC 不断延长公众问询期，迟迟没有决定是否批准，一直到 2017 年 3 月 13 日，SEC 否决了 Winklevoss Bitcoin Trust 改在 Bats BZX 交易所上市的规则调整申请。之后，交易提案修改后再次进行申请。但 2018 年 7 月，SEC 以 3∶1 的投票结果否决了 BATS BZX 交易所提出的 "将 Winklevoss 比特币信托商品股票上市及交易" 提案，再次拒绝了 Gemini 加密货币交易所（crypto Exchange Gemini）创始人 Cameron 和 Tyler Winklevoss 推出比特币 ETF 申请。SEC 表示，其使命旨在防止欺诈或操纵行为或行为，保护投资者，他们对比特币的欺诈和操纵感到担忧，尤其是因为这是在一个基本上不受监管的离岸市场。比特币交易量的 3/4 以上发生在美国境外，而 95% 的交易量发生在非美国交易所。

2018 年 8 月 22 日 SEC 否决由 ProShares、Direxion 和 GraniteShares 所提交的比特币交易所交易基金（ETF）提案。区块链科技公司 SolidX 也于 2016 年 7 月向 SEC 递交申请，希望在纽交所 NYSE 发行比特币 ETF，交易代码 XBTC，纽约梅隆银行（Bank of New York Mellon）为现金资产托管方，但也迟迟未得到 SEC 的批复。

2018 年 9 月 20 日，美国 SEC 执法部门联合主任 Stephanie Avakian 在演讲中提到，监管机构很有可能将对那些未遵守 1CO 注册要求的人提出"更实质性的补救措施"。

2018 年 11 月 8 日，SEC 起诉 EtherDelta 公司，① 指控为发行未经注册代币提供交易服务。最终 EtherDelta 公司与 SEC 达成和解，SEC 没受不当获利 30 万美元及 1.3 万美元利息，以及 7.5 万美元罚金。一周后，SEC 发布公告，② 称 CarrierEQ Inc.（Airfox）与 Paragon Coin Inc 两家公司都从事非法 ICO 项目，二者分别筹集了价值约 15000000、12000000 千 5 百万、1 千 2 百万美元数字资产，判决要求两家公司将其代币注册为证券，并退还投资者资金，还要支付 250000 美元罚款和至少在明年向监管机构提交定期报表。

2018 年 11 月 16 日，SEC 在其官网上发布了《数字资产证券发行与交易声明 Statement on Digital Asset Securities Issuance and Trading》，以近期发生的案例为切入口，集中阐释了证券交易委员会对数字资产证券的发行和销售，对投资数字资产证券的投资公司、投资顾问、交易所等市场参与主体的法律规制。主要包括四个方面。（1）数字资产证券方面。AirFox 和 Paragon 因为发行未注册的代币产品被罚款，并承诺根据《1934 年证券交易法》（《交易法》）第 12（g）条将代币登记为证券，并向委员会提交定期报告。如果投资者选择提出索赔，他们还同意赔偿在非法发行中购买代币的投资者。注册要求旨在确保投资者获得在这些发行人在其各自的 ICO

---

① U.S. SEC, 11/08/2018, SEC charges EtherDelta founder with operating an unregistered exchange [EB/OL]. https：//www. sec. gov /news/ press – release/2018 – 258。

② U.S. SEC, 11/16/2018, Two ICO issuers settle SEC registration charges, agree to register token as security [EB/OL]. https：//www. sec. gov/news/press – release/2018 – 264.

中出售和出售代币之前遵守《1933年证券法》(《证券法》)的注册条款时所获得的信息类型。(2)数字资产投资方面。Crypto - Asset Management 未能将该基金注册为投资公司,并将超过40%的基金资产投资于数字资产证券并参与基金的公开发行。公司行为属于从事非法、未注册、非豁免的公开发行基金。该基金经理同时是一名投资顾问,向该基金的投资者做出了误导性陈述。其行为违反了1940年《投资顾问法案》(《顾问法案》)的反欺诈条款。从《声明》的表述来看,所谓"数字资产证券"几乎等同于数字货币,这表明美国政府正加大将数字货币纳入证券的范畴进行监管的力度。(3)交易所方面。EtherDelta 的智能合约被编码为(其中包括)验证订单消息,确认订单的条款和条件,执行配对订单以及指示更新分布式分类账以反映交易。其活动明显属于交易所的定义,但 EtherDelta 创始人并没有注册为全国性证券交易所。(4)经纪人及经销商注册方面。TokenLot 自我描述为一个的"ICO超市",投资者可以在 ICO 期间或之后购买数字资产(如数字资产证券,包括私募销售和预售)。但 TokenLot 根据 ICO 筹集的所得款项的百分比获得返点,但须保证最低佣金。而且承担券商功能,定期购买然后重新销售数字代币,以 TokenLot 自己账户名义,这些账户由其运营方控制。这表明 RokenLot 实质上承担经纪人功能。但并没有在 SEC 进行注册。

2018年11月8日,SEC 指控 EtherDelta 的联合创始人 Zachary Coburn 经营未注册的全美债券交易系统①(National Securities Exchange)。SEC 认为 EtherDelta 是一个交易所,理由如下:(1)EtherDelta 通过在 EtherDelta

---

① https://medium.com/@melzhou/how-decentralized-exchanges-are-regulated-part-i-securities-3e999bc52e86.

的订单簿中接收和存储代币订单以汇集订单，并在 EtherDelta 网站上显示前 500 个订单作为出价和报价；（2）EtherDelta 通过 EtherDelta 网站、订单簿和 EtherDelta 智能合约的组合使用，帮助这些订单撮合和执行。值得注意的是，该指控不是针对交易所，而是个人——创始人 Zachary Coburn。SEC 认为，Coburn "导致" EtherDelta 违反了《交易法》第 5 条，因为他创立了 EtherDelta，编写并将 EtherDelta 智能合约部署到以太坊区块链，对 EtherDelta 的运营有着完全且唯一的控制权。可能追究的责任可能会扩大到 "由于该人知道或应该知道会导致此类违规活动的行为而导致违规活动发生的任何其他人"。此外，这次控诉也强调了交易系统开发、运营和推广人员的潜在责任。EtherDelta 由 Coburn 领导的单一实体运营，如果发生单点故障，则该交易所可能无法被视为去中心化平台。

2018 年 11 月 29 日，SEC 指控职业拳击手 Floyd Mayweather Jr 和音乐制作人 Khaled Khaled 在社交网络兜售数字资产并获取佣金中没有充分披露相关信息①。二人分别从 Centra Tech Inc 公司的 ICO 发行活动中获取佣金 30 万、5 万美元，但没有向投资者披露这一信息。SEC 判决没收 Mayweather 佣金 30 万美元，罚金 30 万美元以及 1.47 万美元利息，3 年内不得从事证券推销业务；没收 Khaled 佣金 5 万美元，罚金 10 万美元以及利息 0.27 万美元，2 年内不能从事证券推销业务。这是首例针对个人推销数字资产的处罚，表明个人在社交媒体推销数字货币中没有充分披露信息也是违法的。

---

① U. S. SEC，11/29/2018，Two celebrities charged with charge unlawfully touting coin offerings [EB/OL]. https：//www. sec. gov /news/press - release/2018 - 268.

2018 年 12 月 12 日，SEC 发布公告①称，美国地区法院得克萨斯州北区法院，指控 Jared Rice Sr. 和 Stanley Ford 从事非法 ICO 项目，即在没有注册条件下发行"AriseCoin"代币。判决没收二人不当获利 225.95 万美元，利息 6.84 万美元，同时各支付罚金 184767 美元，并被终身禁止担任上市公司高级管理人员，以及从事数字资产业务。

2019 年 2 月 5 日，据 cointelegraph 消息，SEC 宣布，它已经获得了一项禁止 ICO 运营商 Blockvest 的命令，推翻 2018 年 10 月份美国加州南区地方法院对 Blockvest 的无罪判决。

2019 年 2 月 21 日，Gladius Network LLC 与 SEC 达成和解。SEC 同意撤销对 Gladius Network LLC 的指控，并表示不会追加惩罚。② 2017 年总部位于华盛顿特区的公司 Gladius Network LLC 进行了未根据联邦证券法注册的 ICO 活动，活动筹集约 24000 ETH，折合金额约 1270 万美元。2018 年夏季，公司主动向证券交易委员会报告 ICO 情况，并同意向其 ICO 投资者退款，将其 token 改为证券。

第四节 美国商品期货交易委员会

2014 年 9 月 12 日，TeraExchange 作为第一个在美国商品期货交易委员会（以下简称"CFTC"）注册的比特币衍生产品交易平台，开始受到

---

① U. S. SEC, 12/12/2018, Executives settle ICO scam charges [EB/OL]. https：//www. sec. gov/news /press - release/2018 - 28.

② U. S. SEC, 2/20/2019, Company settlement unregistered ICO charges after self - reporting to SEC [EB/OL]. https：//www. sec. gov/news/press - release/2019 - 15.

CFTC 监管。CFTC 宣布将比特币衍生产品互换执行设施纳入注册和监管，宣布了比特币现货交易指数。

2015 年 9 月 21 日，CETC 发布了一项命令，对位于加州旧金山的 Coinflip 及其首席执行官 Francisco Riordan 提出了指控。指控指出，从 2014 年 3 月至 2014 年 8 月，Coinflip 及 Riordan 运营在线交易业务 Derivabit，为比特币期权合约买卖双方提供连接服务。Coinflip 规定，比特币看涨和看跌期权可以在 Derivabit 平台上交易。按照美国商品期货交易委员会条例 32 章和美国商品交易法案 4c 条款，商品期权交易必须按照美国商品期货交易法案或委员会条例进行，或者是按照委员会条例 32.3 的交易期权豁免开展。美国商品期货交易委员会在命令中首次指出，比特币和其他虚拟货币应认定为商品。命令还指出，相关商品期权交易活动未按照美国商品交易法案或委员会条例的规定进行，也不符合委员会条例 32.3 的交易期权豁免。还指出，Coinflip 还运营一项掉期交易业务，但按照规定未进行掉期执行设施或指定合约市场注册。美国商品交易法案对掉期的定义中包括期权合约。因此，Coinflip 违反了美国商品期货交易法案 5h（a）（1）条款和委员会条例 37.3（a）（1）条款。Riordan 直接或间接控制 Coinflip，未诚实开展活动，并且在知情的情况下，直接或间接地导致 Coinflip 的业务违反了美国商品交易法案和委员会条例，Riordan 应对 Coinflip 的违规负全责。要求 Coinflip 和 Riordan 停止进一步违反美国商品交易法案和委员会监管条例的行为，遵守各项规定。最终达成了和解。

2015 年 9 月，CFTC 发布文件，将比特币代表的数字货币认定为大宗商品，与小麦、原油归类相同，将比特币期货期权交易纳入监管，交易行为要遵循大宗商品衍生品市场规则。

2017 年 7 月 24 日，CFTC 表示，已经向纽约的比特币期权交易所 LedgerX 发放许可，允许其交易和结算比特币的衍生品合约。这是 CFTC 首次向数字货币衍生品交易发放许可。2018 年 1 月 21 日，美国商品期货交易委员会（Commodity Futures Trading Commission，CFTC）宣布，已对三家虚拟货币交易平台提起诉讼，称其欺骗客户并违反了大宗商品交易规则。平台包括 Cabbage Tech，其创始人 Patrick McDonnell 涉嫌欺骗对比特币和莱特币感兴趣的客户，并非法侵吞客户资产；以及在英国注册的 Entrepreneurs Headquit Ltd，该平台被指控实施庞氏骗局：负责人 Dillon Michael Dean 向 600 多位投资者索要了价值 110 万美元的比特币，并承诺会将这笔资金用于投资。

2018 年 1 月，CFTC 宣布，已对三家虚拟货币交易平台提起诉讼，称其欺骗客户并违反了大宗商品交易规则。CFTC 起诉的平台包括 Cabbage Tech，其创始人涉嫌非法侵吞用户资产，以及在英国注册的 Entrepreneurs Headquit Ltd，该平台被指控实施庞氏骗局——平台负责人向 600 多位投资者索要了价值 110 万美元的比特币，并承诺会将这笔资金用于投资。还有一家被起诉平台的相关资料目前尚未披露。这是 CFTC 自去年 12 月允许推出比特币期货以来，首次采取执法行动。

第五节　美国联邦其他部门

2017 年 11 月，美国加州联邦法院判决 Coinbase 向美国国内收入署（IRS）提供相关交易、转账等事项超过 20000 美元的客户信息。在 14355 名 Coinbase 的交易者中，只有不到 900 名向税务机构登记了相关年度的资本利得，而其他近万名交易者有较大的漏税可能。

2014 年 8 月，美国金融消费者保护局（CFBP）发布了关于数字货币的消费者指引文件《数字货币带来的风险》，对金融消费者进行数字货币投资给予建议和指导。同时该文件对消费者需要知道的关于比特币的风险进行了相应的提示，并且提供了一些建议，如在使用数字货币在平台上进行交易时，检查其是否按照美国金融犯罪执法网络的规定进行注册，了解交易的成本、费用及汇率等。

美国金融业监管局（FINRA）在 2014 年 5 月 7 日，发布了投资者提醒文件《比特币，有点冒险》，介绍了数字货币的概念和运行原理及存在的风险。反洗钱规则（AML）货币服务提供者及货币转移服务商需要建立相应的反洗钱机制，遵守反洗钱程序。数字货币服务提供者及转移服务商也不例外。联邦金融机构监察委员会（FFETC）建立了银行保密法/反洗钱信息库，为客户识别规则的适用提供了实际的指导。同时，美国银行保密法也要求银行和其他金融机构符合相应的客户识别程序。

2013 年 5 月，美国国土安全部查封了 Mt. Gox 的 Dwolla 账户，是因为 Karpeles 未能以正确方式注册。Mt. Gox 在 6 月 20 日宣布，将在未来两周内暂停美元提款服务。

2018 年 12 月 13 日消息，据新闻媒体 Ziar de Cluj 的报道，罗马尼亚已代表美国政府拘捕了比特币交易所 CoinFlux 的首席执行官 Vlad Nistor。肯塔基州的联邦当局起诉有 14 名罗马尼亚人。案件中，Nistor 将被指控欺诈、计算机欺诈、洗钱以及敲诈勒索。根据一份报告，他将于今天被引渡至美国。Nistor 是 2014 年至 2015 年在 CoinFlux 刚刚开始时在美国境内执行网络钓鱼攻击的组织的一部分，他实际上建议网络钓鱼者如何使用他的加密交换处理他们的收益。三名罪犯已经批准了他们的引渡请求，这三名罪犯是：Popescu Bogdan – Ştefan、DobricăAlin – Ionut 和 Arvat Florin。他们和弗拉德尼克斯之间唯一区别是，他们直接在美国境内进行非法活动。而后者一直在罗马尼亚。CoinFlux 在 Medium. com 上发布公告说，"我们已向 MisterTango（托管我们被冻结银行账户的金融机构）发送了一份 CoinFlux 钱包被冻结的客户名单和确切的相关余额，以及将这些资金转回客户银行账户的指令"。自 2015 年以来，CoinFlux 已向欧洲人提供服务，但主要集中在罗马尼亚人身上。在暂停服务之前，提供比特币（BTC）、以太币（ETH）、莱特币（LTC）、以太经典（ETC）和瑞坡（XRP）的交易。

第六节 美国相关行政法规

2017 年 7 月 19 日，在加利福尼亚州圣地亚哥举办的"全美统一州法律委员大会"（ULC）126 届年会上，《虚拟货币商业统一监管法》获得通过。"美国统一州法律委员大会"为各州提供非党派但精心起草的立法方案。该组织由各州以及哥伦比亚特区、波多黎各和美属维尔京群岛的 300 多名律师、法官和法律教授组成。草案通过后，将上交至美国律师协会（ABA）的代表们以获得批准。如果 ABA 正式批准《虚拟货币商业统一监管法》草案，将会向州立法机构推进，从而被纳入国家法律。届时美国各州将会就如何处理虚拟货币业务提出一个更加全面的框架。

《虚拟货币商业统一监管法》（以下简称"监管法"）一共七章，包含对虚拟货币服务和产品供应商许可的申请和审批、消费者权益保护、网络安全、反洗钱和持续监管等内容。法案的起草遵循《统一货币服务法》（Uniform Money Service Act）的相同模式，并与美国财政部金融犯罪网络局（FinCEN）关于虚拟货币的规定、州银行监督协会（Conference of State

Bank Supervisors）于 2015 年发布的关于虚拟货币业务的框架性意见保持一致，同时参考了各州已经发布的相关法律。

各州制定监管法的原因之一是创新者需要有客户才能成功。客户希望了解新产品和服务如何运作，并且可能为了解相关业务是否经过金融服务监管机构的审查而进入金融服务"领域"。此法满足了此类未来客户的需求。第二个原因是，虚拟货币企业需要有银行业关系、信贷机会以及早期投资者才能成功。监管法旨在帮助银行、银行监管机构和投资者理清思路，说明这些企业在银行服务和更明确的监管制度的支持下能够取得成功。

监管法对虚拟货币（Virtual currency）下的定义为：可用于交易媒介、账户单位或者价值存储、但不是法定货币（不管是否以法定货币计价）的一种价值的数字表现；它不包括商家在某个交易中作为亲和力或者奖励计划一部分的价值表现，也不包括用于在线游戏、游戏平台、游戏系列中的价值数字表现。监管法关于虚拟货币定义的表述没有从区块链的技术角度出发，更没有停留在比特币的个性特征上，尽管起草委员会在对此法做说明时重点介绍了区块链技术和比特币的产生和应用。起草者在定义时采取概括的方法，突出虚拟货币的通用特征，着眼于虚拟货币的使用、储存和交易，忽略虚拟货币的形成或发行过程，优点在于不会因为技术进步或变化而使原本的定义不合理，从而使法案保持相对的稳定。

监管法把虚拟货币经营行为（Virtual currency business activity）归纳为三个方面：（1）为居民交易、转移、保管虚拟货币或从事虚拟货币管理；（2）持有电子贵金属或贵金属电子证书或发行代表贵金属权益的股份或电子证书；（3）把在线游戏、游戏平台或游戏系列中的价值数字表现交换成该游戏圈之外的虚拟货币、法定货币或银行信贷。上述第 1 个范围是顺理成章的，按照这个定义，比特币的爱好者（投资者）通过算力在区块上获取比特币的挖矿行为显然不属于虚拟货币经营行为，不适用这个法案。从第2、3个定义可以看出监管法的起草者力图把虚拟货币经营行为的范围扩大，尽可能地包含在目前技术水平内能够预见到的虚拟货币应用场景，适应方兴未艾的虚拟货币浪潮和高速发展的区块链技术。

监管法再次强调准入监管的重要性。该法宣称"推动本法的基础假设是，适当的监管将为使用虚拟货币产品和服务的人士和提供商提供保障，即，其将与其他金融服务和产品的提供商一样受到合理的监管"。第2章第201条对许可制度（License）进行了专门规定。许可申请人需要向注册部门提交申请人及行政执行官的基本信息、前五年的商业信息、申请人持有其他州货币服务许可证情况、业务获得资金存入银行名称地址、资金来源及最低净资产和储备金（第209条规定，最低净资产为25000美元及保障业务运营的充足储备金）等监管者需要的信息。

另外，监管法详细规定了检查、执法的具体要求，要求从业者真实保留、提供完整的财务、交易和客户的信息，规定了一州的监管部门可以联合其他州的监管部门联合检查，也可联合自律机构、联邦和州金融监管部门甚至美国之外的监管部门开展联合执法。该法还规定了执证从业者和临时登记者在其基本信息发生重大变化时的报告制度，以及在执证从业者和临时登记者控制权发生变化时监管部门的处理方式。并对无证经营或虽有证经营但违反此法规定从事虚拟货币业务活动或者经营者本身发生重大事项（如成为被告、破产、重组等）规定了罚款、暂停营业或直接吊销证照等处罚，甚至进入刑事程序。

为了促进各州之间的虚拟货币业务的和谐发展，减少当事人的商业成本，监管法制定者还在第204条中规定了州之间的互惠，对于在某个州已经取得从事虚拟货币业务许可的当事人，可以简化在另一个州申办证照的手续。除了完整申办证照之外，《统一虚拟货币经营监管法》颇有创新地规定了一种登记制度，对每年经营额小于 35000 美元的从业者采用临时登记制度，以所谓的"入口匝道"或"监管沙箱"方式管理，既达到鼓励创新的目的又不失对市场的监管。

第七节　美国地方政府监管行动

2015 年 6 月，纽约州金融服务管理发布了《虚拟货币法》，要求所有从事虚拟货币兑换、转移等经营活动必须向纽约金融服务局申请营业执照，否则不能开展相关业务。众多虚拟货币中，比特币具有非常重要的地位，任何一个提供虚拟货币服务企业都不可能不提供比特币服务业务。所以申请者申请的虚拟货币种类首选是比特币。因此，该法律被称之为"比特币牌照（BitLicense）"。鉴于纽约作为全世界最大的金融中心的特殊地位，这种制度为美国的其他州和其他国家提供了典范。

一、《虚拟货币法》

1. 出台背景

2013 年 8 月 12 日，纽约州金融服务管理局发布了一则关于"开展虚拟货币调查"通知。通知指出，以比特币为代表的虚拟货币在推进全球支付系统、避免信用卡信息泄露引起的欺诈和盗窃、推动金融系统创新方面具有积极作用，但同时也被洗钱、非法交易、诈骗等犯罪分子大量使用，对国家安全造成不利影响。从业务属性看，比特币保存、兑换等业务与传统货币转移（transmission）业务本质相同。按照纽约州法律，从事货币转移业务需要获得许可，并接受纽约州金融服务局监管。鉴于虚拟货币在技术方面的特色，原来的监管方式存在很多弊端，因此需要推出针对虚拟货币的管制方法。通过管制，一方面协调虚拟货币公司与消费者利益，另一方面协调虚拟货币公司与投资者利益，同时打击金融诈骗、洗钱、非法交易等犯罪活动，保护国家安全。在对 20 多家从业机构进行调查的基础上，11 月 14 日，发布有关"虚拟货币与特执照（BitLicense）"听证会通知。

2014 年 1 月 10 日，发布听证会正式通知。28—29 日举行了公开听证会（a public hearings）。出席听证会的有来自风险投资、虚拟货币、法律、学术研究等各界人士。风险投资行业为 Second Market 的 CEO Barry Silbert、光速风投合伙人 Jeremy Liew、联合广场风投合伙人 Fred Wilson 等，虚拟货币行业如 Coinbase 创始人 Fred Ehrsam；Circle 创始人兼 CEO Jeremy Alaire；莱特币创始人 Charles Lee 等，法律界为纽约州地区检察官 Cyrus R. Vance、博恩·凯悟律师事务所合伙人 Judie Rinearson、Patton Boggs 律师事务所合伙人 Carol Van Cleef 等，学术研究为普林斯顿大学计算机科学教授兼公共事务信息技术政策中心主任 Ed W. Felten；斯坦福大学经济学教授 Susan Athey。听证会围绕虚拟货币行业投资业务、消费者权益保护、预防犯罪等问题展开讨论。Silbrt、Vabce、Ehrsam 等赞成出台新的监管方案，而 Liew、Wilson 等则表示反对。

2014 年 3 月 11 日，纽约金融服务局发出提案邀请（public order），征求对虚拟货币监管的正式意见和建议。2014 年 7 月 23 日，发布《虚拟货币法案（草稿）》，征求各方意见。从 7 月 24 日到 10 月 20 日收到 3748 份意见书。2015 年 2 月 25 日发布修改稿，继续征求意见。从 3 月 3 日到 3 月 26 日，又收到 33 份意见书。最终与 2015 年 6 月 24 日发布定稿。

需要注意的是立法过程中，一些人认为，美国财政部金融犯罪执法局（FinCEN）已经颁布了"数字货币兑换条例"，其明确虚拟货币交易所需要以货币服务业务提供商的名义注册，且须遵守反洗钱条例。因此纽约州的"虚拟货币法案"没有必要。但 MTGOX 破产事件有力地反驳了这种观点。

2. 法案框架及内容

《虚拟货币法》共包括 22 条，可分为四个部分。

第一条和第二条为第一部分，说明立法目的意义及术语。其中第一条导论（introduction）说明立法目的和意见。第二条定义（definations）解释相关术语。第三条到第六条为第二部分，说明执照的申请与发放。其中第三条牌照（license）说明比特币牌照使用范围、豁免条件。第四条申请（application）说明执照申请条件、程序。第五条申请费（application fee）说明申请时缴纳费用，不管申请是否得到批准，费用一律不退。第六条审批（action by superintendent），说明执照审批时间和结果。考虑到实施初期，申请条件较为严格，为了鼓励行业发展，金融服务局认为虽然申请人不完全满足申请条件，但实质上影响运营，那么可以颁发临时牌照临时执照，临时牌照有效期 2 年。第七条到第二十一条为第三部分，说明牌照持有者合规要求。第七条合规（compliance）为一般性要求说明。合规包括反欺诈、反洗钱、网络安全、隐私与信息安全等。第八条资本要求（capital requirements），说明资本金规定。第九条客户资产保护与管理（custody and pretection of customer assets）。第十条业务变更（material change to business）。第十一条控制权变更、合并与并购（change of control，mergers and acquisitions）。第十二条账簿与记录（books and records）说明文件档案材料的保管。第十三条检查（examinations）。第十四条报告与财务状况披露

（reports and financial disclosure）。第十五条反洗钱方案（ant－money laun-dering program）。第十六条网络安全（cyber security program）。第十七条运营持续与灾后重建（business continuity and disaster recovery）。第十八条公告与营销（advertising and marketing）。第十九条消费者保护（sonsumer protection）。第二十条投诉（compliants）。第二十一条到二十二条为第四部分，说明过渡期方法和条款的可分离性，可分离性指某些条款的失效不影响其他条款的有效。从以上不难看出，比特币牌照制度的目标一方面是保护公众作为接受数字货币服务者利益，另一方面是防止数字货币被非法使用。

3. 牌照审批状况

自《虚拟货币法》颁布以来，到 2018 年 8 月，纽约金融服务局共授予了 10 家公司比特币牌照。其中 2015 年有 3 家，2016 年 1 家，2017 年 2 家，2018 年上半年 4 家。这些公司按照获批时间依次是 itBit Trust Compa-ny、Circle Internet Financial、Gemini Trust Company、XRP II、Coinbase Global Inc、Bitflyer Usa、Genesis Global Trading Inc、Xapo Inc、Square Inc、BitPay Inc. 。

早在 2015 年 2 月，itBit Trust Company 纽约州虚拟货币公司向纽约州金融服务局申请营业执照。虽然《虚拟货币法》仍在讨论中，但纽约州金融服务局依据《纽约州银行法》，于 2015 年 5 月 7 日授予该公司营业执照。可以说这是虚拟货币行业经营者实质上获批的第一张营业执照。后来公司更名为 Paxos Trust Company LLC，并于 2018 年 5 月 17 日获批经营虚拟货币 Bankchain，2018 年 6 月 14 日，虚拟货币种类扩大到 Ether、Litecoin、Stellar Lumens、Bitcoin Cash。

名义上的第一张比特币牌照（BitLicense）由 Circle Internet Financial

公司于 2015 年 9 月 22 日获得。令人遗憾的是，该公司于 2016 年 12 月宣布放弃了虚拟货币经营业务。Gemini Trust Company 于 2015 年 10 月 5 日也获得了纽约金融服务局颁发的比特币牌照。2016 年 5 月 5 日，获批业务范围从 Bitcoin 扩展到 Bitcoin 和 Ether。2018 年 5 月 14 日再次获批扩大到五种虚拟货币，即 Bitcoin、Ether、Zcash、Litecoin、Bitcoin Cash。

2016 年仅有瑞波实验室（Ripple Lab）下属的 XRP II 获得比特币牌照，具体时间是 2016 年 6 月 13 日。当年纽约州金融服务局否决了 Snapcard Inc 和 OKLink PTE. LTD 两家公司的申请。2017 年有两家公司获得比特币牌照，即 Coinbase Global Inc 和 Bitflyer Usa, Inc。前者获得时间是 1 月 17 日，经营虚拟货币只有 Bitcoin，3 月 22 日获批扩大到 Ether、Litecoin。后者 11 月 28 日获得牌照，经营虚拟货币只有 Bitcoin。同一年纽约州金融服务管理局否决了四家公司申请，即 Disruptor Labs、LLC、ChangeCoin Inc 和 Ovo Cosmico Inc。2018 年 5 月 17 日，Genesis Global Trading, Inc. 获得比特币牌照，经营虚拟货币种类包括 Bitcoin、Ether、Ether Classic、Litecoin、Ripple、Bitcoin Cash。6 月 14 日 Xapo Inc 获得比特币牌照。6 月 18 日 Square Inc 获得牌照。后三者都只能经营 Bitcoin。7 月 16 日，BitPay Inc 获得比特币牌照，虚拟货币种类有 Bitcoin 和 Bitcoin Cash。

从这些获得牌照的公司看，公司只能提供哪些经过许可的虚拟货币相关服务。这一点与日本金融服务局的监管要求是一致的。

4. 其他方面

2018 年 2 月 7 日，发布《阻止市场操纵及其他不当行为指南》。除了批准授权企业经营现有虚拟货币外，纽约州金融服务管理局并授权企业发行新的虚拟货币。而所发行虚拟货币的交易受到严格监管。2018 年 9 月 10 日，纽约金融服务管理局授权 Gemini Trust Company LLC 和 Paxos Trust

Company LLC 分别发行两种新型数字货币，即 Gemini Dollars 和 Paxos Standard。这两种数字货币特点是以美元为抵押，币值与美元等价，即用美元标注的价格永远保持为1，所以称之为稳定币（stablecoin）。纽约州金融服务管理局的这一举动意味着数字密币正式得到美国政府认可，甚至可以简单地理解它就是美国政府发行的稳定货币。

纽约州金融服务局的比特币牌照审批速度很慢。从2015年6月牌照制度公布到8月30日有25家公司提出申请。但当年只有2家获得批准。临时牌照形同虚设。《虚拟货币法》第四条第三款指出，对于没有完全满足申请条件的公司，纽约州金融服务局可以根据立法宗旨酌情授予临时牌照（a condintoinal license）。临时牌照有效期2年，持有临时牌照公司列为重点监管对象。但从两年多的审批结果看，提出申请的公司要么获得牌照，要么被拒绝，并没有一家公司获得临时牌照。对于这种现象纽约州金融服务局并没有给出说明。

二、加利福尼亚州监管

按照加州法律，立法需要经过3个步骤，即参议院政策委员会、参议院金融委员会和参议院议席，最终由州长决定该法案是否能够成为法律。2013年1月，加利福尼亚州议会成员兼银行与金融主管 Roger Dickinson 提交了《数字货币合法化法案》草案。经过修改，2014年2月，加州众议院审议通过，提交参议院政策委员会。6月19日，参议院金融委员会通过，6月23日，参议院议席以52票赞成、11票反对通过。6月28日，州长布朗（Jerry Brown）批准议会法案《数字货币合法化法案》简称"AB – 129 法案"，明确了比特币等电子代币可以用以支付以及转账。

按照该法案，现行法律禁止在美国发行或流通所有不合法的货币，但并不禁止替代货币的发行和使用,其立法目的在于修改现行法律,以确保使用各种形式的替代货币购买商品和服务或汇款时不触犯法律。根据官方文件,替代货币包括了数字货币、积分、优惠券或其他有货币价值的东西。该法案不但明确虚拟货币性质,而且为虚拟货币的发行和流通提供了法律支撑。

2015 年 1 月,Roger Dickinson 在 AB - 129 法案的基础上提出了 AB - 1326 法案,2 月 6 日,AB - 1326 法案被移送到了参议院银行和金融委员会,参议院将对其对现有货币体系的潜在影响进行探讨分析。投票结果为 75 票赞成,0 票反对。3 月,加利福尼亚州通过了 AB - 1326 法案,为从业者在加州运营虚拟货币业务提供了制度依据。该法案于 2016 年 7 月 1 日生效,参议院拨款委员会拨款 350 万美元用于虚拟货币许可证制度的设立、管理和运营等制度运行要求。5 月,加利福尼亚州州长签署了 AB - 1326 法案,在加州金融法下新增加一章节(Financial Code 第 11 章),专门规范虚拟货币企业,为虚拟货币业务带来了制度确定性。

按照法案,在加州合法运营虚拟货币业务,需要取得州政府所颁发的营业执照,银行法上的特许机构除外。与此相关,该州现行的《资金传递法(Money Transmission Act,MTA)》为规范资金传递商的牌照发放和业务监管建立了框架,该法规定资金传递法(MTA)下的合法被许可人若要从事虚拟货币业务,但尚未取得虚拟货币业务许可证,则需要获得专员的批准。专员可以要求申请人增加担保金或保证人,或其他门槛。

2016 年 6 月 5 日,加州众议院以 55∶22 获得批准 AB - 1326 法案的(修正)草案。修订版的法案在 7 月 6 日重新提交给了加州银行业和金融参议院委员会。7 月 8 日,AB - 1326 法案,一项提议的数字货币法案已在加州参议院进行了修改,其中包括批准数字货币创业公司对临时许可证的申请。

2017年2月，加州议会提出了议会法案1123号（AB－1123）的修订案，修订案要求网络电子货币经营机构持牌经营；持牌机构每年向管理委员会申请、缴费并在特殊事件发生后向管理委员会提供状况报告；委员会每年对网络电子货币经营机构定期检查。同时，修订案还要求网络电子货币经营机构维持固定规模的自有资本以保障自身的正常运营。

三、其他州监管实践

2015年6月19日，康涅狄格州颁布了修改康涅狄格州货币流通立法Act 81，要求所有康涅狄格州运营的数字货币业务申请相应的许可证。立法不仅对货币服务企业如货币兑换和发行机构提出了要求，还为数字货币业务制定额外的标准。立法界定了"数字货币业务"，是指"用作交换媒介的以数字形式存储或融入支付系统技术的数字单位"。仅作为在线游戏等消费者奖励计划一部分，不能兑换为法定货币的虚拟货币则不包含在其中。数字货币业务必须保持足够的担保债券来应对数字货币价格的波动性。银行业务专员在颁发数字货币业务执照时，考查申请人提出的业务类型，如存在可能对消费者造成经济损失的不当风险，则可以拒绝发放许可证。

2019年1月5日，科罗拉多州立法者提出《科罗拉多数字代币法案》（Colorado Digital Token Act），其中包括免除证券法对加密货币的某些约束条例。如无公民请愿反对，该法案将于2019年8月2日生效。法案中"token"定义为"具有特定特征的数字单元，通过去中心化分类账本或数据库加以保护，可以交换商品或服务，且不需通过价值中间人或托管人进行交易或转让"。token发行商满足以下条件可得到豁免权：

（1）token 是在证券委员会颁布法案之前发行或出售的，（2）发行 token 只作消费用途，并不作投机或投资用途。从事购买、销售或转让 token 等业务的个人需满足以下条件可得到豁免权：（1）在证券委员会颁布法案之后采取合理迅速行动，停止对不符合法案规定 token 的购买、出售和转让行为；（2）仅使用 token 作消费行为。不过，如需获得豁免权，token 发行商及从事购买、销售或转让等业务的个人，都须向证券委员会提交意向通知书。

2018 年 12 月 13 日消息，据新闻媒体 Ziar de Cluj 的报道，罗马尼亚已代表美国政府拘捕了比特币交易所 CoinFlux 的首席执行官 Vlad Nistor。肯塔基州的联邦当局起诉有 14 名罗马尼亚人。案件中，Nistor 将被指控欺诈、计算机欺诈、洗钱以及敲诈勒索。根据一份报告，他将于今天被引渡至美国。Nistor 是 2014 年至 2015 年期间在 CoinFlux 刚刚开始时在美国境内执行网络钓鱼攻击的组织的一部分，他实际上建议网络钓鱼者如何使用他的加密交换处理他们的收益。三名罪犯的引渡请求已经批准他们：他们（Popescu Bogdan – Ştefan，DobricăAlin – Ionut 和 Arvat Florin）和弗拉德尼克斯之间唯一区别是，他们直接在美国境内进行非法活动。而后者一直在罗马尼亚。CoinFlux 在 Medium. com 上发布公告，说 "我们已向 MisterTango（托管我们被冻结银行账户的金融机构）发送了一份 CoinFlux 钱包被冻结的客户名单和确切的相关余额，以及将这些资金转回客户银行账户的指令"。自 2015 年以来，CoinFlux 已向欧洲人提供服务，但主要集中在罗马尼亚人身上。在他们暂停所有服务之前，他们提供比特币（BTC）、以太币（ETH）、莱特币（LTC）、以太经典（ETC）和瑞坡（XRP）的交易。

美国数字货币的监管制度突出体现了以下特点：形式上，既有联邦法规、部门规则、州法规，又有软法性质的指引报告等；监管机构上，以功能性监管为主，多分散于行政职权机构的部门监管，并无统一的监管规则；内容上，将数字货币的监管纳入现有金融监管体系之中，而非新设监管机构进行监管，以反洗钱、消费者保护为重点。随着数字货币的发展，监管规则及其内容从单一环节更趋向全面、深入，最初只是在税收等领域对数字货币属性进行规定，而后针对证券、期货或者打击洗钱犯罪中所涉及的数字货币进行规范，并发布投资者、消费者风险提示等建议报告，在州一级层面出台对于数字货币业务较为系统全面的监管法规。同时，美国十分注重对数字货币业务开展者的市场准入和过程监管，这对于数字货币行业的起步、发展、风险防范和控制等都大有裨益。总体而言，美国现行的金融监管体制，更强调对于金融产品或服务的功能性监管，面对金融市场的不断创新及出现的新问题，及时进行立法，突出体现了监管的能动性和灵活性，为我国数字货币的法律监管提供了经验借鉴。

参考文献

［1］FinCEN，October 27，2014 Guidance：Application of FinCEN's Regulations to Virtual Currency Trading Platform ［Z］. FIN 2014 – R011.

［2］FinCEN，October 27，2014 Guidance：Application of FinCEN's Regulations to Virtual Currency Payment System ［Z］. FIN –2014 – R012.

［3］FinCEN，January 30，2014 Guidance：Application of FinCEN's Regulations to Virtual Currency Mining Operations.

［4］FinCEN，January 30，2014：Guidance：Application of FinCEN's Regulations to Virtual Currency Software and Certain Investment Activity.

[5] 张继红. 美国数字货币监管考量及对我国的启示 [EB/OL].
(2019 - 2 - 12) [2019 - 1 - 10]. https：//www. sohu. com/a/222344021_ 10
0112719.

[6] 孙国峰，陈实. 美国虚拟货币监管借鉴 [J]. 中国金融，2017
(19)：82 - 84.

第七章

日本政府监管实践

日本金融监管是以日本金融厅为核心，独立的中央银行和存款保险机构共同参与，地方财务局等受托监管，行业自律参与的体制框架。对虚拟货币监管主要通过日本金融厅负责，虚拟货币交易所协会施行行业自律。

第一节　历史回顾

2011 年 MtGox 开始在日本提供比特币交易服务。此时日本政府并没有把它作为金融机构进行监管。2014 年 2 月 28 日，由于资金被盗 MtGox 向东京地方法院申请破产，这不得不引起相关机构的关注。随后一年内日本限制境内企业提供类似服务。后来随着比特币使用范围扩大，特别是常常用于恐怖融资，西方各国加强了对虚拟货币监管。2015 年 6 月 8 日召开的 G7 峰会上，相关国家首脑达成一致，同意采取行动对虚拟货币及其他新型支付手段进行监管。由七个成员国组成的"反洗钱金融行动特别工作组"于 6 月 26 日发布声明，称"对从事虚拟货币与法定货币交换业务的交易平台，建议采取注册制或许可制进行管理，同时要求其采取反洗钱、反恐怖融资措施，如交易时本人确认、申报可疑交易等"。

为了履行以上承诺，日本政策开始相关立法工作。首先，日本金融厅开展立法准备。2015 年 11 月 16 日，日本金融厅召开金融审议会，开始讨论对比特币等虚拟货币加强法律监管。鉴于 Mt. Gox 巨额比特币被盗一事，金融厅将讨论对运营商实施监管，要求建立将顾客资产和运营商资产区别管理的机制，从而实现保护用户的目的。12 月 22 日，日本金融厅公布了《关于支付结算业务高度化的工作小组的报告书》，提出了虚拟货币相关的立法建议，并以该报告书为基础，于 2016 年 3 月向国会提交了《资金结算法（修正案）》。其次，日本国会于 2016 年 5 月 25 日正式通过，将于一年后实施。该法于 2016 年 6 月 3 日经修改重新公布，新法于 2017 年 4 月 1 日实施，其中增加了关于虚拟货币的规定，在业界也被称为"虚拟货币法"。这标志着日本承认数字货币为合法支付手段，并将其纳入法律规制体系之内，成为全球第一个为数字货币交易所提供法律保障的国家。该法案对虚拟货币采取了适度监管、鼓励创新的态度，明确了虚拟货币及其交易平台的合法地位。

2017 年 3 月 24 日，公布了与之配套的《资金结算法施行令》（2010 年政令第 19 号），以及《虚拟货币交换业者内阁府令》（2017 年内阁府令第 7 号）。3 月 27 日，日本国会通过了《2017 税务改革法案》，宣布从 7 月 1 日其取消在交易所购买比特币所需支付的 8% 消费税。作为金融行业的行政主管机关，日本金融厅亦适时发布了若干指导意见或解释，指导适用相关法律，如《事务指南第三分册：金融公司相关 16 虚拟货币交换业者相关》《公众评论概要及金融厅的相应观点》等。

2017 年 4 月 1 日，《资金结算法（修正案）》开始生效。日本政府开始实施虚拟货币交易监管。从 7 月开始，日本金融厅开始受理企业的运营申请。9 月，包括 BitFlyer 在内的 11 家数字货币交易所获得日本金融厅颁发的首批数字货币交易所运营许可，另外 17 家数字货币运营商则正在接受审核。当年金融厅相继为 16 个虚拟货币交易所正式颁发牌照。10 月日本金融厅对虚拟货币交易所正式实施监管。包括监控交易所内部系统、检查客户资产保护机制，以及必要的现场走访调查。日本金融厅表示，面对虚拟货币市场，一方面期待其不断推出创新性服务，另一方面也希望通过促进技术方面的革新来配合监管实施，以防止欺诈和洗钱等违法行为的发生。

2018 年 2 月 2 日，日本金融厅对位于东京涉谷区的 Coincheck 公司总部进行了现场调查，对该交易所是否备足客户赔偿金等问题进行了核查。3 月 8 日，经日本金融厅对经营者相关报告书的审查和现场检查，各地方财务局于今年 3 月 8 日分别向所管的 Coincheck、GMO Coin、Mr. Exchange 等 7 家虚拟货币兑换业者做出行政处分。日本金融厅正式设立"虚拟货币兑换业等研究会"，以研究上述问题的制度性对策，会议得出的结论为立法提供借鉴。2018 年 4 月到 12 月共举行了 11 次研讨会。

10 月 25 日，日本金融厅同意日本虚拟货币交易所协会（JVCEA）的申请，批准其成为一个"合格的资金结算业务协会"。JVCEA 是一个由日本 16 家加密货币交易所组成的组织。证明 FSA 已经授权该组织为国内交易所制定管理框架，包括打击内幕交易以及反洗钱等措施，另外还会部署安全标准以保护用户的资产。这标志着日本行业自律监管制度初步建立。

2018 年 11 月 25 日，G20 峰会在阿根廷首都布宜诺斯艾利斯举行，会议主题是"为公平与可持续发展凝聚共识"。数字货币方面，强调数字货币风险上升，谋求"多边协调"而非"强监管"。最终公报内容包括：

（1）将数字货币定义为资产，而非货币；（2）数字资产一方面具有技术创新性，利于提高经济效率和包容性，另一方面易滋生避税、洗钱等问题，在特定情况下会影响金融稳定性；（3）公报中承诺将执行金融行动特别工作组（FATF）的加密资产适用标准，并期待 FATF 对这些标准加以审查和全球推广；（4）呼吁国际标准制定机构（SSBs）继续监测加密资产及其风险，及时评估多边反应；（5）要求金融稳定委员会（FSB）与其他国际标准制定机构以及金融行动特别工作组进行磋商，将 7 月定为就数字货币采取行动的最后期限。

2019 年 1 月 2 日，日本金融厅（FSA）发布了一份由"虚拟货币交易服务研究小组"提交的日本加密货币市场报告。报告中详细阐述了加密货币行业引发的各种担忧，并建议监管机构和交易所采取多种措施来降低风险。3 月 15 日，日本内阁会议通过有关加强对虚拟货币交易限制的《金融商品交易法》和《资金结算法》修正案。新的《金融商品交易法》为加密货币交易所的牌照申请设定了时限：自 2020 年 4 月（修正案预计生效日期）起，18 个月内未完成牌照注册的准交易所将不得继续运营；若 2021 年 10 月之前仍未完成注册，则将强令该交易所停止服务。

第二节　日本相关法律制度

目前日本与虚拟货币监管联系最为直接的法律规范是《资金结算法（修正案）》。该法第 2 条增设了对虚拟货币相关概念的定义（第 5—9 项），于第三章"资金移动"后另设第三章之二"虚拟货币"（第 63 条之 2—第 63 条之 22）一章。在此基础上，日本政府相应修订了《资金结算法施行令》（平成 29 年 3 月 24 日号外政令第 47 号），并颁布《虚拟货币兑换业者内阁府令》（平成 29 年内阁府令第 7 号）。同时，日本金融厅在其《事务指引第三分册：金融公司相关》"16. 虚拟货币兑换业者相关"部分（以下简称"金融厅指引"）中对虚拟货币的范围、兑换业者的监管上和监管相关事务处理上的关注点给出了详尽意见。由于虚拟货币应用的多样性和复杂性，根据不同场合，也会涉及其他法律的适用，如《金融商品交易法》《银行法》《犯罪收益转移防止法》《消费者契约法》等。

一、关于立法目的

对于《资金结算法（修正案）》（平成 29 年 6 月 2 日号外法律第 49 号）。日本金融厅在报告中指出，对虚拟货币进行立法有两个直接目标。

第一个目标是对虚拟货币持有者和交易平台用户进行保护。前面提到的虚拟货币交易平台破产案件，发生的原因是运营平台的 MTGOX 公司系统遭受黑客攻击，导致为用户保管的约 65 万比特币以及约 28 亿日元的现金丢失。该事件导致投资者遭受了巨大的损失，因此，解决虚拟货币交易平台的用户保护问题便迫在眉睫。

第二个目标是为了加强国际协同合作，应对洗钱和恐怖融资等犯罪行为。

二、关于虚拟货币及虚拟货币交易服务概念

关于"虚拟货币"定义，《修正案》规定，虚拟货币是指如下两类物：（1）在购买商品、贷出、接受他人提供服务的情形下，能够为清偿前述行为的对价而对不特定人使用，且可以以不特定人为相对方进行买入或卖出的财产性价值（限于借助电子机器或其他工具、用电子方法记录之

175

物，不包括本国通货、外国通货以及货币计价资产。下一项同样），且可以用电子信息处理系统进行转移；（2）可以以不特定人为相对方与前项记载之物进行相互交换的财产性价值，且可以用电子信息处理系统进行转移。其财产性价值表现为：（1）可以向不特定的人作为价款支付，且可以与法定货币相互兑换；（2）以电子记录，可以转移，（3）非法定货币或法定货币表示的资产。

至于"虚拟货币交易服务"，《修正案》指将下述任何一项行为当作营业进行经营的行为：（1）买卖虚拟货币或与其他虚拟货币进行交换；（2）为前项行为进行中介、撮合或代理；（3）与前两项行为相关的、管理用户的资金或虚拟货币的行为。所谓"当作营业进行经营"是日本法中常用的表述，其含义是仅规制营业主体，而把一般用户的交易行为排除在规制范围外。营业内容的第一项是指以用户为相对方，进行虚拟货币的买卖交易。交易内容不仅包括了使用法定货币买卖虚拟货币，还包括了虚拟货币之间进行相互兑换的行为。

三、关于虚拟货币交易服务主体资格

在承认虚拟货币交易平台的合法性的同时，对交易平台设置了一系列的监管规则。首先是准入门槛。修正案要求，任何主体未经监管当局注册登记，不得开展虚拟货币交易服务，否则将受到罚金或有期徒刑的刑事处罚。株式会社或外国虚拟货币交易平台可以向监管当局申请注册登记，申请时，需要向监管当局提交一系列的文件资料，值得注意的是其中应当包括计划运营的虚拟货币的名称和简介，这意味着平台可以经营的虚拟货币种类也要受到当局监管和限制。

《虚拟货币兑换业者内阁府令》则进一步具体规定了登记手续相关的

申请材料、资格要求和处理程序等。申请登记的虚拟货币交换业者的注册资本金必须在 1000 万日元以上，且净资产不得为负。申请登记可以书面和电子形式提出，审查期限为 2 个月，审查标准为是否有《资金结算法》第 63 条第 5 款规定的拒绝登记事由。申请免费，但登记需要缴纳登记许可费 15 万日元。在申请人出现法定的不适当事由时，监管当局应当拒绝注册登记申请，修正案和配套法令规定的拒绝注册登记事由包括：不满足审慎性条件，其他包括提交的资料形式不适当，主体资格不适当，内部体制不足以实现合规等。

四、运营要求

修正案规定虚拟货币交易平台必须履行诸多义务。

1. 用户资产与固有资产的分别管理。要求虚拟货币交易平台自行将自己的固有财产与用户的财产分别进行管理，所采用的管理方法应能一目了然地辨别，且能够分辨每个用户各自的财产。同时，分别管理的情况应当受到注册会计师或监查法人的监察。违反分别管理义务的平台将受到刑事处罚。

2. 对用户的信息告知和说明。虚拟货币交易平台应事先向用户通过书面或者其他适当的方法，以明示的方式进行信息说明。说明的内容应当包括：（1）对该平台业务所涉及的虚拟货币的介绍；（2）虚拟货币既不是法定货币也不是外国货币；（3）该虚拟货币不存在特定主体保证其价值或在有价值保证者的情况下说明保证人的姓名、商号、名称以及保证内容；（4）其他能够影响使用者判断的必要信息。

3. 系统信息安全保障，妥善保管用户个人信息的义务，以及使用替代性纠纷解决机制（ADR）解决纠纷的义务等。

五、监管措施及法律责任

修正案还授权监管当局采取各类监管措施，内阁总理大臣可以根据业务需要命令虚拟货币交换业者提交业务报告或资料，或让其工作人员进入其营业地和其他设施，就业务或财产状况提问、查验账簿和其他物件。也可以在必要限度内命令虚拟货币交换业者采取业务运营或财产状况改善的措施和其他监督所需措施。如要求平台提交资料和报告、进行非现场和现场检查、下达业务整顿命令、取消注册等。

违反《资金结算法》关于虚拟货币的规定的下列行为：（1）未经登记而从事虚拟货币交换业务的，或让他人以自己名义从事虚拟货币交换业务的，被处于三年以下有期徒刑，并处或者单处 3000000 日元以下罚金；（2）未对虚拟货币投资者的资金或虚拟货币，以及自有资金或虚拟货币实施分别管理的，违反关于停止虚拟货币交换业务的全部或一部分的命令的，被处于 2 年以下有期徒刑，并处或者单处 3000000 日元以下罚金；（3）在登记申请书或者登记申请书所附文件（誓约书、财务文件、管理体制等）中有虚假记载的，被处于 6 个月以下有期徒刑，并处或者单处 500000 万日元以下罚金。

五、法定自律监管组织方面

虚拟货币交易平台的行业协会在符合法定条件、得到当局认可后可以成为法定的自律监管组织，承担法定的自律监管义务并获得相应的权利，包括：与当局进行定期的意见交换和密切合作，处理用户的投诉，对从业者进行业务改善指导，制定自律监管规则等。日本金融厅的《事务指南》规定，法定自律监管组织应当制作虚拟货币列表并公布，监管当局的审核判断，应当以该列表为参考。这就对自律监管组织的业务水平提出了较高的要求。这样规定是因为只有从业者自身才能及时应对高速变化的市场环境，列出适当的虚拟货币列表。

另外把虚拟货币交易平台列为《犯罪收益转移防止法》中的特定事业者，纳入现有的成熟反洗钱、反恐怖融资规制体系，使其承担该法中规定由特定事业者承担的相应义务。包括交易时的确认义务、制作并保存确认记录和交易记录的义务、向当局申报可疑交易的义务、完善内控制度的义务等。例如，对于以下列举的特定交易，虚拟货币交易平台必须进行本人确认，包括：（1）缔结的合同（开户合同等）内容包含对虚拟货币进行持续、反复交易的情况；（2）金额超过 200 万日元的虚拟货币交易；（3）价值超过 10 万日元的虚拟货币的转移。尽管虚拟货币的交易往往通过互联网在线上进行，该法仍然要求虚拟货币交易平台用文书确认的方式，通过能够确保本人签收的邮寄业务交由用户本人确认。

第三节 日本金融厅监管行动

日本金融厅的设立是为确保日本金融系统稳定，又同时是保护存款人、保单持有人、有价证券等投资者利益以及促进金融便利化为目的，负责对日本银行业、证券业、保险业及其他金融机构监管。

一、市场准入

2017 年 8 月 7 日，设置虚拟货币监管小组，8 月 12—13 日，公布虚拟货币相关公告，受理企业注册申请。9 月，包括 Bitflyer、Zaif、BTCBOX、

GMO、QUOINEX、BitBank、Bitpoint 等在内 11 家数字货币交易所获得日本金融厅颁发的首批数字货币交易所运营许可。关东金融局批准 9 家，大阪金融局批准 2 家。

2017 年 10 月 22 日，发布《ICO 投资者和运营方风险警示》。一方面提醒投资者注意其中价格波动风险和欺诈风险，同时提醒发行者注意要向当地金融监管部门注册，否则会违反遵守相关法律。

2018 年 2 月 13 日，日本金融厅对总部位于澳门的境外 ICO 机构 Blockchain Laboratory Limited 发出警告，警告文书中表示，Blockchain Laboratory Limited 在未经注册的情况下为虚拟货币交易提供媒介，涉嫌违反资金决算法，如果继续进行该项活动，将联合警方与消费者事务厅提出行政诉讼。

2018 年 3 月 22 日，日本金融厅向交易平台币安（Binance）提出警告，指出币安通过网络向日本居民提供虚拟货币交易业务。而按照行政指南第三分册金融公司关系第 16 章中虚拟货币交易关系Ⅲ－1－4 第二部分第二小节的细则。对于已查明未注册、并且在未注册的情况下进行虚拟货币交易等业务的企业，如果未登记注册的原因被认定为有故意性，出于保护用户的原因，将会联系相应机关，并立即取消其运营，同时进行书面警告。而币安没有在日本注册，并可能给投资者带来损失。如果币安不停止在日本的业务，日本金融厅将提出刑事指控。Binance 被迫退出日本市场。

2019 年 1 月 11 日，日本金融厅发布关于提高虚拟货币交易所注册审查透明度的措施。本次列出了注册审查所需的时间目标以及更详细的审查过程，进一步确保审查的明确化、透明化。1 月完全许可 Coincheck 加密货币交易所正规经营，累计有 17 家交易所获得注册。

2019 年 3 月 8 日，日本金融厅（FSA）日前在官网发出声明，对无牌交易所 SB101 进行警告。SB101 注册地在直布罗陀，并未在 FSA 进行注册备案；目前，SB101 正在向日本居民发行名为"Atomic Coin"（原子币）的数字货币，属于违规行为。若此次公开警告后，若 SB101 继续向日本居民售卖数字货币，或将面临 FSA 的刑事诉讼。

二、运营监督

2018 年 1 月 26 日，Coincheck 被盗价值 580 亿日元的 NEM 币。28 日，Coincheck 宣布将利用公司的储备金对受害客户进行日元赔偿，总计赔款约为 460 亿日元。29 日关东财务局做出行政处分，指出"Coincheck 公司于 2018 年 1 月 26 日，因疏于管理导致该公司保有的虚拟货币（NEM）被非法转出，造成了约 5 亿 2300 万日元的客户财产损失。基于此，根据资金结算法第 63 条 15 款第 1 项规定，要求该公司于事发当天对丢币事件的发生原因、客户应对方案以及如何防范再度发生等问题进行说明"。关东财务局 1 月 29 日发布处罚令，责令 Coincheck 于 2 月 13 日之前上交业务整改报告，内容包括：（1）本次事件的梳理以及原因；（2）妥善处理用户善后事宜；（3）针对系统管理，强化经营管理并且明确责任；（4）构筑具有时效性风险管理体系，以及制定预防策略，要求在 2 月 3 日前做出书面报告。

日本金融厅的 2 月 3 日的检查正是为了详细了解 Coincheck 的财务状况，从而判断其是否能具有赔偿能力。同时，调查还对此前行政命令中提到的安全强化实施情况进行了解，并在其公司内派驻检查官员以加强监察，方便实时把握相关情况。在调查中，Coincheck 暂未对赔偿款项的来源问题进行充分说明。对此，日本金融厅官员表示，"为全力保护投资者利益，日本金融厅有必要对此事坚持实时把控"。由于 Coincheck 是第一个获得日本政府牌照，规模排名第二的日本交易所。出事后，很多日本民众在推特表达了对日本金融厅的强烈不满。很多媒体组织讨论数字货币的发展，舆论对此很消极。

日本金融厅压力倍增，对数字货币发展踩下紧急刹车，对其余"获取牌照"的15家虚拟货币交易所，以及作为"准注册"的16家交易所，要求提交客户资产管理、安全管理等情况的报告。2018年3月8日，日本金融厅关东、东海、近畿财务局宣布对Coincheck等7家虚拟货币交易所进行行政处罚。日本金融厅认为这7家交易所内部均缺乏适当的规范机制，来应对洗钱和被恐怖主义攻击的风险。处罚令要求bit station和FSHO两家交易所在3月8日至4月7日间暂停营业，进行业务整改；Mr. Exchange、Lemuria、GMO Coin、Zaif、Coincheck等五家交易所也需要整改业务，所有整改必须在3月22日前上交书面报告；Mr. Exchange、bit station两家交易所撤回虚拟货币交易许可申请；Coincheck因陷入经营困境，被证券巨头Monex收购。

2018年4月6日，关东财务局宣布对LastRoots、Eternal Link、FSHO三家虚拟货币交易所进行行政处罚，其中要求Eternal Link和FSHO分别在4月6日至6月5日、4月8日至6月7日暂停营业并整改业务，在5月7日之前上交书面整改报告；LastRoots也被要求进行业务整改，在4月20日之前上交书面整改报告。

2018年4月11日，日本金融厅东海财务局对Blue Dream JAPAN开出行政处罚，该交易所涉嫌操控自己发行的数字货币的价格。处罚令要求该交易所自4月11日至6月10日，暂停所有虚拟货币交易业务同时进行整改，并在5月11日之前以书面形式回应当局提出的整改要求。

2018年4月13日，九州财务局对虚拟货币交易所BMEX发出行政处罚，该交易所出现过多起短时间内同源资金反复转移的状况，存在被非法利用的风险。行政令要求该交易所在自 4 月 13 日至 6 月 12 日，暂停所有虚拟货币交易业务同时进行整改，并在 5 月 14 日之前以书面形式回应当局提出的整改要求。

2018 年 4 月 25 日，关东财务局宣布对虚拟货币交易所 Minnano Bitcoin 执行行政处罚。日本金融厅称该交易所尚未建立有效的内部管理控制系统，要求该所在 5 月 14 日之前就以下方面提交书面整改报告。具体包括：（1）建立经营管理架构；（2）构建防洗钱和恐怖融资的管理结构；（3）建立账本文件的管理架构；（4）建立保护用户的措施管理构架；（5）建立系统风险管理构架及外部委托管理构架。

5 月 6 日，日本金融厅（FSA）已经宣布将对数字货币交易所采取更加严厉的监管，并对此提出了新议程：每日需多次监控处于可疑波动客户账户；将客户资产与交易所资产区分管理；仅在线下系统存储数字货币持仓。在匿名类数字货币方面，FSA 登记注册的交易所将面临严格限制。要求将需要遵循稳健的安全标准，需要开发出彻底的客户了解（KYC）流程，获取有关资产管理活动的最佳实践，对特殊的数字货币种类采取限制，FSA 已经将一些隐私型数字货币添加到黑名单，提供清晰的平台组织结构和运行模式。

5 月，日本金融厅入驻日本各大交易所，进行了为期 2—6 周不等的检查。大到财务报表、反洗钱系统、员工背景调查，小到每台电脑的系统版本器、密码以及员工的考勤情况，都要接受日本金融厅的审查，未能通过检查之处需要进行系统整改。

6 月，日本规模最大的交易所 bitFlyer 等在内的 6 家交易所，也收到整改通知。bitFlyer 被检查发现安全系统中出现问题，涉及在防止洗钱、恐怖主义融资及未授权进入渠道等方面的问题。交易所牌照发放工作也暂停执行。Mr. Exchange 和 Tokyo Gateway 分别撤回了之前递交给日本金融厅的交易所牌照申请。还有些正在排队申请的交易所，直接被日本金融厅劝退。不难看出，日本金融厅当局将对整个虚拟货币行业加强监管。

2018 年 8 月 11 日，日本金融厅公布了中期检查报告，发现未注册交易所存在以下问题：业务层面，交易所存在并未正确评价所管理加密资产（虚拟货币）的风险、违规发币、持续扩大宣传等问题；风险管理上，交易所未制定最低限度的规章标准，反洗钱反恐对策不足；内部监督上，不少交易所未进行，或者是制定了内部监督计划，但计划并未基于风险评估进行制定。同时，日本金融厅也说明了下一步监管举措：对于已注册交易所，细化风险描述，提高其更新频度的同时，对风险进行持续深度监控，认定出现问题时采取必要的行政措施；对未正式注册交易所，根据接受业务整改命令后所提交的报告内容，在本次检查结果的基础上，逐个进行是否能够注册的判断；已经接受申请等待批准的交易所，注册审查中听取交易所的商业计划及相应的内部管理准备情况，在确认书面证据的同时，加强实地考察和职员听证，针对注册前后加密资产环境与业务的急剧变化，将在注册后的较早阶段进行现场检查。

三、其他

2018 年 4 月，日本金融厅组织企业代表、法律等人士成立研究小组，由日本学习院大学（Gakushuin University）法学院教授 Hideki Kanda 领导，成员包括多名教授、技术专家和基金经理。4 月 10 日举行了首次"数字货币交易业者研讨会"，主要讨论虚拟货币交易习惯制度、交易状况以及 ICO 状况，并公布了《虚拟货币交易现状报告》。根据日本 17 个虚拟货币交易所收集的数据，截至 2018 年 3 月 31 日，该国至少有 350 万人进行虚拟货币交易。其中，20 多岁、30 多岁和 40 多岁的虚拟货币投资者是日本虚拟货币交易者的主要人群，分别占 28%、34% 和 22%。比特币的年交易量从 2014 年 3 月 31 日的 2200 万美元增长到 2017 年的 970 亿美元。与此同时，该机构称，比特币的保证金、信用和期货交易从 2014 年仅为 200 万美元 2017 年猛增至 5430 亿美元。现货交易 2014 年为 24 亿日元，期货（保证金、信用）交易 2 亿日元。2015 年分别为 607 亿、270 亿日元，2016年分别为 15369 亿日元、19790 亿日元。2017 年分别为 127140 亿日元564252 亿日元。

4 月 27 日，日本金融厅举办第二次研讨会，讨论交易业者监督措施及其他国家监督政策。按照日本金融厅公布消息，当相关企业提交注册申请，首先会根据行政指引进行相关清单材料的验证，之后进入审查重点阶段，将有专家进行现场听证会，听证内容包括：该交易所系统管理方面的网络安全问题、应急方案（BCP），秘钥管理和钱包管理问题；反洗钱、反恐怖主义融资的对策；客户存储虚拟货币分类管理；用户保护措施（排除欺诈币、向用户说明风险的举措）。同时，还会收集并分析企业相关风险报告，风险评估内容包括企业相关高管、股东等人员，以及相关公司、相关审计公司等。通过上述审查后公司可进行注册，相关部门会传达风险评测结果，根据风险评测结果不同采取程度不一的监控。

5 月 22 日，日本金融厅举办等三次研讨会，讨论全球虚拟货币交易状况以及技术发展。6 月 15 日，第四次，讨论世界主要公司发展状况，包括 IBM、瑞坡等。9 月 12 日，第五次，日本金融厅首先对虚拟货币监管的最新情况做了说明，随后对虚拟货币交易所的一些应对方式进行了具体阐述，最后日本虚拟货币交易所协会提交了自律规则概要。关于 ICO，根据具体情况，可能会作为风险资金筹集的手段之一加以利用。目前，虽然虚拟货币的风险比较大，但区块链的价值更大。应该根据虚拟货币、ICO 所实现的具体功能和风险特性来加以引导，并进行监管。

10 月 3 日，日本金融厅举行第六次研讨会，讨论虚拟货币的融资功能，即 ICO 合法化。10 月 19 日，第七次，讨论数字货币衍生品的开发。经过多达 11 次讨论，小组就日本虚拟货币交易所、保证金交易和 ICO 等多个问题共进行了深入研究。希望交易所能够严格自律，披露交易价格细节，并禁止任何鼓励投机交易的宣传活动。还建议对加密货币保证金交易设置杠杆上限，并强制其像外汇市场一样进行注册对于 ICO，该小组推荐了一套监管框架，并希望投资类型的 ICO 能够像其他证券公司一样受到监管。

2018 年 10 月 24 日，日本金融厅发布了一套全新指南，旨在明确如何开设、运营加密货币交易所。

第四节　日本交易平台运营主体行业自律

2018 年 3 月 29 日，日本虚拟货币交易所协会（JVCEA）开始筹划，4月 16 日成立。它是一个由日本 16 家加密货币交易所组成的组织。这 16 家依次是 Bitflyer、Money partner、Bitbank、Bitpoint、Quoine、SBI Virtual Currencies、Virtual Currency、Btcbox、Zaif、GMO Coin、Bittrade、Tokyo Bitcoin Exchange（DMM Bitcoin）、Bitary Exchange Tokyo、FTT Corportaion、Vtheta Corporation、Bitcocean。8 月，日本虚拟货币交易所协会向日本金融厅提出申请，要求注册为"经认证的基金结算业务协会"，从事虚拟货币交易行

业自律管理，10 月 24 日获得批准。

2018 年 7 月 28 日，调整杠杆交易倍数。日本虚拟交易所协会发布了一项新政策，要求交易所对顾客的交易金额设定上限，旨在降低散户破产的风险。交易所需根据用户的年龄、投资额、投资经验、薪资设定交易额上限。如果用户尚未成年，需要父母或者监护人的许可下方可交易。高龄者从事交易时，需要仔细确认，另外，为防止洗钱问题，将限制异常的大规模订单。

9 月 12 日，在日本金融厅第五次加密货币交易所研讨会上，日本虚拟货币交易所协会提交了一份关于自律规则的概要，并提供了有关虚拟货币的交易的基本规则：（1）业务管理：详细验证财务和管理风险，制定并更新管理计划，以合理应对财务和管理风险；（2）内部审计：内部审计部门独立于销售部门和内部控制部门，根据审计部门的风险类型和程度制定和实施有效的内部审计计划；（3）遵守法律法规：完善合规计划和行为准则，以遵守法律法规，作为业务管理的一部分；（4）对于不良事件的发生：在不良事件发生时迅速采取措施，向内部管理部门及理事会报告，对协会报告。如果是触犯了行政法令的，向警察部门通知。

10 月 24 日，日本虚拟货币交易所协会获得日本金融厅授权，为日本国内交易所制定管理框架，包括打击内幕交易以及反洗钱等措施，以及部署安全标准以保护用户的资产。

2019 年 1 月 9 日，日本虚拟货币交易所协会宣布增加五个加密货币交易作为 II 类成员。新的 II 类成员分别为：Coincheck、Everyone´s Bitcoin、Lastroots Inc、LVC Corporation 和 Coinage Corporation。

2 月 20 日，日本虚拟货币交易所协会公布了 2018 年 12 月的月度交易数据。数据显示，该协会目前共有 18 家虚拟货币交易所，现货交易总额为7774.51亿日元（约合70亿美元），杠杆交易总额约为84152亿日元（约合760亿美元），账户数量为287.4971万个（其中活跃账户数量有161.4699万个）。

参考文献

[1] 杨东，陈哲立．虚拟货币立法：日本经验与中国启示［J］．证券市场导报，2018（2）．

[2] 邓建鹏．日本虚拟货币的立法与实践［J］．当代金融家，2017（9）．

[3] 王春民．日本虚拟货币全景扫描［EB/OL］．（2018 – 3 – 15）［2019 – 02 – 22］．https：//item.btime.com/m_ 97690e48de7120884.

[4] 段磊．日本法对虚拟货币的监管规制［J］．金融法苑，2018（98）：115 – 125.

第八章

中美日三国重大监管行动对比特币交易的影响

以比特币为例，讨论了数字加密货币的供需均衡模型，定性分析了监管行动对数字货币交易的影响，然后利用事件分析法，定量说明了中美日三国重大监管行动对交易的影响。

第一节　中美日三国重大监管行动影响：定性分析

一、比特币供需均衡模型

虽然比特币系统设计初衷是作为一种支付手段，在没有数字货币交易所条件下可视为数字加密爱好者内部一个自发形成的、小群体内使用的货币。但数字货币交易所的诞生不仅使普通大众有所接触，而且改变了最初的属性。更多人参与比特币系统，持有比特币并不是为了购买商品，而是作为一种金融资产。众所周知，由于比特币系统设计特点，通过挖矿增加的比特币数量非常稳定。所以比特币价格变动主要取决于需求变动。

　　按照持有目的，比特币需求分为三种。（1）交易需求。人们为了购买商品或服务而持有比特币，其特点是人们支付比特币同时获得其他商品。从这个意义上，比特币可以说是一种货币。其代表是比特币系统"矿工"用比特币购买商品的交易需求。这些矿工通过挖矿直接获取比特币，然后购买商品。这与货币的交易需求本质相同。（2）投资需求。指为了参与比特币挖矿，购买矿机。或者开发比特币系统软件。这一类与交易需求存在很大差异。原因是，当人们没有参与挖矿时，只有法币形式的收入或财富，只能通过法币购买比特币，然后再用比特币购买商品。所购买的商品并不是为了消费，而是进行生产活动。比如，一些矿机生产商只接受比特币为支付手段，一些人为了挖矿不得不购买比特币，而后购买矿机进行挖矿。就形成了投资需求。（3）投机需求。人们为了追求更高的投资回报而持有比特币。由于比特币在世界各国存在价格差异，人们可以通过低价买进、高价卖出获取利益而持有比特币。逻辑上，交易需求、投资需求和投机需求是不同的，但现实中有时候很难做出判断。

　　代币发行融资出现之后，出现了新型的比特币从需求。按照目前运作方式代币发行融资中，筹资方通常只收取比特币或其他数字加密货币，人们为了参与项目不得不购买比特币，以换取新发行的数字加密货币。至于新发行的数字加密货币用途，则取决于项目本身性质。有的项目是未来可以享受某种产品或服务，而有的是未来出售获利。这类行为产生的比特币需求表面上来看，与上述三类需求都不尽相同。不过，人们参与项目而购买比特币属于投资行为，因此本质上属于比特币的投资需求。另外，由于代币发行融资项目本身存在很多风险，这加剧了比特币的价格变化，也强化了比特币的投机需求。从比特币价格变化看，代币发行融资不仅催生了新型投资需求，而且加大了投机需求，这最终都提高了比特币价格。

二、中美日三国政府重大监管行动及其影响

对我国政府来说，大型监管行动主要有三次，即 2013 年 12 月开始的"交易风险防范"、2017 年 2 月的"现场合规检查"以及 2017 年 9 月的"代币融资禁令"。对于美国政府而言，大型监管活动不易辨别。日本政府有三次，即 2016 年 5 月 25 日的"虚拟货币立法"，亦即日本国会通过《资金结算法（修正案）》；2017 年 9 月的"交易平台注册"（即日本金融厅公布审核批准了首批虚拟货币交易平台）；2018 年 2 月的"交易平台检查"。

为了说明不同国家的监管行动影响，这里对中美日三国各选一次监管行动。考虑到运用事件分析法时，如果两个事件时间间隔较短，就会出现窗口期的重合，不易辨别各个事件的影响。同时考虑数字加密货币发展的不同阶段，这里从 2016—2018 年三年中各选一件。综合以上原则，这里选择的三次重大行动，分别是 2016 年 5 月的日本政府通过《资金结算法（修正案）》（以下简称"日本虚拟货币立法"），2017 年 9 月的中国政府发布《代币融资禁令》（以下简称"中国代币融资禁令"），以及 2018 年 3 月的美国国会举行的听证会（以下简称"美国数字货币听证"）。

"日本虚拟货币立法"不仅肯定了 2017 年 4 月以后日本境内以比特币为代表的部分虚拟货币作为支付手段的法律地位，而且确立了交易平台的合法性，这使得比特币预期收益提高，增加了当前的需求。按照前面的供需模型，价格将会上升，交易量增加。

而"中国代币融资禁令"要求停止代币发行融资，当政府下令取消一切代币发行融资活动时，必然会大幅度压缩国内的比特币需求，造成国内交易平台上价格大幅度下降，进而形成了国内外交易平台价格差。而大量的国际套利者就会利用这种价格差，从国内平台购进比特币同时在国外平台出

售，最终国内外比特币价格趋于一致。当然，由于人们很难准确判断需求下降对比特币的影响程度，所以价格的变化并非直线下降，而是有所起伏。同时关闭国内交易平台，增加了交易的难度，预计价格下降，交易量减少。

至于"美国代币融资听证"虽然有一些反对监管的意见，但主流意见仍然是加强对数字货币交易，特别是与代币融资相关行为需要加强监管。这会压低比特币的需求。预计价格下降、交易量减少。

第二节　事件分析法的步骤、指标与数据

在讨论金融资产市场时，人们通常采用事件分析法。这种方法属于实证研究方法，用于评价某一特定事件对该公司价值的影响。思路是根据某一事件发生前后的资料统计，采用特定技术测量该事件影响性的一种定量分析方法，一般通过考察某事件公告前后这段时期（即"事件窗口"）内资产的超常收益率来衡量事件的发生对资产经营的影响。金融市场会有各种消息、政策、产品等都可以看作"事件"，这些事件的影响效应会很快反映到资产价格。由于事件分析法具有研究理论严谨、逻辑清晰、计算过程简单等优点，已被学者运用到越来越多的领域来研究特定事件对组织行为的影响。

一、事件分析法步骤

1. 事件定义。包括所关注的事件及事件窗口的长度。一个完整的事件窗口包括估计窗口、事件窗口和事后窗口。事件发生的当天为事件日。考虑到可能存在事件提前泄露的情形，因此选择事件窗口时通常也包括事件

发生前的一段时间。类似地，考虑事件发生后带来的滞后影响，把事件发生之后较长一段时间内作为事后窗口。

2. 选样标准。决定样本选取标准。通常把事件可能影响的企业或公司作为样本。

3. 计算正常收益率估计。建立正常收益率模型，使用"估计窗口"的数据来估计正常收益模型的参数值。正常收益是指如果事件不发生的话预计可以得到的收益。

4. 异常收益。异常收益率是事件窗口时期的实际收益与正常收益之差。

5. 检验程序。围绕收益率设计原假设及备用假设，选择用于检验异常收益的程序，并根据样本量大小及标准差等选择合适的检验统计量。

6. 实证结果及解释。由检验程序得出实证结果并提供相关结论。对实证结果进行合理的解释。如果实证结果与预期相符，则该实证结果能为事件的影响机理与作用机制等提供实证方面的支持；如果检验结果与预期相悖，则需要对模型和数据中的不足部分进行分析及说明，根据需要甚至可提出新的理论解释。

二、变量与指标

对于监管政策的影响，刘刚等（2015）运用事件研究方法对2013年10月2日美国政府查抄"丝绸之路网站"、11月18日举行"听证会"，以及2013年12月5日中国政府发表"比特币风险警示通知"进行了分析。但他们的分析仅仅是比特币价格，难以全面反映政策对交易的影响。因此，这里的分析不仅包括价格，还包括交易量和价格波动。

价格方面用收益率描述。收益率以天为单位，采用对数收益率方法，即收益率等于当天收盘价对数与前一天收盘价对数之差。交易方面采用天交易增长率，计算方法用日交易量取对数后差分。价格波动方面，采用当日最高价与最低价之比减 100%。这样所有指标计量单位均为百分数。

内外比特币交易平台很多，但很多平台没有公开数据，目前 Bitcoin-wisdom 网站提供了一些主要平台数据，由于平台经营时间有长有短，特别是 2017 年 10 月之后我国关闭了境内所有平台。所以各个事件分析时，平台会有所不同。具体分析中会详细说明。数据包括每天的开盘价、闭盘价、最高价、最低价、交易量，国内平台价格以人民币计价，欧美平台以美元计价，日本平台以日元计价，交易量都以比特币单位为单位。

通常以立法日或公告发布日为事件窗口，前后各取 10 天加事件窗口当天共 21 天为事件窗，估计窗为事件日前 11—100 天，事后窗为事件后 11—30 天。具体日期下面再详细说明。

第三节　日本政府立法行动

一、日本政府立法的事件窗选择与正常交易变量估计

日本政府于 2016 年 5 月 25 日通过了《资金结算法（修正案）》，但当天投票中对个别条款有所保留，经修改后于 2016 年 6 月 3 日重新公布。考虑到法案修改的条款较少，仍然以 5 月 25 日为事件日。前后各 10 天都列为事件窗，即从 5 月 15 日到 6 月 4 日为事件窗，而估计窗为 2 月 15 日到 5 月 14 日，事后窗从 6 月 5 日到 6 月 24 日。具体如下表。

表 8.1　日本虚拟货币立法事件的估计窗、事件窗和事后窗选择

	窗口日期	日历日期	数据量
估计窗	（-100，-11）	2016 年 2 月 15 日—5 月 14 日	90
事件窗	（-10，-1）	2016 年 5 月 15 日—5 月 24 日	10
	0	2016 年 5 月 25 日	1
	（1，10）	2016 年 5 月 26 日—6 月 4 日	10
事后窗	（11，20）	2016 年 6 月 5 日—6 月 24 日	20

在此基础上利用估计窗数据，利用均值模型计算正常条件下的收益率、交易增长率和价格波动利用估计窗指标。这里有 5 个交易平台数据，其中 Btcbox、Coincheck 属于日本企业，价格以日元计价，Bitstamp 属于欧洲企业，Coinbase 属于美国企业，二者交易价格以美元计价，BTCT 属于中国大陆企业，主要以人民币交易。而 USD 是多个交易平台美元交易数据的汇总。这些交易数据的正常情况下的收益率、交易增长、价格波动如下。

表 8.2　日本虚拟货币立法事件的正常收益率、交易增长、价格波动

交易平台		Btcbox	Coincheck	USDmarket	Bitstamp	Coinbase	BTCT
收益率	均值	0.0694	0.0794	0.1249	0.1307	0.1345	0.0768
	标准差	1.4572	1.4227	1.3533	1.3565	1.4391	1.3570
交易增长率	均值	0.6082	-1.5372	-0.7709	-2.1752	-0.9223	-1.8235
	标准差	26.2341	49.2805	26.7135	54.2664	31.3662	30.5529
价格比	均值	2.4009	2.2632	1.7075	2.5425	2.2814	1.9926
	标准差	1.2509	1.3681	1.1813	2.2060	1.5667	1.2715

注：USDmarket 不是一个交易平台，而是多个平台美元交易数据加总，其中价格按照交易量加权，交易量以比特币为计量单位。收益率按收盘价计算，交易量以比特为单位，价格波动为最高价与最低价之比

从上表可以看出，就收益率而言，Btcbox、Coincheck、BTCT 三者非常接近，Bitstamp、Coinbase 的较为接近，明显高于前三者。就交易增长而言，Btcbox 交易量中增长，而其余 4 个平台交易是下降的。就价格波动而言，5 个平台非常接近。为了深入考察这些差异是否属于系统性差异，这里进行了均值、标准差的相等性检验，结果如下。

表 8.3　5 家平台收益率、交易量增长率、价格比的均值、标准差相等检验

		检验方法	自由度	检验值	概率
收益率	均值	Anova F – test	(4, 445)	0.0453	0.9961
		Welch F – test	(4222.50)	0.0448	0.9960
	方差	bartlett	4	0.7950	0.9391
		levene	(4445)	0.1719	0.9527
		Brown – Forsythe	(4445)	0.1989	0.9309
交易量增长率	均值	Anova F – test	(4445)	0.0676	0.9916
		Welch F – test	(4219.18)	0.1088	0.9793
	方差	Bartlett	4	73.3811	0.0005
		Levene	(4445)	12.7802	0.0001
		Brown – Forsythe	(4445)	11.3091	0.0001
价格比	均值	Anova F – test	(4445)	1.5013	0.2008
		Welch F – test	(4222.97)	1.6385	0.1656
	方差	Bartlett	4	43.9271	0.0000
		Levene	(4445)	2.7266	0.0289
		Brown – Forsythe	(4445)	1.2507	0.2887

表 8.3 说明 5 个交易平台收益率的均值和方差都不存在差异，交易增长的均值不存在差异，标准差存在差异，价格比均值不存在差异，方差则取决于检验方法。三种方法中，Bartlett 和 Levene 认为有差异，而 Brown –

Forsythe 没有差异。下面分别考察该事件的价格、交易量变化状况。

二、异常收益率分析

窗口期的异常收益率如下。

表 8.4　日本虚拟货币立法事件窗口期的异常收益率

（%）

事件	日期	Btcbox	Coincheck	USDmarket	Bitstamp	Coinbase	BTCT
-10	5 月 15 日	0.08	0.08	0.29	0.31	0.42	0.35
-9	5 月 16 日	-1.11	-0.63	-0.87	-0.91	-1.40	-1.09
-8	5 月 17 日	0.51	-0.21	-0.21	-0.33	-0.46	0.21
-7	5 月 18 日	0.35	0.56	0.06	-0.17	0.17	0.37
-6	5 月 19 日	-3.52*	-3.25**	-3.68**	-3.87***	-3.98***	-3.19**
-5	5 月 20 日	1.92	1.27	0.77	1.33	1.51	1.26
-4	5 月 21 日	-0.26	-0.12	-0.01	0.00	0.01	-0.03
-3	5 月 22 日	-0.41	-0.86	-1.00	-1.15	-0.99	-0.40
-2	5 月 23 日	0.16	0.59	0.97	0.82	0.58	0.70
-1	5 月 24 日	0.58	0.79	0.28	0.09	0.16	0.63
0	5 月 25 日	0.99	0.83	0.68	0.93	0.87	0.77
1	5 月 26 日	0.71	0.65	0.71	0.62	0.63	0.66
2	5 月 27 日	4.56***	4.25***	4.21***	4.19***	3.39**	7.74***
3	5 月 28 日	12.42***	12.76***	11.16***	9.43***	10.33***	16.44***
4	5 月 29 日	-0.32	-0.12	-0.85	-0.43	0.24	-2.92**
5	5 月 30 日	0.40	0.62	1.31	1.74*	1.25	-0.55
6	5 月 31 日	0.02	-0.37	-0.59	0.66	-0.36	-3.71
7	6 月 1 日	0.04	-0.34	0.91	0.83	0.52	0.21
8	6 月 2 日	-1.25	-0.36	0.07	0.06	0.43	0.01
9	6 月 3 日	2.97*	3.40**	5.52***	5.64***	5.89***	4.75***
10	6 月 4 日	-0.36	-0.03	0.50	0.54	0.75	0.04

注：数字加上标"＊、＊＊、＊＊＊"表示置信概率分别为 10%、5%、1%。

从上表可以看出，日本国会通过《资金结算法（修正案）》当天，市场几乎没有反映。两天后，消息得到确认，5 月 27 日、28 日收益率显著高于。6 月 3 日修改重新公布后，再一次出现收益率上升。事后窗的异常收益率如下。

表8.5　日本虚拟货币立法事后窗的异常收益率

（%）

事件	日期	Btcbox	Coincheck	USDmarket	Bitstamp	Coinbase	BTCT
11	6 月 5 日	1.05	0.50	0.27	-0.11	-0.33	0.85
12	6 月 6 日	2.67*	2.26*	1.70	1.70	1.86	1.92
13	6 月 7 日	-0.59	-0.85	-1.66	-1.33	-1.34	-1.57
14	6 月 8 日	-0.25	0.20	0.75	0.82	0.47	0.97
15	6 月 9 日	-1.28	-1.50	-1.34	-1.52	-1.13	-0.87
16	6 月 10 日	0.08	0.43	0.37	0.39	0.36	0.15
17	6 月 11 日	5.51***	4.97***	4.82***	5.26***	4.77***	5.59***
18	6 月 12 日	11.68***	10.31***	10.21***	9.57***	10.50***	14.38***
19	6 月 13 日	2.75*	4.18***	4.47***	4.57***	3.93**	-0.16
20	6 月 14 日	-2.12	-2.47*	-2.83*	-2.90*	-3.16*	-2.12
21	6 月 15 日	0.43	0.82	1.17	1.28	1.86	0.34
22	6 月 16 日	8.81***	9.29***	9.72***	9.68***	9.54***	10.34***
23	6 月 17 日	-2.90**	-2.97	-2.42*	-2.96*	-2.43*	-3.52**
24	6 月 18 日	1.16	-0.06	0.85	1.15	0.76	1.12
25	6 月 19 日	0.54	1.03	0.87	0.74	1.14	1.29
26	6 月 20 日	-3.25**	-3.06**	-3.66**	-4.23**	-9.06**	-3.17**
27	6 月 21 日	-11.37***	-12.01***	-10.19***	-9.19***	-5.31***	-11.03***
28	6 月 22 日	-10.89***	-8.60***	-11.31***	-10.58***	-10.07***	-11.94***
29	6 月 23 日	6.46***	4.97***	4.44***	3.72**	4.17**	3.51**
30	6 月 24 日	3.02**	2.74*	6.29***	5.59***	5.84***	7.09***

注：数字加上标"*、**、***"表示置信概率分别为 10%、5%、1%。

从上表可以看出，在修改后公布的一周内几乎没有影响。但这 6 月 11—13 日收益率显著上升，而 20—23 日显著下降。这意味着人们对立法的认识存在争议，有可能出现了影响比特币需求的其他因素。

三、异常交易增长

窗口期的异常交易增长率如下。

表 8.6 日本虚拟货币立法事件窗口期的异常交易增长率

（%）

事件	日期	Btcbox	Coincheck	USDmarket	Bitstamp	Coinbase	BTCT
−10	5 月 15 日	−49.21*	48.06	−25.85	17.92	0.15	44.07
−9	5 月 16 日	−3.61	60.75	73.77**	72.19	61.94**	3.75
−8	5 月 17 日	17.37	−15.78	8.77	7.64	1.17	−53.11*
−7	5 月 18 日	1.42	−8.10	31.14	−25.23	−8.12	23.79
−6	5 月 19 日	28.68	88.80*	10.81	84.83	43.19	25.17
−5	5 月 20 日	−51.56**	−64.10	−15.04	−52.56	−14.94	−14.92
−4	5 月 21 日	−30.69	−82.98*	−64.32**	−56.56	−58.93*	−53.91*
−3	5 月 22 日	30.92	53.82	−6.77	22.60	−3.38	5.59
−2	5 月 23 日	11.79	13.81	25.10	13.24	41.29	−0.96
−1	5 月 24 日	−10.73	−40.19	27.05	17.90	15.33	−10.60
0	5 月 25 日	7.85	87.28*	−0.07	19.75	−4.88	38.17
1	5 月 26 日	27.08	−25.30	0.73	5.01	−4.48	15.23
2	5 月 27 日	−5.19	137.70***	93.48***	119.93**	53.52*	150.15***
3	5 月 28 日	2.81	71.65	10.27	4.87	20.99	40.76
4	5 月 29 日	88.95***	−23.46	−18.97	−40.34	−19.48	−0.34
5	5 月 30 日	−27.00	−28.90	−51.76	−28.01	−49.36	−47.43
6	5 月 31 日	−73.80***	5.50	46.13	70.84	36.32	−5.17

事件	日期	Btcbox	Coincheck	USDmarket	Bitstamp	Coinbase	BTCT
7	6月1日	-10.70	-68.87	-46.77	-77.22	-38.30	-20.31
8	6月2日	9.60	-29.14	-34.67	-30.41	10.76	-42.87
9	6月3日	-19.77	57.14	71.13	82.57	48.67	46.77
10	6月4日	17.09	15.53	-24.34	-32.60	-37.74	16.47

注：数字加上标"＊、＊＊、＊＊＊"表示置信概率分别为 10%、5%、1%。

从上表可以看出，5月 27 日 4 个交易平台出现交易显著增长，而 5 月 29 日 Btcbox 平台出现交易量显著增长，30 日出现交易量显著下降。而同为日本交易平台的 coincheck、中国大陆的 BTCT 以及欧美两个平台交易量变化。事后窗的异常交易增长率如下。

表 8.7　日本虚拟货币立法事后窗的异常交易增长率

(%)

事件	日期	Btcbox	Coincheck	USDmarket	Bitstamp	Coinbase	BTCT
11	6月5日	17.49	-60.05	-32.85	-11.61	-32.07	-12.59
12	6月6日	-0.14	39.74	3.86	-17.12	31.86	-19.16
13	6月7日	37.37	2.64	39.37	42.84	35.71	9.77
14	6月8日	-13.27	-33.28	-30.24	-69.98	-52.06	-33.63
15	6月9日	7.97	-22.21	-12.61	16.76	-11.92	-31.67
16	6月10日	-18.76	-23.83	-7.00	-6.47	13.72	10.36
17	6月11日	17.15	54.13	19.88	16.72	-1.17	13.98
18	6月12日	49.27＊	154.23＊＊＊	120.56＊＊＊	128.43＊＊	118.43＊＊＊	170.11＊＊＊
19	6月13日	11.00	-51.99	-13.77	22.24	-13.76	-39.81

事件	日期	Btcbox	Coincheck	USDmarket	Bitstamp	Coinbase	BTCT
20	6月14日	−11.74	−51.11	−27.25	−46.38	−21.03	−35.02
21	6月15日	−17.42	−25.48	−63.98**	−58.72	−44.34	−25.29
22	6月16日	34.44	106.48**	99.94***	115.41*	76.25**	90.53***
23	6月17日	−2.43	−38.17	28.31	−17.87	−17.29	−18.16
24	6月18日	−10.67	−57.89	−37.07	−88.97*	−36.92	−19.28
25	6月19日	−22.94	−33.70	−62.60**	−79.17	−55.77*	−10.90
26	6月20日	−3.56	52.82	24.03	113.60*	59.73*	−17.47
27	6月21日	32.86	104.64**	56.67**	144.35**	98.82**	87.04**
28	6月22日	9.38	7.57	−15.91	−67.57	−51.35	−11.73
29	6月23日	3.99	−6.29	−5.75	41.29	28.98	25.78
30	6月24日	−6.88	−25.32	−12.99	−38.74	−6.14	−2.75

注：数字加上标"＊、＊＊、＊＊＊"表示置信概率分别为10%、5%、1%。

从上表可以看出，6月12日各国交易平台都出现交易量显著增加，而6月16日、21日除了Btcbox，其他交易平台出现交易量显著增加。

四、异常价格波动

窗口期异常价格比如下。

表8.8 日本虚拟货币立法窗口期的异常价格波动

（%）

事件	日期	Btcbox	Coincheck	USDmarket	Bitstamp	Coinbase	BTCT
−10	5月15日	−1.54	−1.48	−1.00	−1.80	−1.16	−1.15
−9	5月16日	−0.46	−0.81	−0.55	−1.02	−0.04	−0.26

事件	日期	Btcbox	Coincheck	USDmarket	Bitstamp	Coinbase	BTCT
-8	5月17日	-1.19	-1.89	-1.39	-1.64	-1.11	-1.30
-7	5月18日	-1.45	-1.15	-1.11	-1.73	-1.34	-1.32
-6	5月19日	1.59	1.26	1.92	1.78	2.64	1.49
-5	5月20日	0.12	-0.36	-0.18	-0.39	0.10	0.06
-4	5月21日	-1.57	-1.76	-1.24	-0.54	-1.12	-1.41
-3	5月22日	-1.28	-1.06	-0.71	-0.60	-1.02	-1.06
-2	5月23日	-1.17	-1.14	-0.45	-1.03	-1.03	-0.87
-1	5月24日	-0.90	-0.73	-0.99	-1.32	-0.47	-0.80
0	5月25日	-0.99	-1.04	-0.76	-1.34	-1.04	-0.92
1	5月26日	-0.66	-0.44	-0.43	-1.16	-0.95	-0.56
2	5月27日	4.36***	3.57**	3.72***	3.23	2.65*	7.43***
3	5月28日	13.90***	13.07***	11.15***	10.51***	12.47***	18.27***
4	5月29日	8.47***	6.39***	6.45***	8.80***	9.43***	7.80***
5	5月30日	2.94**	2.29*	2.38**	2.36	1.96	2.15*
6	5月31日	4.22***	2.89**	3.28***	3.96*	2.51	5.79***
7	6月1日	0.68	0.13	1.61	0.76	0.98	1.32
8	6月2日	0.01	-0.51	-0.34	-0.49	-0.53	-0.08
9	6月3日	2.11*	2.19	5.32***	5.41**	5.56***	3.89***
10	6月4日	2.14*	2.38*	2.88**	2.86	3.10*	2.50*

注：数字加上标"*、**、***"表示置信概率分别为10%、5%、1%。

从上可以看出，5月27日除 bitstamp 外，其他4个平台出现显著价格波动。5月28日、29所有平台都出现价格波动，日本和中国大陆交易平台持续到5月31日。6月3日修改重新发布，除 coincheck 外，其他4个平台再次出现价格波动,并持续到6月4日。事后窗异常价格比如下。

表8.9 日本虚拟货币立法事后窗的异常价格比

(%)

事件	日期	Btcbox	Coincheck	USDmarket	Bitstamp	Coinbase	BTCT
11	6月5日	0.48	0.17	0.69	0.28	0.31	0.47
12	6月6日	0.68	0.19	0.36	−0.41	0.01	0.38
13	6月7日	1.87	1.59	2.30*	3.04	19.87***	2.10
14	6月8日	0.12	−0.20	−0.01	−0.38	−0.36	0.09
15	6月9日	0.69	−0.18	0.26	−0.77	−0.63	0.36
16	6月10日	−0.44	−1.00	−0.70	−1.14	−0.97	−0.87
17	6月11日	3.88**	2.88**	3.21**	3.55	2.83*	4.23***
18	6月12日	12.80***	19.07***	11.11***	10.69***	11.39***	16.18***
19	6月13日	3.85***	4.66***	6.04***	8.14***	6.23***	4.25***
20	6月14日	3.20**	3.43**	4.58***	5.01**	6.40***	3.40**
21	6月15日	0.92	0.95	1.82	0.98	1.63	0.96
22	6月16日	7.97***	8.28***	9.38***	9.53***	9.01***	10.01***
23	6月17日	5.54***	4.43***	6.50***	7.70***	7.52***	7.53***
24	6月18日	4.33***	2.88**	4.30***	5.18**	4.57***	4.40***
25	6月19日	0.62	0.87	1.11	0.81	1.36	1.56
26	6月20日	2.23	1.97	2.57**	3.07	7.25***	2.06
27	6月21日	18.00***	67.62***	13.44***	13.97***	11.98***	15.64***
28	6月22日	13.93***	13.81***	13.81***	12.69***	17.41***	14.80***
29	6月23日	16.93***	14.86***	11.05***	2.13	14.95***	15.55***
30	6月24日	5.23***	4.79***	7.32***	7.62***	8.65***	7.59***

注:数字加上标"*、**、***"表示置信概率分别为10%、5%、1%。

从上表可以看出，从 6 月 11 日 6 月到 24 日，大多数时间都出现显著的价格波动。综合收益率、交易增长率、价格波动比三方面，日本政府立法确实促进了比特币交易。

第四节　我国代币发行融资禁令

一、我国代币发行融资禁令的事件窗口与正常交易估计

我国政府的"代币融资禁令"公告时间是 2017 年 9 月 4 日，国内各大平台大多是 9 月 14 日才公布了各自的关闭安排。至于彻底停业 Btcc 是 9 月底，Okcoin 和 Huobi 是 10 月底。因此事件窗口以 9 月 4 日为标准。前后各 10 天都列为事件窗，即从 8 月 25 日到 9 月 14 日，这样可以包括"代币融资禁令"实施中的主要行动。而估计窗选择为 5 月 27 日到 8 月 24 日，事后窗从 9 月 15 日到 10 月 3 日，结果如下。

表 8.10　　我国代币融资禁令的估计窗、事件窗和事后窗选择

	窗口日期	日历日期	数据量
估计窗	（-100，-11）	2017 年 5 月 27 日—8 月 24 日	90
事件窗	（-10，-1）	2017 年 8 月 25 日—9 月 3 日	10
	0	2017 年 9 月 4 日	1
	（1，10）	2017 年 9 月 5 日—9 月 14 日	10
事后窗	（11，20）	2017 年 9 月 15—10 月 3 日	20

在此基础上利用估计窗数据，计算正常的收益率、交易增长、价格波

动。其中正常收益率采用均值调整模型。交易平台包括国内的 BtCChina、Huobi、OkCoin，国外的为 bitfinex、Bistamp、Poloniex。结果如下。

表 8.11　我国代币融资禁令的正常收益率、交易增长率、价格比

交易平台		Btcchina	Huobi	Okcoin	Bitfinex	Bitstamp	Poloniex
收益率	均值	0.7855	0.7943	0.8122	0.7883	0.7051	0.7854
	标准差	4.5908	4.8750	4.9164	5.4920	5.6195	5.4241
交易增长率	均值	−0.9539	−1.0646	−0.8206	−0.6596	−1.0732	−1.5195
	标准差	45.3857	50.2329	47.0312	48.6331	57.0917	67.8719
价格比	均值	7.2069	7.8645	7.0240	9.0768	8.4786	9.8828
	标准差	4.0241	4.4435	4.2860	5.0163	4.9462	7.5030

注：收益率按收盘价计算，价格波动为最高价与最低价之比，交易量以比特为单位。

从上表可以看出，就收益率而言，国内 3 个平台均值略高于国外 3 个平台，而标准差略低一些。就交易增长率而言，国内外没有系统性差异。就价格波动而言，国内平台最高价与最低价之比平均较小，而且变化较小。但这些差异是否属于系统性差异，还需要进行检验。对于每个变量，这里进行了均值、标准差的相等性检验，结果如下。

表 8.12　6 家平台收益率、交易量增长率、价格比的均值、标准差相等检验

		检验方法	自由度	检验值	概率
收益率	均值	Anova F − test	(5534)	0.0047	1.0000
		Welch F − test	(5248.978)	0.0042	1.0000
	方差	bartlett	5	5.7350	0.3329
		levene	(5534)	0.7914	0.5561
		Brown − Forsythe	(5534)	0.8084	0.5440

		检验方法	自由度	检验值	概率
交易量增长率	均值	Anova F – test	（5534）	0.0028	1.0000
		Welch F – test	（5248.785）	0.0024	1.0000
	方差	Bartlett	5	13.32	0.0205
		Levene	（5534）	1.53	0.1778
		Brown – Forsythe	（5534）	1.51	0.1858
价格比	均值	Anova F – test	（5534）	3.6582	0.0029
		Welch F – test	（5247.818）	3.2301	0.0076
	方差	Bartlett	5	49.2154	0.0000
		Levene	（5534）	1.7606	0.1192
		Brown – Forsythe	（5534）	1.2692	0.2757

表 8.12 说明收益率的均值和方差都不存在差异。交易增长的均值不存在差异，标准差可能存在差异。价格比均值存在差异。考虑到方差相等性检验中，Bartlett 的结果表示存在差异，而另外两种方法的结果表示不存在差异。所以，我们只考虑价格比均值差异。对 3 家国内平台、3 家国际平台分别进行检验，结果如下。

表 8.13　3 家国内平台价格比的均值、标准差相等检验

	检验方法	自由度	数值	P
均值	Anova F – test	（2267）	0.6999	0.4976
	Welch F – test	（2173.22）	0.7528	0.4726
标准差	bartlett	2	20.4175	0
	levene	（2267）	0.4227	0.6557
	Brown – Forsythe	（2267）	0.4806	0.6189

结果表明国内3家平台的价格比不存在系统性差异。

表8.14 3家美国平台价格比均值、标准差相等检验

	检验方法	自由度	数值	P
均值	Anova F – test	(2267)	1.2658	0.2837
	Welch F – test	(2173.44)	1.1261	0.3266
标准差	bartlett	2	21.1687	0
	levene	(2267)	2.0028	0.137
	Brown – Forsythe	(2267)	1.3369	0.2644

结果表明国外3家平台的价格比也不存在系统性差异。这说明国内平台和国外平台的价格波动存在系统性差异。

以表8.11为基础，计算各平台事件窗口的异常收益率、异常交易增长率、异常价格比。并以"各家平台异常收益率、异常交易增长率、异常价格比均服从均值为零，标准差分别为常数的正态分布"为原假设，对事件窗口的计算结果进行检验。

二、异常交易价格

首先看事件窗的异常收益率及统计检验如下表。

表8.15 我国代币融资禁令窗口期的异常收益率

（%）

事件	日期	Btcchina	Huobi	Okcoin	Bitfinex	Bitstamp	Poloniex
-10	8月25日	0.81	0.55	0.28	-0.10	0.58	-0.07
-9	8月26日	-1.79	-1.98	-1.90	-1.06	-1.23	-0.73
-8	8月27日	-0.65	-0.60	-0.59	-0.95	-0.61	-1.54
-7	8月28日	-0.44	-0.54	-0.47	0.40	0.27	0.56

事件	日期	Btcchina	Huobi	Okcoin	Bitfinex	Bitstamp	Poloniex
-6	8 月 29 日	1.85	1.66	2.07	3.72	3.73	3.90
-5	8 月 30 日	-2.45	-2.39	-2.60	-1.20	-0.83	-1.15
-4	8 月 31 日	1.48	1.18	0.77	2.44	2.76	2.27
-3	9 月 1 日	4.02	4.68	4.37	3.16	3.18	3.04
-2	9 月 2 日	-6.36*	-6.09	-5.62	-8.76*	-7.47*	-9.04**
-1	9 月 3 日	-4.59	-5.17	-5.37	0.68	-0.57	1.26
0	9 月 4 日	-12.03***	-12.17***	-11.55***	-9.74**	-8.12*	-9.76**
1	9 月 5 日	6.09*	6.36*	5.49	3.17	2.05	3.33
2	9 月 6 日	5.94*	5.75	5.70	4.14	3.95	3.74
3	9 月 7 日	-2.10	-2.00	-2.02	-0.40	-0.51	-0.25
4	9 月 8 日	-17.02***	-16.83***	-17.02***	-7.74*	-7.50*	-7.80*
5	9 月 9 日	-1.40	-0.18	0.30	-0.51	-0.78	-0.32
6	9 月 10 日	-4.35	-6.42*	-5.78	-2.71	-2.64	-2.92
7	9 月 11 日	7.56**	8.53**	7.80	-1.62	-1.15	-1.49
8	9 月 12 日	-0.37	-0.10	-0.39	-1.99	-1.53	-2.14
9	9 月 13 日	-3.36	-5.11	-4.84	-8.27*	-8.36*	-7.78*
10	9 月 14 日	-33.64***	-32.16***	-30.87***	-18.19***	-18.73***	-18.86***

注：数字加上标" * 、 * * 、 * * * "表示置信概率分别为 10% 、5% 、1% 。

从上表可以得出一些结论，（1）在风险警示阶段，Btcc 平台 9 月 2 日交易的异常收益率和国外 3 个平台的异常收益率下降在 10% 显著性水平上具有统计显著性，而火币（Huobi）和币行（OkCoin）平台交易异常收益率也出现下降，但不具有显著性。这说明比特币大陆当日宣布"停止针对代币发行融资的虚拟货币的充提"不仅对平台自身的交易价格产生影响，也对国外 3 个交易平台产生影响。与此形成对比的是，8 月 30 日，ICOIN-FO 宣布的暂停一切代币发行融资业务并没有对市场价格产生实质性影响。其原因是平台性质不同，比特币大陆是代币交易平台，而 ICOINFO 是代币融资平台。（2）在代币发行融资平台关闭阶段，国内 3 家平台 9 月 4 日、8 日的异常收益率下降都在 1% 的显著性水平上是显著的，国外有 2 家平台的异常收益率下降在 5% 显著性水平上是显著的，另一个平台则在 10% 显著性水平上是显著的。这说明政府 9 月 4 日"代币发行融资禁令"的发布立即对市场产生影响，而 9 月 8 日禁令的"落地"，即代币融资平台的关闭也对交易价格产生影响。（3）在数字货币交易平台关闭阶段，国内外 6 家平台 9 月 14 日的异常收益率下降都在 1% 的置信水平上呈现统计显著性。而这一时间正好与国内三大平台宣布"未来即将关闭"。这说明政策禁令的落地影响巨大。事后窗的异常收益率如下。

表 8.16 我国代币融资禁令事后窗的异常收益率

（%）

事件	日期	Btcchina	Huobi	Okcoin	Bitfinex	Bitstamp	Poloniex
11	9 月 15 日	9.49**	8.16**	8.51**	12.56**	12.95**	12.85***
12	9 月 16 日	5.31	-0.59	-0.56	-1.19	-1.28	-1.05
13	9 月 17 日	0.64	-2.58	-2.39	-1.20	-1.14	-1.01
14	9 月 18 日	13.67***	15.63***	15.50***	9.98**	10.60**	9.54**
15	9 月 19 日	-0.97	0.51	-0.82	-5.60	-6.03	-5.25
16	9 月 20 日	0.21	-5.95	-4.95	-1.30	-1.07	-1.42
17	9 月 21 日	-6.75*	-3.20	-3.68	-8.16*	-7.58*	-8.16**
18	9 月 22 日	-3.32	-3.01	-1.87	-0.65	-0.84	-1.06
19	9 月 23 日	4.14	9.07**	2.93	4.04	3.81	4.50
20	9 月 24 日	-2.34	-7.87*	-2.84	-4.15	-3.80	-4.16

事件	日期	Btcchina	Huobi	Okcoin	Bitfinex	Bitstamp	Poloniex
21	9 月 25 日	4.93	2.11	3.43	6.47	5.99	6.24
22	9 月 26 日	-2.38	-0.39	-0.08	-2.02	-1.45	-1.94
23	9 月 27 日	8.33**	5.14	6.59*	7.32*	6.98	7.17*
24	9 月 28 日	1.11	2.06	1.31	-1.26	-1.05	-1.07
25	9 月 29 日	-2.60	-2.15	-0.65	-1.31	-1.18	-1.31
26	9 月 30 日	2.71	7.66*	6.15	3.88	3.09	3.83
27	10 月 1 日		3.62	2.02	0.06	0.47	0.30
28	10 月 2 日		-0.65	-0.33	-0.88	-0.38	-1.05
29	10 月 3 日		-3.11	-3.10	-2.85	-2.44	-2.90
30	10 月 4 日		-0.91	-0.96	-2.99	-2.96	-3.03

注：数字加上标" * 、 * * 、 * * * "表示置信概率分别为 10%、5%、1%。Btcchina 在 9 月底关闭所有没有 10 月份数据。

从上表可以看出，14 日平台关闭造成价格下降，而 15 日、18 日出现反弹。

三、异常交易量

事件窗的异常交易增长率及统计检验结果如下。

表 8.17 我国代币融资禁令事件窗的异常交易增长率

（%）

事件	日期	Btcchina	Huobi	Okcoin	Bitfinex	Bitstamp	Poloniex
-10	8 月 25 日	-19.59	-12.37	-27.57	23.62	-9.51	-4.59
-9	8 月 26 日	-56.29	-60.95	-48.87	-61.81	-38.05	-21.27

续表

事件	日期	Btcchina	Huobi	Okcoin	Bitfinex	Bitstamp	Poloniex
-8	8月27日	19.62	29.93	10.95	-27.35	-48.91	-18.10
-7	8月28日	40.74	33.09	45.47	64.06*	78.62*	52.08
-6	8月29日	37.75	45.32	29.99	43.55	32.90	-6.05
-5	8月30日	-7.03	-8.31	-5.39	-63.92*	-29.84	-30.48
-4	8月31日	-24.45	-33.74	-15.35	9.24	3.24	0.79
-3	9月1日	24.91	35.82	16.58	44.53	55.57	54.18
-2	9月2日	18.23	9.36	25.69	66.09*	11.04	82.26*
-1	9月3日	-44.13	-33.48	-53.19	-48.79	-40.31	-66.56
0	9月4日	78.82**	81.02*	78.92**	57.33	81.43*	68.58
1	9月5日	31.52	29.63	30.09	-1.83	-17.19	-27.02
2	9月6日	-50.87	-52.94	-48.83	-38.09	-21.68	-51.71
3	9月7日	-56.91	-57.71	-55.62	-51.70	-57.57	-28.18
4	9月8日	125.12***	131.00**	121.25***	97.20**	95.09**	103.05**
5	9月9日	-62.10*	-62.57	-63.26*	-66.44*	-85.45*	-106.57**
6	9月10日	23.66	22.03	26.22	39.36	40.02	44.39
7	9月11日	-25.49	-27.04	-24.41	-38.26	-26.36	-30.03
8	9月12日	7.37	11.56	3.43	25.91	18.29	16.78
9	9月13日	-8.19	-8.82	-6.02	58.64	81.24*	71.06
10	9月14日	14.55	89.69*	86.60**	58.50	34.31	59.88

注：数字加上标"*、**、***"表示置信概率分别为10%、5%、1%。

从上表可以得出一些结论，（1）在风险警示阶段，国内3家平台9月2日异常交易增长率虽然大于零，不具有统计显著性，而国外有2家平台异常交易增长率为正且在10%的置信水平上具有显著性。（2）在代币发行融资平台关闭阶段，6 家平台 9 月 4 日异常交易增长率均大于零，其中国内两大平台交易增长在 5% 置信水平是显著的，另一个平台和国外的 Bitstamp 平台则 10% 置信水平是显著的。国外 Bitfinex 和 Poloniex 平台不具有统计显著性。6 家平台 8 日的异常交易增长率都是显著的，只不过显著性水平不同。国内 Btcchina 和 Okcoin 为 1%，Huobi 为 5%。国外 3 家平台异常收益率在 5% 的显著性水平上是显著的。（3）在数字货币交易平台关闭阶段，6 家平台 9 月 14 日的异常交易增长率都为正，其中国内的 Huobi、Okcoin 平台分别在 10%、5% 置信水平上是统计显著的。另外，值得关注的是 9 月 13 日，国内三大平台异常交易增长率为负，而国外三大平台异常交易增长率为正。其中 Bitstamp 平台在 10% 置信水平是显著的。这很可能是国内交易向国外转移。

表 8.18 我国代币融资禁令事后窗的异常交易增长率

（%）

事件	日期	Btcchina	Huobi	Okcoin	Bitfinex	Bitstamp	Poloniex
11	9 月 15 日	9.49**	8.16**	8.51**	12.56**	12.95**	12.85***
12	9 月 16 日	5.31	−0.59	−0.56	−1.19	−1.28	−1.05
13	9 月 17 日	0.64	−2.58	−2.39	−1.20	−1.14	−1.01
14	9 月 18 日	13.67***	15.63***	15.50***	9.98**	10.60**	9.54**
15	9 月 19 日	−0.97	0.51	−0.82	−5.60	−6.03	−5.25
16	9 月 20 日	0.21	−5.95	−4.95	−1.30	−1.07	−1.42
17	9 月 21 日	−6.75*	−3.20	−3.68	−8.16*	−7.58*	−8.16**
18	9 月 22 日	−3.32	−3.01	−1.87	−0.65	−0.84	−1.06
19	9 月 23 日	4.14	9.07**	2.93	4.04	3.81	4.50
20	9 月 24 日	−2.34	−7.87*	−2.84	−4.15	−3.80	−4.16
21	9 月 25 日	4.93	2.11	3.43	6.47	5.99	6.24

续表

事件	日期	Btcchina	Huobi	Okcoin	Bitfinex	Bitstamp	Poloniex
22	9 月 26 日	− 2. 38	− 0. 39	− 0. 08	− 2. 02	− 1. 45	− 1. 94
23	9 月 27 日	8. 33 * *	5. 14	6. 59 *	7. 32 *	6. 98	7. 17 *
24	9 月 28 日	1. 11	2. 06	1. 31	− 1. 26	− 1. 05	− 1. 07
25	9 月 29 日	− 2. 60	− 2. 15	− 0. 65	− 1. 31	− 1. 18	− 1. 31
26	9 月 30 日	2. 71	7. 66 *	6. 15	3. 88	3. 09	3. 83
27	10 月 1 日		3. 62	2. 02	0. 06	0. 47	0. 30
28	10 月 2 日		− 0. 65	− 0. 33	− 0. 88	− 0. 38	− 1. 05
29	10 月 3 日		− 3. 11	− 3. 10	− 2. 85	− 2. 44	− 2. 90
30	10 月 4 日		− 0. 91	− 0. 96	− 2. 99	− 2. 96	− 3. 03

注：数字加上标 "∗、∗∗、∗∗∗" 表示置信概率分别为 10%、5%、1%。Btcchina 在 9 月底关闭所有没有 10 月份数据。

从上表可以看出，9 月 15 日、18 日出现交易增长，这两天是平台宣布即将于未来关闭日期。之后趋于平稳。

四、价格波动

最后看价格波动，事件窗的异常价格比及统计检验结果如下。

表 8.19　我国代币融资禁令窗口期的异常价格比

（%）

事件	日期	Btcchina	Huobi	Okcoin	Bitfinex	Bitstamp	Poloniex
− 10	8 月 25 日	− 2. 42	− 5. 43	− 4. 53	− 4. 04	− 4. 26	− 5. 33
− 9	8 月 26 日	− 4. 75	− 5. 41	− 4. 46	− 6. 18	− 5. 23	− 6. 91
− 8	8 月 27 日	− 5. 26 *	− 5. 81 *	− 5. 09	− 6. 68 *	− 6. 08	− 6. 39

事件	日期	Btcchina	Huobi	Okcoin	Bitfinex	Bitstamp	Poloniex
-7	8月28日	-2.05	-3.19	-2.29	-3.78	-2.94	-4.37
-6	8月29日	-2.41	-3.29	-2.45	-1.59	-1.25	-2.64
-5	8月30日	-2.86	-1.93	-2.00	-5.46	-4.83	-6.16
-4	8月31日	-4.52	-4.43	-4.12	-5.07	-4.33	-5.98
-3	9月1日	-1.22	-2.17	-0.97	-3.13	-2.83	-4.84
-2	9月2日	6.43*	5.33	5.99	3.88	2.47	3.62
-1	9月3日	2.21	2.37	3.19	-0.56	-1.30	-0.64
0	9月4日	8.28**	6.36*	7.29	4.74	5.21	4.73
1	9月5日	14.57***	13.86***	-73.52***	5.56	3.34	4.53
2	9月6日	1.25	-0.11	0.51	-2.60	-1.76	-3.41
3	9月7日	-3.38	-3.56	-2.21	-4.14	-4.02	-4.53
4	9月8日	19.87***	17.72***	19.71***	5.30	4.95	5.63
5	9月9日	4.97	3.67	5.75	-3.20	-3.30	-4.40
6	9月10日	5.21*	7.20**	9.29*	-0.12	-0.69	-1.09
7	9月11日	4.36	4.48	5.53	-2.77	-2.10	-3.84
8	9月12日	2.22	1.65	3.19	-0.95	-1.19	-1.84
9	9月13日	2.21	-0.45	-0.63	2.39	3.86	1.37
10	9月14日	49.04**	30.53***	31.34***	13.14***	13.69***	12.86**

注：数字加上标"*、**、***"表示置信概率分别为10%、5%、1%。

从上可以看出，（1）在风险警示阶段，6家平台9月2日异常价格比虽然大于零，但只有国内 Btcchina 在10%置信水平具有统计显著性。（2）在代币发行融资平台关闭阶段，6家平台9月4日异常价格比均大于零。但只有 Btcchina 和 Okcoin 是显著的，置信水平分别为5%、10%。国外2

家平台异常收益率在 5% 的显著性水平上是显著的,另一个平台在 10% 显著性水平上显著。9 月 8 日,国内平台都是显著的,而国外平台则都不显著。(3) 在数字货币交易平台关闭阶段,6 家平台 9 月 14 日的异常价格比都为正,且在 1% 置信水平显著。

事后窗的异常价格比如下。

表 8. 20 我国代币融资禁令事后窗的异常价格比

(%)

事件	日期	Btcchina	Huobi	Okcoin	Bitfinex	Bitstamp	Poloniex
11	9 月 15 日	20. 48***	23. 95***	25. 01***	18. 74***	20. 05***	20. 53**
12	9 月 16 日	8. 95**	12. 81***	12. 79**	1. 29	2. 18	1. 25
13	9 月 17 日	-0. 46	-1. 39	0. 33	0. 07	0. 46	-1. 18
14	9 月 18 日	8. 98**	10. 59***	10. 92*	3. 25	4. 18	2. 19
15	9 月 19 日	-3. 33	-1. 14	-0. 41	-1. 83	-1. 43	-2. 58
16	9 月 20 日	-3. 13	0. 95	-0. 34	-3. 33	-2. 47	-4. 21
17	9 月 21 日	1. 66	-2. 71	-0. 48	0. 61	1. 07	6. 80
18	9 月 22 日	5. 50*	-0. 40	0. 88	-1. 68	-1. 43	-2. 57
19	9 月 23 日	-0. 76	-0. 74	-0. 24	-1. 93	-1. 21	-2. 71
20	9 月 24 日	-4. 15	-3. 07	-2. 60	-4. 46	-3. 82	-4. 62
21	9 月 25 日	1. 22	-1. 57	-0. 58	-0. 24	0. 00	-1. 14
22	9 月 26 日	-4. 33	-4. 48	-4. 61	-5. 25	-5. 38	-6. 09
23	9 月 27 日	2. 87	-1. 08	1. 36	0. 03	0. 74	-0. 72
24	9 月 28 日	-3. 12	-1. 93	-2. 03	-5. 46	-4. 93	-5. 80
25	9 月 29 日	-2. 12	-2. 49	-0. 38	-3. 58	-3. 37	-4. 03
26	9 月 30 日	-2. 46	1. 60	0. 80	-3. 38	-3. 77	-4. 46
27	10 月 1 日		-1. 10	-2. 16	-4. 96	-75. 81***	-5. 99
28	10 月 2 日		-3. 99	-4. 29	-6. 26	-6. 16	-6. 92

事件	日期	Btcchina	Huobi	Okcoin	Bitfinex	Bitstamp	Poloniex
29	10 月 3 日		− 2.02	− 1.45	− 3.61	− 3.57	− 4.59
30	10 月 4 日		− 3.76	− 3.21	− 4.64	− 4.33	− 5.63

注：数字加上标"*、**、***"表示置信概率分别为 10%、5%、1%。Btcchi-na 在 9 月底关闭所有没有 10 月份数据。

从上表可以看出，除了 9 月 15 日，价格变化趋于平稳。综合以上结果，可以说在 9 月 4 日、8 日、14 日三个关键时点，代币融资禁令不仅使国内比特币交易价格下降，交易量和价格波动增大。而且对国外交易价格、交易量、价格波动也产生类似影响。这意味着在政策作用下，比特币市场出现"抛售"，最终有利于"挤出"比特币泡沫。

第五节　美国国会听证会

一、美国国会听证会的事件与政策交易变量估计

2018 年 3 月 14 日，美国国会举行听证会。听证会主题是"审查虚拟货币和 ICO"。事件窗口以 3 月 14 日为标准。前后各 10 天都列为事件窗，即从 8 月 25 日到 9 月 14 日，这样可以包括"代币融资禁令"实施中的主要行动。而估计窗选择为 5 月 27 日到 8 月 24 日，事后窗从 9 月 15 日到 10 月 3 日，结果如下。

表 8.21 美国代币融听证的估计窗、事件窗和事后窗选择

	窗口日期	日历日期	数据量
估计窗	（-100，-11）	2017 年 12 月 4 日 2018 年 3 月 3 日	90
事件窗	（-10，-1）	2018 年 3 月 4 日 3 月 13 日	10
	0	2018 年 3 月 14 日	1
	（1，10）	2018 年 3 月 15 日 3 月 24 日	10
事后窗	（11，20）	2018 年 3 月 25 日 4 月 13 日	20

在此基础上利用 Bitstamp、Coinbase、Itbit、Bitflyer、Btcbox、Coincheck 交易平台相关数据，计算正常收益率、交易增长率、价格比，结果如下。

表 8.22 美国代币融资听证的正常收益率、交易增长率、价格比

交易平台		Bitstamp	Coinbase	Itbit	Bitflyer	Btcbox	Coincheck
收益率	均值	0.0191	0.0139	0.0254	-0.0605	-0.0416	-0.1057
	标准差	7.1536	7.1520	7.1202	8.0253	7.9412	8.1083
交易增长率	均值	-0.6707	-0.9470	-0.7309	-0.2949	2.4653	-3.1577
	标准差	43.0857	48.5420	48.0583	38.5961	44.8194	38.1016
价格比	均值	13.2410	13.4974	12.8288	12.8903	14.7688	13.8260
	标准差	7.0897	9.0555	7.2138	10.4558	13.7371	11.3242

注：收益率按收盘价计算，价格波动为最高价与最低价之比，交易量以比特为单位。

从上表可以看出，3 个欧美交易平台中收益率为正，而 3 个日本交易平台中收益率为负。主要原因是 2018 年 1 月 Coinc 出现被盗事故，之后日本金融厅加强了检查。但这些差异是否属于系统性差异，还需要进行检验。这里进行了均值、标准差的相等性检验，结果如下。

表8.23　6家平台收益率、交易量增长率、价格比的均值、标准差相等检验

		检验方法	自由度	检验值	概率
收益率	均值	Anova F – test	(5534)	0.0044	1.0000
		Welch F – test	(5249.07)	0.0042	1.0000
	方差	bartlett	5	3.6442	0.6017
		levene	(5534)	0.02556	0.9997
		Brown – Forsythe	(5534)	0.02415	0.9997
交易量增长率	均值	Anova F – test	(5534)	0.1521	0.9794
		Welch F – test	(5248.83)	0.1653	0.9751
	方差	Bartlett	5	9.5266	0.0898
		Levene	(5534)	3.7502	0.0024
		Brown – Forsythe	(5534)	3.8542	0.0019
价格比	均值	Anova F – test	(5534)	0.4606	0.8056
		Welch F – test	(5247.17)	0.3550	0.8787
	方差	Bartlett	5	54.4946	0.0000
		Levene	(5534)	2.2024	0.0502
		Brown – Forsythe	(5534)	1.0441	0.3908

　　从上表可以看出，6个平台收益率的均值和方差都没有显著差异，交易增长率和价格比的均值都没有显著差异，但二者的方差存在显著差异。

二、异常收益率

窗口期异常收益率如下。

表 8.24　美国代币融资听证窗口期的异常收益率

(%)

事件	日期	Bitstamp	Coinbase	Itbit	Bitflyer	Btcbox	Coincheck
-10	3月4日	0.14	0.31	0.48	-0.41	-0.84	1.78
-9	3月5日	-0.40	-0.82	-0.83	1.45	1.63	0.52
-8	3月6日	-6.30	-6.15	-6.35	-7.36	-7.28	-5.64
-7	3月7日	-7.88	-7.53	-7.94	-7.85	-7.72	-7.42
-6	3月8日	-6.56	-6.47	-6.22	-5.00	-5.34	-5.49
-5	3月9日	-0.62	-0.55	-0.58	-0.23	0.40	-0.53
-4	3月10日	-4.89	-5.11	-5.02	-4.71	-5.02	-4.66
-3	3月11日	8.10	8.05	8.05	7.68	7.64	8.49
-2	3月12日	-4.46	-4.45	-4.65	-4.49	-4.30	-3.71
-1	3月13日	0.22	0.26	0.57	0.45	0.24	0.36
0	3月14日	-10.94	-10.84	-10.96	-10.87	-10.57	-10.58
1	3月15日	0.81	0.63	0.62	0.62	0.74	0.60
2	3月16日	-0.10	0.17	0.08	-0.28	-0.29	-0.54
3	3月17日	-4.95	-5.19	-4.80	-4.63	-4.11	-4.27
4	3月18日	4.06	4.15	3.91	3.15	2.47	3.21
5	3月19日	4.85	4.72	4.70	6.34	5.00	6.34
6	3月20日	3.49	3.54	4.00	3.68	3.42	3.92
7	3月21日	-0.13	-0.11	-0.46	-0.98	-0.22	-1.06
8	3月22日	-2.17	-2.02	-2.07	-2.94	-2.45	-2.90
9	3月23日	2.43	2.39	2.22	2.47	1.58	2.24
10	3月24日	-4.30	-4.55	-4.45	-4.10	-3.40	-4.21

注：数字加上标"＊、＊＊、＊＊＊"表示置信概率分别为 10%、5%、1%。

从上表可以看出，虽然在 3 月 14 日当天 6 个交易平台都出现价格下降，但从统计角度不具有显著性。这一方面可能是听证会传递的信息不够明确，有可能是同期日本金融厅采取的一系列行动掩盖了听证会的影响。

事后窗的异常收益率如下。

表 8.25　美国代币融资听证事后窗的异常收益率

（%）

事件	日期	Bitstamp	Coinbase	Itbit	Bitflyer	Btcbox	Coincheck
11	3 月 25 日	- 1. 11	- 0. 94	- 1. 12	- 1. 17	- 1. 27	- 0. 63
12	3 月 26 日	- 3. 68	- 3. 73	- 3. 70	- 3. 26	- 2. 78	- 3. 32
13	3 月 27 日	- 4. 51	- 4. 42	- 4. 41	- 4. 31	- 4. 78	- 4. 24
14	3 月 28 日	1. 77	1. 88	1. 96	2. 84	2. 77	2. 92
15	3 月 29 日	- 11. 27	- 11. 51	- 11. 53	- 12. 65	- 12. 26	- 12. 91
16	3 月 30 日	- 3. 44	- 3. 35	- 3. 48	- 2. 77	- 3. 03	- 2. 53
17	3 月 31 日	1. 12	1. 15	1. 14	2. 04	1. 96	2. 10
18	4 月 1 日	- 1. 69	- 1. 65	- 1. 45	- 2. 15	- 2. 07	- 2. 05
19	4 月 2 日	3. 43	3. 29	3. 10	3. 39	3. 30	3. 50
20	4 月 3 日	5. 01	5. 24	5. 23	5. 63	5. 71	5. 73
21	4 月 4 日	- 8. 70	- 8. 93	- 9. 13	- 8. 54	- 8. 57	- 8. 50
22	4 月 5 日	- 0. 44	- 0. 10	- 0. 08	0. 16	- 0. 13	0. 13
23	4 月 6 日	- 2. 31	- 2. 50	- 2. 34	- 2. 55	- 2. 26	- 2. 56
24	4 月 7 日	4. 22	4. 06	4. 05	3. 69	3. 55	3. 72
25	4 月 8 日	1. 74	1. 80	1. 77	1. 95	1. 77	2. 00
26	4 月 9 日	- 3. 60	- 3. 62	- 3. 60	- 3. 37	- 3. 43	- 3. 25
27	4 月 10 日	0. 80	0. 78	0. 83	1. 01	1. 05	0. 99
28	4 月 11 日	1. 51	1. 70	1. 52	1. 20	1. 33	1. 20
29	4 月 12 日	13. 22*	13. 10*	13. 21*	13. 57*	13. 65*	13. 74*
30	4 月 13 日	- 0. 36	- 0. 30	- 0. 54	- 0. 30	- 0. 57	- 0. 34

注：数字加上标"＊、＊＊、＊＊＊"表示置信概率分别为 10%、5%、1%。

从上表可知，4月12日的收益率上升很可能是其他因素影响，而不是听证会的作用。

三、异常交易量方

窗口期异常交易增长率如下。

表 8.26　美国代币融资听证窗口期的异常交易增长

（%）

事件	日期	Bitstamp	Coinbase	Itbit	Bitflyer	Btcbox	Coincheck
-10	3月4日	-12.40	-42.11	-15.68	-11.52	-2.82	-21.95
-9	3月5日	38.11	26.87	14.61	0.47	-2.28	11.80
-8	3月6日	40.10	50.63	75.74	45.08	-3.01	19.15
-7	3月7日	57.91	59.46	26.31	26.87	-2.92	72.67*
-6	3月8日	-14.13	-32.12	3.08	-2.19	-2.27	6.93
-5	3月9日	26.00	60.05	51.81	16.24	-2.39	18.71
-4	3月10日	-80.48*	-87.49*	-116.85**	-51.62	-2.71	-40.44
-3	3月11日	24.83	24.04	4.62	30.63	-2.53	5.99
-2	3月12日	14.03	-1.14	38.46	2.29	-2.09	41.44
-1	3月13日	-15.18	-20.64	-18.10	-6.87	-2.69	-14.89
0	3月14日	28.77	48.45	23.34	3.61	-94.85*	18.24
1	3月15日	-13.51	1.49	52.01	22.53	67.49	32.33
2	3月16日	-10.16	-48.19	-58.74	-25.49	-7.68	-29.33
3	3月17日	-30.76	-22.19	-98.65**	-25.93	-36.93	-2.20
4	3月18日	49.07	82.38	116.40**	48.58	29.88	28.70
5	3月19日	-0.10	-17.03	19.03	-4.81	11.22	-24.72
6	3月20日	-35.90	-21.71	9.31	-19.05	-47.31	-10.09
7	3月21日	-9.93	-24.40	26.31	-13.78	6.79	8.67

事件	日期	Bitstamp	Coinbase	Itbit	Bitflyer	Btcbox	Coincheck
8	3月22日	4.62	−3.96	−14.22	4.33	−8.96	−15.53
9	3月23日	9.51	2.16	−23.44	16.19	45.55	21.86
10	3月24日	−33.88	−24.27	−10.21	−26.25	−21.67	−6.69

注：数字加上标"＊、＊＊、＊＊＊"表示置信概率分别为10%、5%、1%。

从上表可以看出，虽然在3月14日当天6个交易平台都出现交易量下降，但只有一个日元交易平台具有显著性。3月10日3个美元交易平台出现的交易量显著下降，很可能是其他因素影响。而3月7日1个日元平台的交易量显著下降，应该是平台自身因素。

表8.27　美国代币融资听证事后窗的异常交易增长

（%）

事件	日期	Bitstamp	Coinbase	Itbit	Bitflyer	Btcbox	Coincheck
11	3月25日	−5.43	−26.26	37.61	−12.37	−11.57	−19.54
12	3月26日	66.56	77.95	20.80	17.04	3.08	17.09
13	3月27日	−34.99	−26.39	−15.33	7.54	−7.73	18.43
14	3月28日	−37.70	−29.87	−64.54	−35.22	−5.55	−34.61
15	3月29日	97.14*	95.07*	84.61*	53.16	−16.32	81.62*
16	3月30日	28.03	4.59	20.20	20.84	2.63	17.03
17	3月31日	−91.48	−66.53	−49.77	−47.52	13.15	−31.88
18	4月1日	45.05	5.23	10.36	6.00	16.76	22.59
19	4月2日	−27.44	−6.57	14.42	−13.89	−18.96	−10.35
20	4月3日	17.31	27.67	6.18	29.52	6.72	4.78
21	4月4日	−1.27	−21.69	−11.53	−13.42	−0.50	−15.89

续表

事件	日期	Bitstamp	Coinbase	Itbit	Bitflyer	Btcbox	Coincheck
22	4月5日	-27.58	-1.49	8.25	-1.33	-8.51	-2.23
23	4月6日	-33.18	-29.02	-80.54	-22.50	-20.47	1.63
24	4月7日	-9.17	-3.20	-25.10	-22.73	10.49	-7.73
25	4月8日	-56.15	-49.66	-55.93	-21.75	0.02	-44.85
26	4月9日	84.89*	82.16	102.45**	54.51	2.67	68.24*
27	4月10日	-43.74	-62.01	-100.98**	-46.60	-11.93	-33.60
28	4月11日	-9.98	10.18	2.70	-46.64	5.36	-1.94
29	4月12日	119.07**	134.59**	152.53***	136.99***	1.22	89.59**
30	4月13日	3.64	-33.30	-33.65	9.56	-14.40	-8.15

备注:数字加上标"*、**、***"表示置信概率分别为10%、5%、1%。

从上可知,虽然4月9日、10日、12日或多或少平台交易量出现显著增加,很可能是平台本身。

四、价格波动方面

窗口期异常收益率如下。

表 8.28　美国代币融资听证窗口期的异常价格比

(%)

事件	日期	Bitstamp	Coinbase	Itbit	Bitflyer	Btcbox	Coincheck
-10	3 月 4 日	-9.12	-9.46	-8.80	-9.14	-10.83	-8.69
-9	3 月 5 日	-10.57	1.68	-10.81	-7.81	-11.50	-10.73
-8	3 月 6 日	-5.10	6.83	-4.94	-3.03	-5.18	-6.34
-7	3 月 7 日	2.23	14.87	2.89	1.83	-0.02	0.57
-6	3 月 8 日	-1.44	10.56	-1.35	-3.02	-5.23	-2.47
-5	3 月 9 日	-0.64	11.40	-0.34	5.37	-1.44	-0.68
-4	3 月 10 日	-3.84	8.14	-4.03	-4.37	-6.16	-5.13
-3	3 月 11 日	2.36	13.58	2.13	1.04	-0.23	1.38
-2	3 月 12 日	-0.09	11.61	-0.16	0.44	-1.74	-0.43
-1	3 月 13 日	-5.85	5.95	-5.89	-6.78	-8.52	-7.28
0	3 月 14 日	4.48	16.74	4.19	5.18	3.03	3.99
1	3 月 15 日	-3.57	8.55	-3.17	-3.70	-5.53	-4.07
2	3 月 16 日	-4.41	7.69	-4.33	-4.68	-5.95	-5.44
3	3 月 17 日	-5.14	6.70	-5.18	-5.35	-8.07	-5.78
4	3 月 18 日	0.40	12.56	0.50	0.57	-1.82	-0.35
5	3 月 19 日	-5.79	6.98	-5.37	-4.97	-7.38	-5.97
6	3 月 20 日	-4.36	7.75	-4.24	-4.89	-7.54	-5.22
7	3 月 21 日	-8.29	3.88	-8.23	-8.44	-10.23	-9.06
8	3 月 22 日	-6.23	6.14	-5.64	-5.55	-6.97	-6.53
9	3 月 23 日	-5.31	6.80	-5.14	-4.93	-7.70	-5.99
10	3 月 24 日	-7.19	4.75	-6.85	-7.99	-9.36	-8.40

注：数字加上标"＊、＊＊、＊＊＊"表示置信概率分别为 10%、5%、1%。

从上表可以看出，虽然在 3 月 14 日当天 6 个交易平台都出现价格波动增加,但从统计角度不具有显著性。

表 8.29 美国代币融资听证事后窗的异常价格比

(%)

事件	日期	Bitstamp	Coinbase	Itbit	Bitflyer	Btcbox	Coincheck
11	3 月 25 日	- 9.52	2.69	- 9.22	- 9.85	- 11.38	- 10.76
12	3 月 26 日	- 4.70	7.18	- 4.90	- 4.96	- 6.94	- 6.19
13	3 月 27 日	- 7.18	4.95	- 6.75	- 7.09	- 8.56	- 7.94
14	3 月 28 日	- 8.30	3.64	- 8.11	- 8.36	- 10.36	- 9.41
15	3 月 29 日	1.99	14.21	2.30	1.84	0.82	2.09
16	3 月 30 日	- 1.75	9.21	- 2.56	- 2.71	- 4.40	- 3.77
17	3 月 31 日	- 6.80	5.17	- 6.79	- 7.27	- 9.11	- 7.92
18	4 月 1 日	- 3.62	8.19	- 3.65	- 2.38	- 4.50	- 3.57
19	4 月 2 日	- 8.11	3.74	- 7.78	- 0.12	- 9.52	- 8.43
20	4 月 3 日	- 6.02	6.15	- 5.86	- 5.25	- 7.22	- 6.17
21	4 月 4 日	- 2.52	9.66	- 2.20	- 2.48	- 4.45	- 3.31
22	4 月 5 日	- 7.92	4.53	- 7.77	- 7.05	- 8.63	- 8.07
23	4 月 6 日	- 8.02	4.01	- 7.53	- 7.68	- 9.73	- 8.52
24	4 月 7 日	- 6.15	5.93	- 6.23	- 6.89	- 8.73	- 7.93
25	4 月 8 日	- 10.20	2.01	- 9.92	- 9.93	- 11.77	- 10.79
26	4 月 9 日	- 4.71	7.33	- 4.44	- 4.33	- 6.13	- 5.06
27	4 月 10 日	- 9.53	2.46	- 9.55	- 9.60	- 11.63	- 10.51
28	4 月 11 日	- 10.66	1.42	- 10.48	- 10.76	- 12.81	- 11.62
29	4 月 12 日	6.16	17.92 *	6.11	5.52	3.12	4.99
30	4 月 13 日	- 6.97	4.90	- 6.85	- 5.61	- 7.72	- 6.74

注:数字加上标" * 、 * * 、 * * * "表示置信概率分别为 10% 、5% 、1% 。

从上表可以看出，除了 4 月 12 日 Coinbase 平台价格波动显著增加外，其他平台价格在正常范围内波动。综合收益率、交易增长率和价格比情况，美国代币融资听证会对比特币交易的影响较小。

另外，注意到对中美日重大监管行动影响的分析中都有交易平台 Bitstamp，从各次监管事件的估计窗看，2016 年的收益率均值最高，为 0.1345%，标准差最小，为 1.4391%；而 2018 年 3 月收益率均值最低为 0.0191%，标准差最大，为 7.1536%。2017 年 9 月的均值和标准差介于二者之间。这说明随着数字加密货币的发展，监管的影响相对下降。这也可能是美国代币融资听证会对比特币交易影响不显著原因之一。

第九章

结论与进一步研究方向

第一节 结论

通过梳理数字加密货币交易平台的发展历史、现状，我们总结了数字加密贸易交易平台运营的特点；借鉴现有金融机构监管原理，我们提出了数字加密货币交易平台的监管思路。通过整理中美日三国的监管实践，我们总结了各国的特点，以比特币为例讨论各国重大监管行动对交易的影响，主要结论如下。

1. 数字加密货币出现的直接原因是少数互联网技术人员对西方主流社会现行金融体制，包括政府垄断货币发行和大型金融机构垄断信贷活动的不满，其初衷是利用互联网技术和数字加密技术建立点对点支付系统。从货币演化角度，本质是属于重新构建一种社会信任机制，在保护交易双方隐私条件下，节约双方交易成本，提高交易效率。但其匿名性特点也为从事非法活动，特别是世界范围内的洗钱、恐怖融资提供便利。其负面作用

227

不得不引起各国政府及国际社会的高度重视。

2. 数字加密货币交易所的出现促进了数字加密货币的使用，但交易所的逐利行为改变了数字加密货币的支付工具属性，把原本作为支付手段的工具逐步变为价值储存，乃至金融投机的工具，并促使相关的金融衍生品交易，即数字加密货币期货交易。数字加密货币交易平台发展历史中屡次爆发的黑客攻击、平台关闭等恶性事件表明，在信息不对称条件下，交易平台运营主体有强烈的欺骗用户动机，监管是非常必要的。

3. 代币首发融资（ICO）初始目的是互联网社区的合作经济工具，但在数字加密货币交易所的推动下逐步演变成融资工具，改变了数字加密货币的初衷，使其变异为特定网络群体内部的权利符合，部分数字加密货币具有股票属性，部分数字加密货币具有债券属性，相当一部分演变为欺骗投资者的道具。

4. 我国作为发展中国家，金融体系和欧美国家存在很大差异，数字加密货币交易投机氛围过浓，交易平台难以承担促进结算效率功能，更多是平台经营者不当获利的工具，而对社会造成巨大风险。从 2013 年至 2017 年 3 月，我国政府的多次采取行动，仍然存在诸多隐患。而 2017 年 9 月要求关闭国内交易平台后，比特币价格大幅度下降，交易量萎缩，彻底根除了金融诈骗风险。因此，我国政府目前的全面禁止是合理的。此举对其他的发展中国家有很多借鉴价值。

5. 美国作为发达国家，对交易平台采取"重内容、轻内容"的监管方式，不同机构根据自身职责对交易平台的特定功能进行监管，并把涉嫌违法的国外个人或机构纳入监管对象。这种做法能够有力保护美国居民的投资者，具有一定借鉴价值。但其国内不同地方政府监管态度不一，会产生负面作用，需要引起注意。

6. 日本境内电子支付相对落后，特别是零售交易效率不高。日本政府允许交易平台合法化目的是促进比特币、莱特币等少数几种数字加密货币作为支付工具使用，提高支付效率。但现实是人们更多当作投机工具，数字加密货币的资产属性。虽然日本金融厅注意到这一点，并从术语上采用"虚拟资产"代替"虚拟货币"一词。监管制度仍然存在缺陷，法律本身还需要从《金融商品交易法》重新考虑，而不是《资金结算法》。

第二节 进一步研究方向

由于作者能力和时间限制，本书从研究内容到研究方法都存在不足，仍需要进一步深入分析。

研究对象方面，国际上就比特币交易市场效率进行了大量研究，提出了很多新型检验方法。本文讨论了政府监管效果，但监管是否提升了市场效率没有涉及。值得进一步分析。

内容方面，本书只是收集了中美日三国相关资料，讨论了这些国家对数字加密货币交易平台的监管行动。而其他国家，诸如欧盟、新加坡、韩国等国家或也采取了相应的监管行动。事实上，即使是美国，我们也只讨论了少数州政府的监管。对以上国家以及美国其他州监管行动的分析将是下一步研究的另一个方向。

方法方面，本身仅仅利用事件分析法初步讨论了监管行动的影响，而一些研究表明，GARCH 模型能够更好地说明比特币收益率特征，如何利用这类模型了评价政策影响，将是下一步研究的又一个方向。

附录一

我国政府部门及社会机构发布的虚拟货币监管相关通告

一、国家部委发布通知或公告

1.《关于防范比特币风险的通知》

2013年12月3日，中国人民银行、工业和信息化部、中国银行业监督管理委员会、中国证券监督管理委员会、中国保险监督管理委员会。

近期，一种通过特定计算机程序计算出来的所谓"比特币"（Bitcoin）在国际上引起了广泛关注，国内也有一些机构和个人借机炒作比特币及与比特币相关的产品。为保护社会公众的财产权益，保障人民币的法定货币地位，防范洗钱风险，维护金融稳定，依据《中华人民共和国中国人民银行法》《中华人民共和国反洗钱法》《中华人民共和国商业银行法》《中华人民共和国电信条例》等有关法律法规，现将有关事项通知如下：

一、正确认识比特币的属性

比特币具有没有集中发行方、总量有限、使用不受地域限制和匿名性等四个主要特点。虽然比特币被称为"货币",但由于其不是由货币当局发行,不具有法偿性与强制性等货币属性,并不是真正意义的货币。从性质上看,比特币应当是一种特定的虚拟商品,不具有与货币等同的法律地位,不能且不应作为货币在市场上流通使用。

二、各金融机构和支付机构不得开展与比特币相关的业务

现阶段,各金融机构和支付机构不得以比特币为产品或服务定价,不得买卖或作为中央对手买卖比特币,不得承保与比特币相关的保险业务或将比特币纳入保险责任范围,不得直接或间接为客户提供其他与比特币相关的服务,包括:为客户提供比特币登记、交易、清算、结算等服务;接受比特币或以比特币作为支付结算工具;开展比特币与人民币及外币的兑换服务;开展比特币的储存、托管、抵押等业务;发行与比特币相关的金融产品;将比特币作为信托、基金等投资的投资标的等。

三、加强对比特币互联网站的管理

依据《中华人民共和国电信条例》和《互联网信息服务管理办法》,提供比特币登记、交易等服务的互联网站应当在电信管理机构备案。

电信管理机构根据相关管理部门的认定和处罚意见,依法对违法比特币互联网站予以关闭。

四、防范比特币可能产生的洗钱风险

中国人民银行各分支机构应当密切关注比特币及其他类似的具有匿名、跨境流通便利等特征的虚拟商品的动向及态势,认真研判洗钱风险,研究制定有针对性的防范措施。各分支机构应当将在辖区内依法设立并提供比特币登记、交易等服务的机构纳入反洗钱监管,督促

其加强反洗钱监测。

提供比特币登记、交易等服务的互联网站应切实履行反洗钱义务，对用户身份进行识别，要求用户使用实名注册，登记姓名、身份证号码等信息。各金融机构、支付机构以及提供比特币登记、交易等服务的互联网站如发现与比特币及其他虚拟商品相关的可疑交易，应当立即向中国反洗钱监测分析中心报告，并配合中国人民银行的反洗钱调查活动；对于发现使用比特币进行诈骗、赌博、洗钱等犯罪活动线索的，应及时向公安机关报案。

五、加强对社会公众货币知识的教育及投资风险提示

各部门和金融机构、支付机构在日常工作中应当正确使用货币概念，注重加强对社会公众货币知识的教育，将正确认识货币、正确看待虚拟商品和虚拟货币、理性投资、合理控制投资风险、维护自身财产安全等观念纳入金融知识普及活动的内容，引导社会公众树立正确的货币观念和投资理念。

各金融监管机构可以根据本通知制定相关实施细则。

请中国人民银行上海总部，各分行、营业管理部、省会（首府）城市中心支行将本通知转发至辖区内各地方性金融机构和支付机构。本通知执行过程中发现的新情况、新问题，请及时向中国人民银行报告。

2.《关于防范代币发行融资风险的公告》

2017年9月4日，中国人民银行、中央网信办、工业和信息化部、工商总局、银监会、证监会、保监会。

近期，国内通过发行代币形式包括首次代币发行（ICO）进行融资的活动大量涌现，投机炒作盛行，涉嫌从事非法金融活动，严重扰乱了经济金融秩序。为贯彻落实全国金融工作会议精神，保护投资者合法权益，防范化解金融风险，依据《中华人民共和国人民银行法》《中华人民共和国商业银行法》《中华人民共和国证券法》《中华人民共和国网络安全法》《中华人民共和国电信条例》《非法金融机构和非法金融业务活动取缔办法》等法律法规，现将有关事项公告如下：

一、准确认识代币发行融资活动的本质属性

代币发行融资是指融资主体通过代币的违规发售、流通，向投资者筹集比特币、以太币等所谓"虚拟货币"，本质上是一种未经批准非法公开融资的行为，涉嫌非法发售代币票券、非法发行证券以及非法集资、金融诈骗、传销等违法犯罪活动。有关部门将密切监测有关动态，加强与司法部门和地方政府的工作协同，按照现行工作机制，严格执法，坚决治理市场乱象。发现涉嫌犯罪问题，将移送司法机关。

代币发行融资中使用的代币或"虚拟货币"不由货币当局发行，不具有法偿性与强制性等货币属性，不具有与货币等同的法律地位，不能也不应作为货币在市场上流通使用。

二、任何组织和个人不得非法从事代币发行融资活动

本公告发布之日起，各类代币发行融资活动应当立即停止。已完成代币发行融资的组织和个人应当做出清退等安排，合理保护投资者权益，妥善处置风险。有关部门将依法严肃查处拒不停止的代币发行融资活动以及已完成的代币发行融资项目中的违法违规行为。

三、加强代币融资交易平台的管理

本公告发布之日起，任何所谓的代币融资交易平台不得从事法定货币与代币、"虚拟货币"相互之间的兑换业务，不得买卖或作为中央对手方买卖代币或"虚拟货币"，不得为代币或"虚拟货币"提供定价、信息中介等服务。

对于存在违法违规问题的代币融资交易平台，金融管理部门将提请电信主管部门依法关闭其网站平台及移动 App，提请网信部门对移动 App 在应用商店做下架处置，并提请工商管理部门依法吊销其营业执照。

四、各金融机构和非银行支付机构不得开展与代币发行融资交易相关的业务

各金融机构和非银行支付机构不得直接或间接为代币发行融资和"虚拟货币"提供账户开立、登记、交易、清算、结算等产品或服务，不得承保与代币和"虚拟货币"相关的保险业务或将代币和"虚拟货币"纳入保险责任范围。金融机构和非银行支付机构发现代币发行融资交易违法违规线索的，应当及时向有关部门报告。

五、社会公众应当高度警惕代币发行融资与交易的风险隐患

代币发行融资与交易存在多重风险，包括虚假资产风险、经营失败风险、投资炒作风险等，投资者须自行承担投资风险，希望广大投资者谨防上当受骗。

对各类使用"币"的名称开展的非法金融活动，社会公众应当强化风险防范意识和识别能力，及时举报相关违法违规线索。

六、充分发挥行业组织的自律作用

各类金融行业组织应当做好政策解读，督促会员单位自觉抵制与

代币发行融资交易及"虚拟货币"相关的非法金融活动，远离市场乱象，加强投资者教育，共同维护正常的金融秩序。

3.《关于防范以"虚拟货币""区块链"名义 进行非法集资的风险提示》

2018 年 8 月 24 日，银保监会、中央网信办、公安部、人民银行、市场监管总局。

近期，一些不法分子打着"金融创新""区块链"的旗号，通过发行所谓"虚拟货币""虚拟资产""数字资产"等方式吸收资金，侵害公众合法权益。此类活动并非真正基于区块链技术，而是炒作区块链概念行非法集资、传销、诈骗之实，主要有以下特征：

一、网络化、跨境化明显。依托互联网、聊天工具进行交易，利用网上支付工具收支资金，风险波及范围广、扩散速度快。一些不法分子通过租用境外服务器搭建网站，实质面向境内居民开展活动，并远程控制实施违法活动。一些个人在聊天工具群组中声称获得了境外优质区块链项目投资额度，可以代为投资，极可能是诈骗活动。这些不法活动资金多流向境外，监管和追踪难度很大。

二、欺骗性、诱惑性、隐蔽性较强。利用热点概念进行炒作，编造名目繁多的"高大上"理论，有的还利用名人大 V "站台"宣传，以空投"糖果"等为诱惑，宣称"币值只涨不跌""投资周期短、收益高、风险低"，具有较强蛊惑性。实际操作中，不法分子通过幕后操纵所谓虚拟货币价格走势、设置获利和提现门槛等手段非法牟取暴利。此外，一些不法分子还以 ICO、IFO、IEO 等花样翻新的名目发行代币，或打着共享经济的旗号以 IMO 方式进行虚拟货币炒作，具有较强的隐蔽性和迷惑性。

三、存在多种违法风险。不法分子通过公开宣传，以"静态收益"（炒币升值获利）和"动态收益"（发展下线获利）为诱饵，吸引公众投入资金，并利诱投资人发展人员加入，不断扩充资金池，具有非法集资、传销、诈骗等违法行为特征。

此类活动以"金融创新"为噱头，实质是"借新还旧"的庞氏骗局，资金运转难以长期维系。请广大公众理性看待区块链，不要盲目相信天花乱坠的承诺，树立正确的货币观念和投资理念，切实提高风险意识；对发现的违法犯罪线索，可积极向有关部门举报反映。

4.《区块链信息服务管理规定》

2019 年 1 月 10 日，国家互联网信息办公室发布。

第一条　为了规范区块链信息服务活动，维护国家安全和社会公共利益，保护公民、法人和其他组织的合法权益，促进区块链技术及相关服务的健康发展，根据《中华人民共和国网络安全法》《互联网信息服务管理办法》和《国务院关于授权国家互联网信息办公室负责互联网信息内容管理工作的通知》，制定本规定。

第二条　在中华人民共和国境内从事区块链信息服务，应当遵守本规定。法律、行政法规另有规定的，遵照其规定。

本规定所称区块链信息服务，是指基于区块链技术或者系统，通过互联网站、应用程序等形式，向社会公众提供信息服务。

本规定所称区块链信息服务提供者，是指向社会公众提供区块链信息服务的主体或者节点，以及为区块链信息服务的主体提供技术支持的机构或者组织；本规定所称区块链信息服务使用者，是指使用区块链信息服务的组织或者个人。

第三条 国家互联网信息办公室依据职责负责全国区块链信息服务的监督管理执法工作。省、自治区、直辖市互联网信息办公室依据职责负责本行政区域内区块链信息服务的监督管理执法工作。

第四条 鼓励区块链行业组织加强行业自律，建立健全行业自律制度和行业准则，指导区块链信息服务提供者建立健全服务规范，推动行业信用评价体系建设，督促区块链信息服务提供者依法提供服务、接受社会监督，提高区块链信息服务从业人员的职业素养，促进行业健康有序发展。

第五条 区块链信息服务提供者应当落实信息内容安全管理责任，建立健全用户注册、信息审核、应急处置、安全防护等管理制度。

第六条 区块链信息服务提供者应当具备与其服务相适应的技术条件，对于法律、行政法规禁止的信息内容，应当具备对其发布、记录、存储、传播的即时和应急处置能力，技术方案应当符合国家相关标准规范。

第七条 区块链信息服务提供者应当制定并公开管理规则和平台公约，与区块链信息服务使用者签订服务协议，明确双方权利义务，要求其承诺遵守法律规定和平台公约。

第八条 区块链信息服务提供者应当按照《中华人民共和国网络安全法》的规定，对区块链信息服务使用者进行基于组织机构代码、身份证件号码或者移动电话号码等方式的真实身份信息认证。用户不进行真实身份信息认证的，区块链信息服务提供者不得为其提供相关服务。

第九条　区块链信息服务提供者开发上线新产品、新应用、新功能的，应当按照有关规定报国家和省、自治区、直辖市互联网信息办公室进行安全评估。

第十条　区块链信息服务提供者和使用者不得利用区块链信息服务从事危害国家安全、扰乱社会秩序、侵犯他人合法权益等法律、行政法规禁止的活动，不得利用区块链信息服务制作、复制、发布、传播法律、行政法规禁止的信息内容。

第十一条　区块链信息服务提供者应当在提供服务之日起十个工作日内通过国家互联网信息办公室区块链信息服务备案管理系统填报服务提供者的名称、服务类别、服务形式、应用领域、服务器地址等信息，履行备案手续。

区块链信息服务提供者变更服务项目、平台网址等事项的，应当在变更之日起五个工作日内办理变更手续。

区块链信息服务提供者终止服务的，应当在终止服务三十个工作日前办理注销手续，并做出妥善安排。

第十二条　国家和省、自治区、直辖市互联网信息办公室收到备案人提交的备案材料后，材料齐全的，应当在二十个工作日内予以备案，发放备案编号，并通过国家互联网信息办公室区块链信息服务备案管理系统向社会公布备案信息；材料不齐全的，不予备案，在二十个工作日内通知备案人并说明理由。

第十三条　完成备案的区块链信息服务提供者应当在其对外提供服务的互联网站、应用程序等的显著位置标明其备案编号。

第十四条 国家和省、自治区、直辖市互联网信息办公室对区块链信息服务备案信息实行定期查验，区块链信息服务提供者应当在规定时间内登录区块链信息服务备案管理系统，提供相关信息。

第十五条 区块链信息服务提供者提供的区块链信息服务存在信息安全隐患的，应当进行整改，符合法律、行政法规等相关规定和国家相关标准规范后方可继续提供信息服务。

第十六条 区块链信息服务提供者应当对违反法律、行政法规规定和服务协议的区块链信息服务使用者，依法依约采取警示、限制功能、关闭账号等处置措施，对违法信息内容及时采取相应的处理措施，防止信息扩散，保存有关记录，并向有关主管部门报告。

第十七条 区块链信息服务提供者应当记录区块链信息服务使用者发布内容和日志等信息，记录备份应当保存不少于六个月，并在相关执法部门依法查询时予以提供。

第十八条 区块链信息服务提供者应当配合网信部门依法实施的监督检查，并提供必要的技术支持和协助。

区块链信息服务提供者应当接受社会监督，设置便捷的投诉举报入口，及时处理公众投诉举报。

第十九条 区块链信息服务提供者违反本规定第五条、第六条、第七条、第九条、第十一条第二款、第十三条、第十五条、第十七条、第十八条规定的，由国家和省、自治区、直辖市互联网信息办公室依据职责给予警告，责令限期改正，改正前应当暂停相关业务；拒不改正或者情节严重的，并处五千元以上三万元以下罚款；构成犯罪的，依法追究刑事责任。

第二十条 区块链信息服务提供者违反本规定第八条、第十六条规定的，由国家和省、自治区、直辖市互联网信息办公室依据职责，按照《中华人民共和国网络安全法》的规定予以处理。

第二十一条　区块链信息服务提供者违反本规定第十条的规定，制作、复制、发布、传播法律、行政法规禁止的信息内容的，由国家和省、自治区、直辖市互联网信息办公室依据职责给予警告，责令限期改正，改正前应当暂停相关业务；拒不改正或者情节严重的，并处二万元以上三万元以下罚款；构成犯罪的，依法追究刑事责任。

区块链信息服务使用者违反本规定第十条的规定，制作、复制、发布、传播法律、行政法规禁止的信息内容的，由国家和省、自治区、直辖市互联网信息办公室依照有关法律、行政法规的规定予以处理。

第二十二条　区块链信息服务提供者违反本规定第十一条第一款的规定，未按照本规定履行备案手续或者填报虚假备案信息的，由国家和省、自治区、直辖市互联网信息办公室依据职责责令限期改正；拒不改正或者情节严重的，给予警告，并处一万元以上三万元以下罚款。

第二十三条　在本规定公布前从事区块链信息服务的，应当自本规定生效之日起二十个工作日内依照本规定补办有关手续。

第二十四条　本规定自 2019 年 2 月 15 日起施行。

二、中国互联网金融协会发布通知或公告

1.《关于防范各类以 ICO 名义吸收投资相关风险的提示》
2017 年 8 月 30 日发布。

近期，各类以 ICO（Initial Coin Offerings）名义进行筹资的项目在国内迅速增长，扰乱了社会经济秩序并形成了较大风险隐患。为保护社会公众的合法权益，现就有关风险事项提示如下。

一、国内外部分机构采用各类误导性宣传手段，以 ICO 名义从事融资活动，相关金融活动未取得任何许可，其中涉嫌诈骗、非法证券、非法集资等行为。广大投资者应保持清醒，提高警惕，谨防上当受骗。一旦发现有涉及违法违规的行为，应立即报送公安机关。

二、由于 ICO 项目资产不清晰，投资者适当性缺失，信息披露严重不足，投资活动面临较大风险。投资者应冷静判别，谨慎对待，自行承担投资风险。

三、中国互联网金融协会会员单位应主动加强自律，抵制违法违规的金融行为。

2.《关于防范比特币等所谓"虚拟货币"风险的提示》。
2017 年 9 月 14 日，中国互联网金融协会发布。

近年来，比特币、莱特币以及各类代币等所谓"虚拟货币"在一些互联网平台进行集中交易，涉众人数逐渐扩大，所形成的金融和社会风险隐患不容忽视。为帮助社会公众正确了解比特币等所谓"虚拟货币"，认识投资风险，保护自身权益，现就有关风险事项提示如下。

比特币等所谓"虚拟货币"缺乏明确的价值基础，市场投机气氛浓厚，价格波动剧烈，投资者盲目跟风炒作，易造成资金损失，投资者需强化风险防范意识。值得注意的是，比特币等所谓"虚拟货币"

日益成为洗钱、贩毒、走私、非法集资等违法犯罪活动的工具，投资者应保持警惕，发现违法犯罪活动线索应立即报案。

投资者通过比特币等所谓"虚拟货币"的交易平台参与投机炒作，面临价格大幅波动风险、安全性风险等，且平台技术风险也较高，国际上已发生多起交易平台遭黑客入侵盗窃事件，投资者须自行承担投资风险。不法分子也往往利用交易平台获取所谓"虚拟货币"以从事相关非法活动，存在较大的法律风险，近期大量交易平台因支持代币发行融资活动（ICO）已被监管部门叫停。各类所谓"币"的交易平台在我国并无合法设立的依据。

各会员单位应履行行业自律公约的承诺，严格遵守国家法律和监管规定，不参与任何与所谓"虚拟货币"相关的集中交易或为此类交易提供服务，主动抵制任何违法违规的金融活动。

三、其他相关机构

1.《关于"虚拟货币"、ICO、"虚拟数字资产"交易、"现金贷"相关风险的提示》

2018年2月6日，北京市互联网金融协会发布。

在中国国内监管日益完备的环境下，部分"虚拟货币"平台、ICO平台、"虚拟数字资产"交易平台、"现金贷"平台将业务活动转移到中国境外，有部分社交平台、非银行支付机构为这些业务提供服务便利，公开诱导不具备识别能力的公众继续开展高金融风险业务，甚至出现演变为跨境非法集资、跨境洗钱、跨境金融诈骗、跨境传销、非法交易、侵犯个人隐私、操纵市场、非法发行证券以及非法发售代币票券等犯罪行为的倾向。

随着各国政府加强对"虚拟货币"、ICO、"虚拟数字资产"交易、"现金贷"领域的监管，部分境外机构存在被所在国政府强制取缔的风险，部分境外机构因存在明显的技术风险、合规风险已被限制访问。在这种背景情况下，境内金融消费者转向境外机构参与的业务将面临确定的风险。

北京市互联网金融行业协会提示广大金融消费者，认清"虚拟货币"、ICO、"虚拟数字资产"交易、"现金贷"以及相关业务本质，增强金融风险防范意识，依法合理规避金融风险，保护自身合法权益，充分了解相关国家法律、法规、政策，理性评估投资风险，不得参与跨境非法集资、跨境洗钱、跨境金融诈骗、跨境传销、非法交易、侵犯个人隐私、操纵市场、非法发行证券以及非法发售代币票券等犯罪行为。

北京市互联网金融行业协会提示会员机构，恪守行业自律承诺，严格遵守国家法律和监管规定，主动抵制违法违规业务活动，不支持、不参与或组织任何涉及"虚拟货币"、ICO、"虚拟数字资产"交易、"现金贷"以及相关的业务活动。广大金融消费者、北京市互联网金融行业协会会员机构发现任何涉及"虚拟货币"、ICO、"虚拟数字资产"交易、"现金贷"以及相关违法违规线索，应当及时向有关部门报告。

2.《防范以 STO、稳定币等名义进行非法金融活动》

2019 年 3 月 21 日，北京市互联网金融协会发布。

近期，部分媒体、社交平台、研究团体以"金融创新"为噱头，发币揽财为目的，交易炒作升值为利诱，利用"研究""论坛"之名，宣传"ICO""IEO""STO""稳定币""积分币""数字货币"等，以此进行培训、项目推介、融资交易等不同形式的线上、线下活动。此类活动并非真正基于区块链技术，而是借机炒作区块链概念，严重扰乱正常的金融经济秩序，带来社会风险隐患。

2017 年 9 月 4 日，中国人民银行等七部委联合发布《关于防范代币发行融资风险的公告》，明确指出"代币发行融资是指融资主体通过代币的违规发售、流通，向投资者筹集比特币、以太币等所谓'虚拟货币'，本质上是一种未经批准的非法公开融资行为，涉嫌非法发售代币票券、非法发行证券以及非法集资、金融诈骗、传销等违法犯罪活动"。

2018 年 8 月，银保监会、中央网信办、公安部、人民银行、市场监管总局发布《关于防范以"虚拟货币""区块链"名义进行非法集资的风险提示》；随后，中国互联网金融协会及北京市地方金融监督管理局等也及时发布相关风险提示。

在此，我们郑重提醒在京各相关机构、个人，所有金融业务和活动都需纳入国家监管范围，以"STO"为例，STO, Security Token Offering，即证券化代币发行，涉嫌非法金融活动，涉及该类活动的团体，将会受到驱离、关闭网站平台及移动 App、吊销营业执照等严厉惩处。

为营造积极健康的金融生态环境，保护金融消费者合法权益，协会再次就相关风险事项提示如下：

一、请在京各相关机构、个人，严格遵守国家法律，共同抵制和防范以"虚拟货币""区块链""ICO"、"STO""稳定币"及其他变种为名义进行的非法集资行为及传播活动。

二、警惕不法分子以 IFO、IEO 等花样翻新的名目发行代币，或打着"共享经济""通证经济""众筹""共识经济"等旗号，以 IMO 方式进行虚拟货币炒作。

三、请广大公众理性看待区块链，不要盲目相信天花乱坠的承诺，树立正确的货币观念和投资理念，切实增强风险意识。

附录二

比特币市场效率研究综述

比特币是一种虚拟的数字加密货币，自 2009 年诞生以来，已经吸引了众多投资者和媒体的关注。2010 年比特币首次开始市场交易，8 年来，比特币交易价格随着交易市场规模的扩大和交易数量的上涨而不断攀升，从起始的 0.3 美元到如今的 6000 美元以上，在此期间，比特币价格也产生了数次剧烈的震荡。从 2017 年年初开始，比特币价格开始上涨，到 2017 年中后期，上涨速度逐渐加快，并伴随短期的较大波动。知道年末到达峰值 18273.21 美元。2017 年年末到 2018 年年初，比特币价格开始剧烈下跌，从峰值跌到 7630.57 美元。2018 年上半年，比特币价格也有不小的波动。截至 2018 年 10 月，比特币价格在 6500 美元上下波动。

这里将对比特币表现出的价格剧烈波动现象，以及比特币交易市场的有效性研究文献进行系统梳理，总结比特币效率市场的主要观点，使用的方法以及未来可能研究的方向。对于交易市场中的价格波动原因，有两种主要的观点。一种观点认为，市场中的资产价格能够及时完整的反应所有信息，一旦有新的事件发生，信息就会立即传播并且反映在价格上，另外，由于事件发生的不确定性，人们无法预测未来将会发生什么，因此也无法预测未来资产价格的波动。此时便称市场是有效率的。另一种观点认为，投资者的心理和行为因素也会决定资产价格，未来价格在某种程度上是可以通过一些估值指标预测的。投资者可以根据这些预测模型在交易中赚取超额回报，由于根据证券市场过去的交易信息可以获得超额收益率，因此，比特币市场表现为无效率的。

首先，对有效市场假说及其主要内容进行梳理。从理论上来界定比特币市场的有效性，进行应用层面上的讨论。其次，对已有文献的检验方法与结果进行总结。最后，总结相关文献的主要结论。

一、有效市场假说

"有效市场假说"的提出最早可追溯到巴彻利尔的理论研究和科尔斯的实证研究。Eugene F. Fama（1970）对早期的理论进行了总结。该理论认为，价格总是能"充分反映"所有信息，就称这个市场是有效率的。然而这个定义是十分笼统的，它没有包含可以实证检验的内涵。Malkiel（2003）进一步阐述了"充分反映"的内涵：该市场中投资者不会在没有超额风险的情况下获得超额回报，技术分析与基本面分析不能获得超额收益。即使市场参与人都不理性，交易市场依然是有效的；即使股价明显高于用收益和股息等基本面信息反应的估值，交易市场仍然是有效的。但是这不是说交易市场的股票定价总是完美，也没有否认投资者心理因素在股价中的影响。而是说在经过短期的波动之后，长期的股价完全反映了所有的市场信息。没有任何一种价格预测模型是长期稳定的。

根据对市场上信息的分类，研究者通常将市场效率分为三种类型：强式有效市场、半强式有效市场、弱式有效市场。对于弱式有效市场，价格已充分反映出证券的所有历史的价格信息，包括股票的成交价、成交量，卖空金额、融资金额等。对于半强式有效市场，价格已充分反映出所有已公开的有关公司营运前景的信息以及该证券过去的历史信息。这些信息有成交价、成交量、盈利资料、盈利预测值、公司管理状况及其他公开披露的财务信息等。假如投资者能迅速获得这些信息，股价应迅速做出反应。对于强式有效市场，对收益率进行检验。价格已充分地反映了所有关于公司营运的信息，这些信息包括已公开的或内部未公开的信息。

市场效率的实证检验，是基于价格是否可"充分反映"市场中所有信息集的子集发展而来的。最初的研究是弱势有效市场。大部分研究是基于随机游动模型，此后当更多的研究在该水平上成立时，研究开始关注半强势有效检验，该水平上的检验是对价格调整速度与明显可获得的公共信息的关系。最后，对于强势有效市场的检验是石头投资者或集团能够有近期价格形成相关的信息的垄断途径。这种分类检验也可以确定在和中水平上接受市场有效这一假设，在何种水平上拒绝这一假设。

二、检验指标及方法

由于内幕信息界定困难，市场效率检验通常针对半强式有效和弱式有效进行，其中弱式有效是重点。对于弱式有效市场，包括两种情形，最常用是随机游走模型，收益率是序列独立的正态分布；其次是鞅模型，收益率是序列独立的同分布，但分布不是正态分布。检验中二者差异在于，对于某个指标（或统计量），正态分布下均值和标准差是可知的，而非正态分布下均值和标准差则不是可知的。需要运用数值模拟方法找到弱式有效条件下指标的分布规律，然后才能进行检验。

检验中使用的指标（或统计量）包括 L－Q、方差比、BDS、赫斯特指数、排列熵、近似熵等。对于检验赫斯特指数（H）、差分阶数（d）。

二者关系为：H = d + 0.5。如果市场有效率，收益率为正态分布下，H = 0.5，d = 0。赫斯特指数计算方法。至于指标的估计方法，最早是 R/S 及其修正，后来发展出聚合序列方差回归、聚合序列绝对值回归、周期图、趋势波动分析等。

其中排列熵检验步骤如下。（1）利用原始数据，按照 15 分钟、20 分钟、30 分钟等 5 个观测频率，分别构建两个市场的价格序列，并计算各自收益率。这样共形成 10 个收益率序列。（2）对于每个收益率序列，按照周细分，每周的收益率形成一个子序列。这样一个收益率序列包括 270 个子序列。（3）以子序列为对象，分别计算各自的排列熵，并根据时间顺序形成与收益率序列对应的排列熵序列。根据排列熵序列可大致看出市场效率变化趋势。注意到，如果收益率为随机游走，那么子序列的排列熵为 1。因此，排列熵越大，市场越有可能是有效率。不过，要给出准确结论，还需要进行统计检验。（4）根据子序列的排列熵计算统计量 G（m）①。给定 5% 置信概率，根据该统计量可判断市场是否为弱式有效率。（5）根据排列熵的判断结论，计算每个收益率序列中子序列为弱式有效率所占比例，该比例越高，说明整个期间市场效率越高。

研究中往往出现由于计算方法的不同造成检验结果不同，或者不同指标检验结果不同，Kristoufek（2018）提出用效率指数来综合反应多个指标或多种计算方法的检验结果。效率指数为，$EI = \left(\sum_{i=1}^{n} \left((M\hat{}_i - M_i^*) / R_i \right)^2 \right)^{1/2}$，n 为指标个数，$M\hat{}_i$ 为第 i 个指数的实际值，M_i^* 为该指标的标准值，即有效率市场的指标值，R_i 为该指标最大取值。另外，从检验的时

---

① 统计量 G（m）= 2（T - m + 1）（ln（m!）- h（m）），其中 h（m）为排列熵，m 为维度，T 为序列的样本容量。如果序列是独立的，该统计量服从渐进 χ^2 分布。

期可分为静态检验、动态检验。静态检验只是运用一种或多种方法对整个时期进行检验。而动态检验首先把整个时期分为若干个视窗，然后对各个视窗分别进行检验。检验结果形成新的时间序列，以此描述市场效率的发展趋势。最后再计算所有视窗中有效率市场比例，即效率比指标来反映整个时期市场效率。

三、主要结果

1. 半强式有效检验。Bartos（2015）认为，比特币供需均衡决定比特币价格，公开信息通过投机性需求影响价格。就 2013 年 3 月到 2014 年 7 月而言，可界定 14 条公开信息，其中 8 条正面信息，6 条负面信息。正面信息包括：新交易平台的建立、著名公司接受比特币为支付手段、首台比特币 ATM 问世等，负面信息包括：交易平台关闭、政府对比特币的限制等。然后采用两个虚拟变量分别量化两类公开信息，并建立误差修正模型。估计结果表明，正面信息公布当天，比特币价格上升 8.05%，而负面信息公布当天，比特币价格下降 14.21%。这意味着比特币市场是半强式有效率。

2. 弱式有效静态检验。Urquhart（2016）首次讨论了比特币市场弱式有效。对比特币与美元交易价格收益率进行的序列相关、独立性、长期记忆等检验认为，就整个时期市场是弱式无效。若以 2013 年 7 月 31 日为界分为两个时期后，前一时期各种检验表明市场仍然是无效率的，而后一时期，序列相关性（LQ）检验和自动方差（AVR）检验显示是有效率的，而独立性检验（RUN、Barlet、BDS）、长期记忆检验（R/S hurst）表明是无效率的。这意味着市场效率在提高。而 Nadarajah（2017）对以上的收益率采用幂函数变化后，采用同样的检验方法，认为市场是有效率的。他们的检验都属于对单个时期的静态检验。

3. 弱式有效动态检验。Bariviera（2018）利用赫斯特指数进行了动态检验。就 2011 年 8 月 18 日到 2017 年 2 月 15 日期间，按照每次移动 1 天、窗口期为 500 天共 935 个窗口，用 R/S 方法、DFA 方法分别计算。发现，R/S 方法计算的波动较小，最小值为 0.6357，最大值为 0.6974，平均值为 0.6711；而 DFA 方法估计的波动较大，最小值为 0.4253，最大值为 0.7224，平均值为 0.5698。进一步检验表明，按照 R/S 计算结果，这一时期市场一直是无效率的。而按照 DFA 计算结果，2011 年到 2013 年市场是无效率的，2014 年到 2017 年市场是有效率的。Tiwari 等（2018）进一步讨论赫斯特指数不同计算方法的影响，方法包括：周期图方法、去势波动分析法等。不过，他计算的是分数差分的阶数。该阶数等于赫斯特指数关系减 0.5。就 2010 年 7 月 18 日到 2017 年 7 月 16 日而言，中心移动平均平方根绝对值波动计算的分维数最小，为 0.1044；最小离差绝对值周期图计算的最大，为 0.4068。利用长度为 300 天的移动视窗方法，编制的效率指数表明，除了 2013 年 4—8 月和 2016 年 8—11 月两个短暂时期外，市场是有效率的。

Jiang 等（2018）利用广义 H 指数，按照移动视窗对 2010 年 12 月 1 日到 2017 年（2018）人 11 月 30 日，发现存在长期记忆，无效率比，无效率视窗个数与总视窗个数比例。以 725 天为一个视窗，每次移动 14 天，总共 130 个视窗中，按照 1% 置信概率，存在长期记忆的视窗有 127 个，无效率比率为 97.69%。按照 5% 置信概率，存在长期记忆视窗个数为 129，无效率比率为 99.23%。这说明绝大多数时期比特币市场是无效率的。Cheah（2018）他们利用局部精确白化（exact local whittle）和修正对数周期图两种方法，按照 3 个不同周期估计了 2011 年 11 月 27 日到 2017 年 3 月 17 日英国、美国、加拿大、澳大利亚、欧洲 5 个市场收益率的差分阶数。以局部精确白化为例，按照 65 天周期估计的分维数分别为 0.498、0.443、0.416、0.546、0.535，按照 131 天周期计算的分维数分别为 0.489、0.421、0.378、0.560、0.508，按照 263 天周期计算的分维数分别为 0.481、0.453、0.367、0.586、0.522。运用修正对数周期图计算结果略小一些。但都表明存在长期记忆，即市场是无效率的。

Ramirez 等（2018）仔细考察了数据频率对检验结果的影响。发现，利用 2013 年 7 月 30 日到 2017 年 7 月 30 日天收益率，计算的赫斯特指数在 10～35 天周期内为 0.51，而在 35 天以上周期为 0.73。前者表明市场是有效率的，后者则表明着市场无效率。这意味着周期长度会影响计算结果。进一步按照宽带为 300 天移动视窗计算的赫斯特指数绝大多数时期在 0.35～0.65，表明市场是有效率的。而利用 2017 年 5 月 8 日—2017 年 7 月 3 日的小时收益率，按照宽度为 250 小时移动视窗，计算的赫斯特指数在 0.15～0.5，其中有 8 天对应的赫斯特指数小于 0.35，其他 48 天的赫斯特指数在 0.35～0.50，这说明大多数时期市场是有效率率。以 2017 年 6 月 5—6 日每两秒收益率，宽度为 500 秒移动视窗，计算的赫斯特指数在 0.35～0.65。表明市场是有效率的。另外他还按照价格变化特点分开计算，对于天收益率序列，上升时期的赫斯特指数在 0.2～0.35，下降时期在 0.33～0.65。对于小时收益率序列，上升时期赫斯特指数在 0.225～0.275，下降时期在 0.175～0.36。这说明在价格上升时期与下降时期市场效率存在差异，在下降时期是有效率，而在上升时期无效率。

（2018）提出用效率指数来综合反应多个指标或多种计算方法的检验结果。利用 2010 年 7 月 18 日到 2017 年 7 月 30 日数据，按照 365 天一个视窗、一次移动 7 天办法，检验比特币与美元交易的效率指数。发现，按照

10% 概率，2011 年 7 月到 2012 年 7 月，以及 2014 年 3 月到 11 月市场是有效率的，而其他时期都是无效率的。而这些时期比特币价格都相对平稳。而对于比特币与人民币交易而言，2014 年 2 月到 2017 年 7 月间，除个别价格下降的短暂时期，如 2016 年 9 月、11 月外，市场都是无效率的。进一步从效率指数构成看，主要是赫斯特指数和分形维数显示了市场无效率。Sensoy（2018）利用排列熵检验了比特币与美元、比特币与欧元交易价格收益率序列的独立性，以此分析两个市场的效率得出两个发现。(1) 根据排列熵，2013 年 1 月到 2018 年 3 月，5 个不同频率下，两个比特币市场效率变动都呈现相同模式。欧元交易市场效率都不断上升，美元交易市场效率则呈现周期性变化。开始是逐渐上升，2014 年 2 月开始下降，2016 年 1 月又开始上升。(2) 根据效率比，一方面，观测的频率越低，两个市场效率越高。以美元市场为例，从高到低 5 个观测频率的效率比分别为：0.33、0.367、0.426、0.53、0.537。另一方面，各个频率下，美元市场交易效率一直高于欧元市场。以 15 分钟观测频率为例，美元市场效率比为 0.33，欧元市场为 0.244。考虑到高频数据可能存在的波动集聚效应，利用 GARCH 对收益率进行拟合，然后对模型残差序列采用相同步骤进行分析，除了效率比整体略低外，排列熵数值、变化模式与上面相同。另外，他还分析了交易量和价格变化对排列熵的影响，发现交易量越大，价格变化越小，排列熵越大。这意味着增加交易量、稳定价格有利于提高市场效率。

总结以上研究，可以认为，对于比特币交易市场效率目前还没有统一结论。多数研究认为市场是无效率的，少数研究认为市场是有效率的。差异的原因主要是计算方法或判断标准不同。这突出表现在长期记忆指标方面。计算方法的影响如 Bariviera（2018），判断标准的影响如 Urquhart

（2016），而 Tiwari 等（2018）则最为典型。Tiwari 等以 2010 年 7 月 18 日到 2017 年 7 月 16 日价格数据为基础，通过 2000 次蒙特卡洛模拟，比较了市场有效率条件下分数差分阶数的 7 种计算方法，并以此确定统计推断。理论上，如果收益率是序列独立的正态分布，那么有效率市场的分数差分阶数为 0。问题是当收益率是序列独立的，但不是正态分布时，那么有效率市场的分数差分阶数的均值和中位数都明显大于 0。事实上，按照原收益率序列计算的结果分别是 0.1044、0.3274、0.3414、0.3021、0.2978、0.4068、0.3991，对照判断标准，都表明市场都是有效率的。但按照 Ramirez 等给出的标准，即区间为（−0.15，0.15）（对应的赫斯特指数区间为（0.35−0.65）），只有 CMA1 计算下的结果表明市场有效率，而其他计算方法的计算结果都表明无效率。

参考文献

［1］李再扬，冯根福.西方金融市场效率理论发展述评［J］.财贸经济，2003（7）：90−95.

［2］Ahmet Sensoy. The inefficiency of Bitcoin revisited：A high−frequency analysis with alternative currencies［J］. Finance Research Letters，2018（27），12−16.

［3］Aviral Kumar Tiwari，R. K. Jana，Debojyoti Das，David Roubaud. Informational efficiency of Bitcoin—An extension［J］. Economics Letters，2018（163），106−109.

［4］Bartos J. Does Bitcoin follow the hypothesis of efficient market？［J］. International Journal of Economic Sciences，2015，2（4）：10−12.

［5］Ladislav Kristoufek. On Bitcoin markets（in）efficiency and its evolu-

tion [J] . Physica A: Statistical Mechanics and its Applications, 2018 (503):
257 - 262.

[6] Saralees Nadarajah. Jeffrey Chu, On the inefficiency of Bitcoin [J].
Economics Letters, 2017 (150): 6 - 9.

[7] Andrew Urquhart. The inefficiency of Bitcoin [J] . Economics Let-
ters, 2016 (148): 80 - 82.

[8] Saralees Nadarajah, Jeffrey Chu. On the inefficiency of Bitcoin [J].
Economics Letters, 2017 (150): 6 - 9.

[9] Aurelio F. Bariviera. The inefficiency of Bitcoin revisited: A dynamic
approach [J] . Economics Letters, 2017 (161): 1 - 4.

[10] Aviral Kumar Tiwari, R. K. Jana, Debojyoti Das, David Rou-
baud. Informational efficiency of Bitcoin—An extension, [J] . Economics Let-
ters, 2018 (163): 106 - 109.

[11] Alexander Brauneis, Roland Mestel. Price discovery of cryptocurren-
cies: Bitcoin and beyond [J] . Economics Letters, 2018 (165): 58 - 61.

[12] Wang Chun Wei. Liquidity and market efficiency in cryptocurrencies
[J] . Economics Letters, 2018 (168): 21 - 24.

[13] David Vidal - Tomás, Ana Ibañez. Semi - strong efficiency of Bitc-
oin, Finance Research Letters, 2018 (27): 15 - 23.

[14] Khamis Hamed, Al - Yahyaee, Walid Mensi, Seong - Min
Yoon. Efficiency, multifractality, and the long - memory property of the Bitcoin
market: A comparative analysis with stock, currency, and gold markets [J].
Finance Research Letters, 2017 (26): 70 - 76.

[15] Ahmet Sensoy. The inefficiency of Bitcoin revisited: A high - frequen-

cy analysis with alternative currencies ［J］. Finance Research Letters，2019 (28)：68 – 73.

［16］Ladislav Kristoufek. On Bitcoin markets（in）efficiency and its evolution ［J］. Physica A：Statistical Mechanics and its Applications，2018（503）：257 – 262.

［17］Paraskevi Katsiampa. Volatility estimation for Bitcoin：A comparison of GARCH models ［J］. Economics Letters，2017（158）：3 – 6.

后 记

    我第一次听到"比特币"是 2012 年 4 月。当时承担研究生"中级宏观经济学"课程教学，课堂上组织同学开展"货币制度演进"讨论。其间，有个同学提到了比特币，并问我比特币是否可以视为一种货币。当时我对比特币一无所知，自然难以回答。于是请他谈谈自己的认识，他也说不清。课后我查找资料，找到了上海交通大学魏武挥于 2011 年 8 月发表的《比特币的乌托邦》，以及中国人民银行南京分行洪蜀宁发表的《比特币：一种新型货币对金融体系的挑战》，才对比特币有了初步认识。不过之后，我便没有给更多的关注。

    2016 年 8 月，我正在考虑 2013 级经济学本科生毕业论文选题。在阅读《第一财经日报》时，经常发现"比特币"的相关报道。这再一次激发了我对比特币的兴趣，于是开始收集资料准备论文选题。论题之一是比特币价格分析，我设想用计量经济学模型讨论价格变化规律，但与几个同学们一交流，他们都感觉难度过大，都放弃了。2017 年 9 月，我国政府发布了《关于防范代币发行融资风险的公告》，要求国内的交易平台限期关闭。对此，我直观上感觉比特币价格近期的飙升，肯定存在很大程度的泡沫，政府应该采取措施应对。但对于采取彻底禁止态度有些困惑，政府措施是否属于"重疾必须用猛药"。带着这个问题，我再一次考虑借指导毕业论文时机来探索一番。恰好经济学基地班1401的徐婉莹对此问题充满兴趣，我便建议她利用事件分析法和构建计量模型进行分析。考虑到本科生能力有限，10月我又与部分西方经济学专业硕士研究生讨论这一问题。虽然有几个表示感兴趣，但他们对以此作为毕业论文选题存在疑虑，最终亦不了了之。2018年5月，徐婉莹同学顺利通过答辩，论文最终获得了优秀。可惜的是该同学考入中央财经大学后联系不多，无法在毕业论文基础上开展深入研究。

2018年6月在一次偶然交流中，曾艳老师表现出对"数字加密货币"的兴趣，希望能够在一起学习讨论。2018年9月，在西方经济学硕士研究生见面会上，我介绍了这方面情况，新入学的肖文昊同学也表示出浓厚兴趣。经过多次交流后，我们三人决定一起进行探索。

2018年9月，我完成了近万字的写作提纲，拟定了章节目录。然后分工，我撰写第一章、第五章、第六章、第八章、第九章，曾艳撰写了第二章、第三章和第四章，肖文昊撰写了第七章和附录。2019年3月初稿完成后，我进行了通稿。撰写中我们深感，数字加密货币相关技术发展很快，我们都不从事计算机方面教学和研究工作，缺乏这方面知识，同时自身能力和水平都相当有限，担心可能出现不恰当、不合理，甚至是错误之处。不过，我们抱着一种"尽可能详细记录数字加密货币交易平台发展及政府监管事实"的心态自我鼓励。我们真诚希望本书能够成为一颗铺路石，为后来者提供参考。

本书的完成离不开学校各级领导的支持，在此感谢南京财经大学教务处叶林祥教授、经济学院书记陈耀辉教授、经济学院院长朱红根教授、副院长尹敬东教授，他们经常鼓励我们大胆探索。另外，西方经济学硕士研究生李媛、陆宇萌等同学不仅在收集资料方面提供了帮助，而且在多次讨论中提出了很多建议，这里表示感谢。当然文中存在的问题则完全由我们负责。

最后本书出版离不开光明日报出版社各级领导及工作人员的支持，这里表示感谢。